분단 저널리즘 뛰어넘기

분단 저널리즘 뛰어넘기

신 석 호 지음

리북

■이 책은 관훈클럽 신영연구기금의 도움을 받아 출판되었습니다.

이명박 정부 5년,
험난한 '분단 저널리즘'의 현장을
지킬 수 있도록 도와주신
모든 취재원과 동료 선후배들께
이 책을 바칩니다.

'분단 저널리즘' 뛰어넘기

북한이 갓 출범한 이명박 정권에 처음으로 실력행사를 한 2008
년 3월 28일은 이사를 위해 귀한 휴가를 낸 날이었다. 3년 전 결혼
9년 만에 기적처럼 첫 아이를 얻은 집사람은 장난감과 책 등 세간
이 늘어나자 북한산 바로 밑 널찍한 아파트에 전세를 얻었다. 오전
에 이사를 끝내고 오후에 세간을 정리하고 있을 때, 나와 함께
통일부와 외교부에 출입하고 있던 동료 조수진 기자에게서 전화가
걸려왔다.

> "북한이 오늘 새벽에 개성공단 안에 있는 남북경제협력협의사무
> 소에 있던 남한 당국자들을 쫓아냈대. 안(데스크)에서는 기사를
> 많이 쓰라는데 취재는 안 되고 좀 그러네."

오후 4시쯤이었던 것 같다. 필자는 아직 책장과 책들을 정리하
지도 못한 내 몫의 공부방에 책상만 놓고 취재를 시작했다. 모교인

북한대학원대학교 교수님들에게 전화를 돌려 북한의 과격한 행동이 무엇을 의미하는지 묻고 현장에 있는 조 기자에게 토스해 5판을 막도록 했다. 마루로 나오니 집사람과 장모님은 집안 정돈을 마친 상태였다. 집사람은 "어째 이번에는 휴가를 내고 이사를 도와주는가 싶더니…."라며 혀를 찼다.

그것이 17년차 기자에게 가장 다사다난한 5년의 시작에 불과할 줄은 꿈에도 몰랐다. 이명박 정부가 출범한 2008년부터 북한의 3대 세습이 얼추 마무리된 2012년까지 필자는 하루하루, 일분일초 북한의 변화에 촉각을 곤두세우며 허물어져가는 남북관계를 신문과 방송에 기록해야 했다. 취재할 시간도 없이 많은 기사를 써대고 있노라면, 내가 기자인지 속기사인지 헷갈릴 때가 많았다. 밤 11시에 데스크의 지시를 받고 1면 톱과 3면 전면을 메워야 할 때도 있었다.

그런 5년의 절반을 넘겼을 무렵인 2010년 연말. '내가 잘 하고 있는 것인가'하는 문제의식이 강하게 다가왔다. 문득 스스로에게 측은한 연민의 정이 느껴졌고 그런 문제의식을 독자들과 공유할 용기를 냈다. 〈동아일보〉 2010년 12월 30일자 8면에 실은 칼럼 "'분단 저널리즘' 새해에는 벗어날 수 있었으면"은 그런 공론화 작업의 시작이었다.

"기자님도 알고 계시나요? 최근 북한지도부가 '김정일 국방위원장 말고는 어느 누구도 우상화하지 말라'는 지침을 내렸답니다. 건강을 회복하자 자신의 권력누수를 막기 위해 아들 김정은에 대한 권력이양의 속도를 조절하는 것이 아닌가 생각됩니다."

2010년 6월 한 탈북자의 전화제보에 기자는 귀가 솔깃해졌다. '그러면 그렇지. 아무리 부자지간이라도 살아 있는 권력자가 자신의 힘을 나눠 주고 싶겠어? 김정은은 아직 너무 어리지 않은가.' 이런 판단이 서자 유사한 정보들만 눈에 보였다.

북한이 올해 두 번째 최고인민회의를 열던 6월 7일 아침 동아일보 8면에 나간 '北 오늘 최고인민회의 … 김정은 후계 이상設' 기사는 이렇게 만들어졌다. 북한 3대 세습은 정당하지도 않고 가능하지도 않다는 탈북자와 기자의 '희망적 사고'가 낳은 오보였다. '확인하고 또 확인하라'는 저널리즘의 원칙을 어긴 것이면서 북한학 박사로서 '전문가적 회의(懷疑)'를 제대로 하지 않은 결과였다. 올 한 해 급변하는 북한 정세와 남북관계를 추적하며 쏟아낸 기사들을 돌이켜 보니 반성할 대목이 하나둘이 아니다. 오보와 추측기사가 적지 않았다. 정보 제공자의 정치적 이해관계나 희망 섞인 기대가 반영된 분석을 싣기도 했다.

기자는 이런 현상을 '분단 저널리즘'이라 부르고자 한다. 북한과 대치하고 있는 특수 상황에서 북한과 남북관계를 다루는 한국의 기자들이 공정성과 객관성, 취재원의 공개, 전문가 인용의 적정성 등 서구 저널리즘이 구축한 원칙을 지키기가 쉽지 않다는 점에서 붙여본 이름이다.

북한과 남북관계에 대한 정보가 국민의 관심에 비해 태부족한 것이 가장 큰 이유다. 북한은 물론이고 정부 당국자들도 제대로 된 진실을 말하려 하지 않는다. 틀린 정보는 물론이고 이해관계나 이데올로기에 오염된 정보도 많지만 시간에 쫓기며 경쟁해야 하는 현장 기자들은 일단 쓰고 보자는 충동을 느끼기 쉽다.

이런 분단 저널리즘은 '일시적이고 예외적인 현상'이어야 마땅하다. 통일로 근본적인 원인이 사라지기 전까지 저널리즘의 원칙을 수호하기 위한 현장 기자들의 각성과 노력이 필요하다. 동시에 당국자들의 전향적인 정보 공개 자세도 필요하다.

나아가 언론과 정부의 전략적 협조관계가 더욱 중요해지고 있다. 당국자들도 북한의 급변과 남북한 통일이라는 역사적 격변기에 언론과의 협조 문제를 진지하게 고민해야 한다. 대북 문제는 정부와 언론 어느 한쪽의 힘만으로는 풀 수 없지 않은가."

2010년 한해, 그리고 지나온 3년 동안 쏟아낸 기사들을 돌이켜보니 저널리스트로서, 또 북한학 박사로서 반성할 것이 한두 군데가 아니라는 생각에 새해를 맞으며 독자들에게 '반성문'처럼 쓴 기사였다. 왜 이리 됐는지 나름의 핑계를 만들다보니 '분단 저널리즘'이라는 새로운 개념도 제시하게 됐다. '박사 기자'의 공개 반성문이 신선하게 여겨졌던 것인지 여기저기에서 좋은 반응이 답지했고, 언론인 모임인 관훈클럽이 발행하는 〈관훈저널〉 2011년 봄호에 글을 싣는 영광도 얻었다.[1]

필자가 북한관련 기사를 쓴 것은 2차 연평해전이 발발한 2002년 6월 29일 평양을 처음 방문하면서부터였다. 하지만 동아일보 통일부 출입기자로서 본격적인 북한 및 남북관계 보도를 시작한 것은 이명박 대통령이 당선된 직후인 2008년 1월 1일, 1년 동안의 박사학위 논문 집필을 마치고 취재현장에 돌아온 뒤였다.

이후 동아일보 워싱턴 특파원으로 부임을 앞두고 있는 2012년

---

1) 이하 프롤로그의 상당한 부분은 관훈저널 글을 수정한 것이다.

10월 현재까지 만 5년 동안 필자는 김정일 북한 국방위원장의 건강 이상으로 촉발된 북한의 내부불안과 3대 세습 후계자 등장, 그리고 대화와 갈등을 주기적으로 반복하며 악화된 남북관계의 숨가쁜 현장을 독자들에게 전달했다. 그 과정에서 저널리즘의 원칙에서 일탈했던 경험을 고백하고 원인을 분석하는 것이 이 프롤로그의 목적이다.

분단 저널리즘−남북대치로 인한 저널리즘 일탈 현상

필자가 말하는 '분단 저널리즘'이란 '남북한이 대치하고 있는 특수한 상황 때문에 남한에서 생산되는 북한 및 남북관계 보도가 서구 저널리즘 원칙을 일탈하는 현상'을 말한다. 더 쉽게 말하자면 북한과 남북관계를 다루는 남한 기자들이 공정성과 정확성, 객관성, 취재원 공개, 전문가 인용의 적정성 등 서구 저널리즘이 구축한 원칙을 지키기가 쉽지 않아 나타나는 언론보도의 부정적 측면을 말하는 것이다.

분단 저널리즘은 다양한 형태로 나타난다. 남한의 거의 모든 언론과 현장의 동료 기자들이 경험한 것이겠으나 이 글에서는 필자의 기사를 예를 들어 설명하려고 한다.

우선 기자나 당국자, 전문가들의 '희망적 사고'가 반영된, 결과적으로 틀린 전망 기사다. 김정은 후계구도에 문제가 생긴 것 같다는 기사와 마찬가지로 그의 등장과 함께 북한이 중국식의 과감한 개혁과 개방을 택할 것이라는 전망 기사(동아일보 2010년 7월 5일자)도 현재로서 오보일 가능성이 높다. 기대와 달리 북한은 여전히 낡은 중앙집권적 계획경제와 창궐하는 시장경제의 무질서한 동거 속에 대외 고립정책을 유지하며 부분적인 땜질식 개선 방안을 만지작거리고 있는 형국이다.

사실 확인이 안 된 상태에서 보도되고, 보도 후에도 영원히 확인되지 않는 기사도 적지 않다. 일본 아사히신문과 익명의 대북 소식통을 인용해 북한 장성택 국방위원회 부위원장과 원세훈 국가정보원장이 지난해 여름 개성에서 세 차례 만났을 가능성이 있다고 전한 기사(동아일보 2010년 9월 13일자)가 대표적인 사례다. 중국의 대북 소식통을 인용, "장성택 노동당 행정부장이 신병치료차 중국을 방문했다"고 보도한 기사(동아일보 2010년 7월 12일자) 역시 이 글을 쓰는 현재까지 미확인 상태다.

국내 유명 대북 소식지를 인용해 "김정은 생일선물 실은 열차 탈선했다"고 쓴 기사(동아일보 2010년 12월 28일자)는 현재까지 반만 확인된 상태다. 대북 정보 당국자들은 2년이 흘러 이 글을 쓰는 지금까지도 "신의주에서 평양으로 가던 열차가 전복된 것은 위성사진으로 확인되지만 그 안에 무엇이 들어 있는지는 알 수 없다"고 말하고 있다.

아예 오보로 판명난 기사도 적지 않다. 대북 소식지를 인용해 "북한지도부가 천안함 폭침사건의 책임자인 김영철 인민무력부 정찰총국장의 경질을 검토하고 있다"고 쓴 기사(동아일보 2010년 9월 17일자)가 좋은 사례다. 기자를 비웃기라도 하듯 김영철은 열하루 뒤인 2010년 9월 28일 당 대표자회에서 3대 세습 후계자 김정은 옆 자리에 앉아 있는 자신을 공개하며 건재를 과시했다.

분단 저널리즘의 세 가지 원인

기자가 생각하는 분단 저널리즘의 원인은 크게 3가지다. 첫째, 언론인과 언론의 사고(思考) 차원의 문제다. 언론인과 언론은 북한에 대한 저마다의 인식과 북한 문제를 풀기 위한 나름의 처방을 가지고 있다. 1945년 해방 이후 분단과 동족상잔의 전쟁, 남북대립과 산업화 그리고 민주화라는 한국 현대사의 질곡을 거쳐 나오면서 언론이 북한에 대한 서로 다른 인식과 처방을 가지게 된 것은 일면 이해할 수 있다. 그러나 종종 서로 충돌하는 다양한 인식과 처방은 북한이라는 객관적 존재를 초월해 스스로 살아 움직이는 생명체 같다.

기자는 박사학위 과정을 거치면서 북한에 대한 보수적 인식과 북한의 근본적인 처방이 필요하다는 생각을 가지고 있고, 그것이 옳다고 믿는다. 그렇기 때문에 '3대 세습은 바람직하지도 않고, 가능하지도 않다'는 인식과 '북한이 핵을 포기하고 개혁과 개방에 나서도록 해야 한다'는 남북관계 처방을 종종 '객관적인 기사' 형태로 포장하고 있음을 부인하기 힘들다. 실제 취재현장에는 기자와는 정반대의 인식과 처방을 가진 분들과 언론사도 적지 않다. 그러나 모두에게 공통적인 현상은 정보 전달자인 기자가 생각이 비슷한 당국자(정보 제공자)와 전문가(정보 분석자)와 친하게 지내며 협업하는 경우가 적지 않다는 사실이다.

둘째, 인식과 처방의 차이는 정보부족이라는 문제와 결합해 문제를 더욱 복잡하게 만든다. 분단국 한국에서 북한과 남북관계에 대한 국민과 독자들의 관심은 매우 높다. 역시 북한에 대한 인식과 처방이 저마다 다른 국민은 각자의 성향에 따라 입맛에 맞는 정보를 원한다. 그것도 아주 구체적인 정보를 아주 많이. 이에 비해 대북 정보는 태부족하다. 북한은 자신들의 진실을 말하지 않고 거짓 정보와 신호로 대남 선전·선동을 일삼는다.

분단 후 60여 년의 세월을 북한과 대결하는 동안 대북 정보 독점주의와 비밀주의가 몸에 밴 남한 정부당국자들도 충분한 정보를 언론에 공급하지 않는다. 이 때문에 각종 '대북 소식통'들에서 나오는 확인되지 않은 첩보와, 이해관계나 이데올로기에 오염된 가짜 정보들이 활보한다. 최근에는 탈북자와 북한인권단체들이 '대북 소식지'를 통해 쏟아내는 각종 첩보들 속에서 맞는 정보를 걸러내는 것이 통일부 기자들의 중요 일과가 됐을 정도다.

셋째, 이런 현실이 시분을 다투며 죽기 살기로 경쟁해야 하는 한국 언론인들이 처한 신자유주의적 환경과 부딪치면서 종종 사고를 부른다. 짧은 시간에 태평양 같은 지면과 방송시간을 메워야 하는 데스크와 이에 부응해야 하는 현장기자들에게 저널리즘의 원칙은 너무나도 고상한 천상의 소리처럼 느껴진다. 북한과 남북 관계 분야에 대한 지식이나 경험이 부족한 기자와 데스크라면 취재원의 의도적, 비의도적 오보 전달을 걸러내지 못할 위험도 크다.

결국 '하고 싶은 말'은 많고 정보와 전문성이 부족한 기자와 데스크들이 경쟁과 성과주의에 휘둘리는 구조 속에 분단 저널리즘은 기생하고 있는 것이다.

그렇다면 어떻게 할 것인가. 가장 쉽고 확실한 대안은 고급 대북 정보를 손에 쥐고 공개하지 않는 당국자들에게 최대한 접근하는 것이다. 그러나 이것으로 문제가 다 사라지지는 않는다. 훌륭한 기자는 그저 고급정보를 가진 당국자들과 친하고 때때로 '비밀'을 얻어들을 수 있는 존재에 불과한가? 만일 당국자들이 대북 심리전 또는 국내정치에 활용할 의도를 가지고 기자를 이용한다면? 애초에 당국의 정보판단이 틀렸다면 확인할 능력 없이 이를 받아 쓴 언론은 과연 무죄인가? 무엇보다 당국자들이 '던져 주는 먹이'에 맛이 들면 기자로서의 자존감은 땅에 떨어진다.

분단 저널리즘 극복을 위한 열 가지 지혜

당국자에 의지하는 것이 능사가 아니라면 또 어떻게 할 것인가. 하나는 기자가 직접적으로 팩트를 만드는 것이고, 다른 하나는 간접적으로 얻어진 팩트를 최대한 교차검증하고 분석해 새로운 지식을 만들어내는 방식이 있다.

이 책의 본문은 필자가 5년 동안 시도해서 나름대로 성과를 거뒀던 '분단 저널리즘 극복을 위한 열 가지 노하우'라고 할 수 있다. 통일로 분단현실이 해소되기 전까지는 분단저널리스트로 살아야 할 우리 남한 기자들이 스스로의 존엄을 지키면서 저널리즘과 남북관계 발전에 기여하는 기사를 쓰기 위해 가져야 노하우와 실제 취재보도 사례를 소개한다. 물론 가장 좋은 것은 북한을 방문하고 북한 사람들을 직접 만나 나의 오감으로 직접 팩트를 모으는 것이다.[2] 하지만 이명박 정부 5년과 같이 남북관계가 경색돼 직접 취재

---

2) 필자는 졸저 〈토요일에는 통일을 이야기합시다〉(필맥, 2003)와 〈김정일과 카스트로가 경제위기를 만났을 때〉(전략과 문화, 2008)에서 북한 현지 방문과 관계자 인터뷰 방식을 활용했다.

가 안 되면 아래와 같은 간접적인 취재 방법을 강화해야 한다.

우선 '북한과의 대화내용은 영원히 비밀로 지켜져야 한다'고 외치는 정부당국자들의 벽을 넘어서기 위해서는 '한 번에 조금씩만' 확인해주는 당국자 여러 명을 일정기간 동안 주기적이고 반복적으로 접촉해 수수께끼를 풀어가는 교차확인이 주효하다(1장. 당국자 크로스 체크).

북한의 대외적 행보를 지속적으로 꼼꼼히 챙겨 미묘한 변화를 감지해내는 방법도 간접적이지만 유용한 기법이다. 노동신문과 조선중앙통신 등 북한 매체들을 통해 북한당국이 발표하는 발표문과 보도들을 일정기간 묶어 분석해 새로운 흐름을 읽어내는 방식도 있다(2장. 북한을 계량화 하라).

3대 세습과 같은 중요한 정치 일정이 진행되고 있는 북한의 내부 당국자들의 발언을 간접적으로라도 전해 듣는 것도 좋다(3장. 북한 사람들에 귀 대기). 과거 사회주의 연구자들이 만들어 놓은 이론과 경향성을 통해 현재의 북한을 설명하고 예측하는 방법(4장. 이론으로 북한 보기)과 매일매일 비밀스럽게 돌아가는 북한과 남북관계 현장에서 한발 벗어나 지나간 역사 속에서 북한과 남북관계의 숨겨진 진실을 찾아낸 것도 유익한 접근방법이다(5장. 역사 속 진실 찾기).

함께 북한을 바라보고 있는 남한 전문가들과 일반 국민들의 의견을 들어 지혜를 모으는 방법(6장. 남한 사람들에 귀 대기)과 해외 소식통, 그리고 해외 사례를 통해 북한을 보는 방법도 유익하다(7장. 세계 사람들에 귀 대기).

김정은 체제 출범 이후 미디어정치를 더욱 강조하는 북한이 조선중앙TV를 통해 공개하는 영상 속에서 북한 내부의 상황을 추정해 보는 방법도 중요해 졌다(8장. 북한 영상에서 진실 캐기).

기자는 일차적으로는 관찰자이지만 이차적으로는 해설자이고 삼차적으로는 처방자라는 정체성을 활용할 수도 있다. 현장에서의 오랜 취재 경험을 동원해 독자들을 설득할 수도 있고(9장. 경험으로 설득하기) 당국자와 국민들을 상대로 진정성 있는 제안을 할 수도 있다(10장. 한국 사회에 고함).

책이 나오기까지 고마운 분들

책을 기획하고 구상해 집필하기까지 약 2년이 걸렸다. 2011년 기획했으나 2012년 3월 워싱턴 특파원으로 내정 발령을 받은 뒤 부임하기 전 지나간 5년을 기록을 남겨야 한다는 의무감에 쫓겨 속도를 냈다. 막상 탈고를 하고 교정을 하는 동안 또 한 형태의 '분단 저널리즘'을 만드는 것이 아닌지 하는 두려움에 시달려야 했다. 북한과 남북관계 문제를 다루는 후배 기자들에게 노하우를 전수하는 형식이지만 독자들에게 보이고 싶은 것은 그 노하우를 활용한 필자의 발견과 깨달음, 그리고 주장이다. 독자들이 이 책을 통해 이명박 정부 5년 동안의 북한과 남북관계를 중요 사건 중심으로 쉽게 이해할 수 있도록 구성했다. 북한과 남북관계 분야에 대한 쉬운 입문서로 활용할 수도 있을 것이다. 모든 평가는 독자들의 몫이다.

모은 원고를 새로 쓴 것은 아니다. 2008년부터 필자가 〈동아일보〉와 〈신동아〉 〈주간동아〉 그리고 〈채널A〉 뉴스에 게재한 기사와 칼럼들을 1차 글감으로 삼았다. 함께 공동 작업을 한 동료들의 기사도 아주 일부 활용했다. 각종 외부 매체에 기고했던 글들도 맥락에 맞게 모아 수정했다. 관훈클럽이 발행하는 〈관훈저널〉, 한국언론진흥재단이 발행하는 〈신문과 방송〉, 민족화해협력범국민협의회의 〈민족화해〉, 대통령직속 민주평화통일자문회의의 〈통일시대〉 등이다. 2011년 통일연구원이 주관하고 필자가 북한학 박사 자격으로 참여했던 〈북한정보관리체계 개선방안〉 협동연구에 낸 보고서도 부분적으로 활용했다. 해당 기관에 감사의 뜻을 전하고 활용된 부분에 모두 별도의 인용 표시를 했다.

이 책에는 실명과 익명의 많은 취재원들이 등장한다. 기사를 쓸 때와 마찬가지로 이 책을 쓰면서도 취재원 보호에 최우선 가치를 뒀다. 실명으로 등장하는 분들은 모두 본인의 허락을 받았다. 지난 5년 동안 필자가 분단 저널리즘 현장을 지키며 의미 있는 보도를 할 수 있도록 도와주신 모든 실명 익명의 취재원들에게 이 책을 바친다. 만일 역사적 사실관계나 의미파악에 문제가 있었다면 순전히 필자의 책임이다.

5년 동안 격려와 성원을 아끼지 않은 동아일보와 채널A 선배와 동료, 후배들께 감사의 인사를 드린다. 미미한 기사에도 관심을 보여주신 김재호 사장님과 항상 넉넉한 지면과 방송 시간을 할애해 주신 임채청 심규선 이사 최영훈 편집국장 김차수 보도본부장, 정치부와 국제부 데스크로 좋은 조언을 아끼지 않은 한기홍 박제균 하종대 박성원 이철희 선배께 감사드린다. 화정평화재단 21세기평화연구소 방형남 소장님 이하 동아일보 사내 학습조직 '남북한 포럼' 회원들께도 감사를 드린다.

항상 곁에서 응원해 준 동기 김영식 윤상호 하태원 조수진의 도움이 컸다. 취재현장에서 절규하는 선배의 곁을 밤낮으로 함께 지켜 준 후배 변영욱 장택동 이정은 황일도 조숭호 주성하 윤완준 (동아일보) 박민혁 홍성규 김정안 이용환 박창규(채널A) 모두에게 고맙다는 인사를 전한다. 2012년 2월부터 9월까지 8개월 동안 채널A의 북한 전문 프로그램인 '신석호의 통일시계'를 훌륭하게 만들어 준 작가와 PD들에게도 감사의 말을 남긴다.

고독한 분단 저널리스트를 밤낮으로 내조해준 아내 김희연과 내 삶의 의미인 딸 혜원 아들 정원에게 사랑하고 고맙다는 말을 전한다. 아들과 사위를 늘 걱정하고 격려해 주신 아버지 어머니 장인 장모님께 고개 숙인다. 필자에게 지적인 삶을 살 수 있도록 인도해 주신 스승 강성학 고려대 교수님과 양문수 북한대학원대 교수님께도 다시 한 번 인사 올린다.

마지막으로 이 책을 2011년 상반기 언론인저술지원대상으로 선정해 주신 관훈클럽 신영연구기금과 외부 출판을 허락해 준 동아일보 저술지원 및 저작권위원회, 필자의 세 번째 책을 훌륭하게 만들어 준 리북출판사 이재호 사장님께 감사의 말씀을 전한다.

2012년 10월
서울 길음동 서재에서
저자 신 석 호

1장

당국자 크로스 체크

당국자들은 입버릇처럼 말한다. 북한 정보를 공개하면 그만큼의 정보 자산(정보원)이 공개된다고. 또 북한과의 대화내용은 영원히 비밀로 지켜져야 한다고. 그들은 절대 한 번에 모든 진실을 말하지 않는다. 가끔 자신의 추측인 것처럼 말한다. 당국자들의 입을 통해 은밀한 대북정보와 남북관계의 진실에 다가가기 위해서는 당국자 여러 명을 일정기간 동안 주기적이고 반복적으로 접촉해 퍼즐을 맞춰가는 교차확인이 주효하다. 당국자들이 더 많이 알고 물어보는 기자에게 더 많이 말해주는 것만큼은 확실하다. 그리고 가끔은 그들도 역사의 진실을 언론을 통해 세상에 알려야 한다고 생각한다. 북한의 당국자도 마찬가지다.

이명박 정부 남북관계의 막후 주역인 정치인 임태희 전 대통령 실장을 처음 만난 것은 2012년 6월 19일 오후 2시 서울 종로구 수송동에 있는 새누리당 대선 경선 후보 사무실에서였다. 동아일보의 종합편성TV인 〈채널A〉 정치부 차장이던 나는 후배 박민혁 기자와 함께 그와의 인터뷰를 성사시켰다. 박 기자에게는 막 시작된 새누리당 대선 경선 후보들의 연쇄인터뷰 첫 회였지만 나에게는 임 전 실장을 만나 2009년 남북 정상회담 합의의 전말을 듣는 것이 목적이었다.

그가 2009년 10월 싱가포르에서 김양건 북한 노동당 통일전선부장을 만나 연내 남북정상회담 개최를 논의했다는 사실은 당시에 이미 알려졌다. 그리고 나는 그 진실을 추적해 2010년 8월 세 차례의 기획 기사로 대강의 내용을 세상에 알린 상태였다. 싱가포르 비밀접촉은 이명박 정부가 남북 정상회담 개최 문제를 놓고 북한과 가장 가까이 다가섰던 소통이었다. 하지만 정작 임 실장은 그 일에 대해서 일절 함구하고 있었다. 임 실장의 직접 증언을 듣는 것은 남북관계를 취재하는 모든 국내외 언론인들이 탐내는 특종이었던 셈이다. 당시 한 지인이 "임 실장이 공직을 그만두고 대선 후보로 나섰으니 이제는 입을 열지도 모른다"는 언질을 줬고, 우리 측에서 먼저 요청해 자리를 만들게 된 것이었다.

인터뷰가 시작되고 박 기자가 우선 정치 일반에 대해 물었다. 내 차례가 돌아왔다. 나는 우선 예의상 집권 후 대북정책에 대해 물었다.

●대통령이 된다면 대북정책은 어떻게 해나갈 생각이십니까.

"저는 이제 대한민국이 남북문제를 적극적으로 다뤄야 한다고 평소에 생각해 왔습니다. 2006년부터 남북문제를 실질적으로 푸는 방법을 찾아왔습니다. 통일경제특구법도 준비했습니다. 이제 우리 남쪽이 가지고 있는 여러 가지 애로사항들 북쪽은 북쪽대로 가지고 있는 애로사항들을 동시에 해결하면서 남북이 공동 발전할 수 있는 실용적인 해법이 있다고 생각합니다."

더 이상 체면을 차릴 것이 없었다. 단도직입적으로 2009년도의 일에 대해 물었다. 그도 군이 회피할 생각이 없는 듯했다.

● 2009년 10월에 김양건 통전부장을 싱가포르에서 만나서 연내 정상 회담 개최에 대해 논의한 것으로 알려져 있습니다. 사실입니까?

"예, 사실입니다."

임태희 전 대통령 실장과의 인터뷰(2012.06.19.)

• 당시 정상회담 논의를 위해서 김양건 통전부장을 적어도 세 차례 이상 만나셨지요?

"숫자는 말씀드릴 수 없는데 여러 번 만났습니다."

• 2009년 8월 김대중 전 대통령이 서거했을 때 북측에서 조문단이 내려올 때 서울을 방문하는 것에도 큰 역할을 하셨지요?

"예. 북쪽하고 소통하는 창구를 유지하고 있었습니다. 그래서 김대중 대통령 조문에 참석할 것이다. 대통령 면담을 시켜달라는 요청이 저한테 먼저 연락이 왔지요. 그래서 제가 그 역할을 했습니다."

• 그 때 북측이 정상회담 개최를 제의했던 거죠?

"정상회담에 대한 문제는 조문단으로 내려왔을 때 공식 제의가 있었던 것은 아니고 뭔가 남북간에 좀 대화가 필요하다는 의시표시가 있어서 향후 어떤 대화가 가능할 것인가 저희가 북측의 김양건 통전부장하고 소통을 했었습니다. 조문단이 귀환한 이후에도 소통을 했습니다."

• 싱가포르에서는 양측이 남북정상회담을 개최한다는 양해각서를 작성했죠?

"양해각서라기 보다는 대화한 내용 협의한 내용을 정리했지요. 상당히 당시에 의견 접근을 보다가 최종적으로 정리가 안 되는 부분이 있어서 잠정안이라고 해서 서로 정리한 적이 있습니다(그는 이후 양해각서 초안이라고 불러 달라고 주문했다)."

• 정리가 안 됐던 부분이라면?

"회담 장소에 대한 내용을 조금 명료하게 하지 못했죠. 그리고 제가 '이 문제는 통일부와 통전부 간에 최종적으로 확정하는 것이

맞겠다' 그런 판단이 있어서 최종 합의는 하지 못했습니다."

● 그 해 11월에 있었던 이른바 통-통 회담은 싱가포르 회담에서 결정된 것이었군요?

"그 당시에 통—통 회담을 여는 것이 좋겠다는 논의가 있었습니다."

● 최종 합의는 통—통 회담에서 하자는 것이 정부의 입장이었습니까?

"예."

● 당시 북측이 정상회담 대가로 인도적인 지원을 요구했다고 알려 졌습니다. 일각에서는 북측이 요구하는 대로 회담과 대화의 조 건으로 남측이 대규모 물량 지원을 하는 것을 합의했고 그 문제 가 당국간 회담에서 문제가 돼 최종 합의가 되지 않았다는 지적 이 있는데.

"그것은 잘못 알려진 것 같습니다. 그 때는 분명 우리 정부의 입장이 인도적인 조치에 상응하는 인도적인 지원을 할 수 있다는 거였습니다. 당시 현인택 통일부 장관이 독일의 '프라이카우프(자 유를 산다는 의미로, 통독 전 서독이 동독 내 정치범을 서독으로 데려오기 위해 동독 정부에 물품지원 등 경제적 지원을 한 방식)' 원칙의 인도적 지원을 공개적으로 이야기한 적이 있습니다. 그래 서 국군포로 이산가족 납북자 문제들에 대한 북측의 인도적 조치 에 상응해서 우리가 식량이나 기타 물품들을 지원하는 문제에 대 해서 상응하는 조치의 형식으로, 프라이카우프의 원형으로 이야기 를 했던 겁니다."

● 정상회담이 끝난 뒤 이명박 대통령이 국군포로와 납북자 일부를 고향방문이나 송환 형식으로 데리고 귀환하는 모양이었지요?

"(이산가족과 납북자 국군포로) 생사확인 서신교환 상봉 고향방문 등 어려 패키지가 있잖아요? 그런 것들에 대해서 다양한 논의가 있었습니다."

• 고향방문이나 송환의 규모를 놓고 양측에 의견 차이가 있었나요?

"거기까지만 합니다."

• 북한 내 국군 유해발굴 문제도 논의했나요?

"우리가 제의해서 그거에 대해서 함께 공동 노력을 하고 구체적으로 실천 문제까지도 논의한 적이 있습니다."

• 그 부분은 양해각서에 안 담겨 있나요?

"그 당시에 이 문제도 정식 의제로 올라가서."

• 북측이 이 문제에 전향적이었나요?

"뭐 그렇다고 볼 수 있겠지요."

당국자는 내용을 잘 아는 기자를 찾는다

약 30분 동안 그는 내가 알고 싶었던 거의 모든 내용을 확인해 주었다. 따끈따끈한 남북관계의 비밀을 주인공에게서 직접, 그것도 공개적인 보도를 허락받고 듣는다는 그 기분을 기자가 아닌 사람은 모를 것이다. 그가 전향적으로 인터뷰에 응했던 것은 질문자인 내가 이미 많은 진실을 알고 있고 상당부분을 보도한 것을 보았기 때문일 것이다. 내용을 전혀 모르는 기자에게 말하는 것보다는 잘 아는 기자에게 진실을 털어놓는 것이 역사의 기록 차원에서도 옳다고 보았던 것 같다. 나를 만나느냐 안 만나느냐의 선택이었고 만난 이상 숨길 수 없다는 태도였다.

인터뷰 내용은 당일 채널A 메인뉴스인 뉴스A에 대대적으로 방송됐다. 다음날인 6월 20일 동아일보 6면에도 보도됐다. 뒤에 설명하는 대로 이 주제에 대해 3년 가까이 여러 번의 기사를 쓰면서 상당한 내용을 이미 파악한 뒤였지만 당시 인터뷰로 새로 얻은 진실은 상당했다.

우선 당시 남북한이 양해한 내용의 핵심은 북한이 국군포로와 납북자 일부의 남한 내 고향방문이나 송환을 허용하는 대신 남한이 그 대가로 경제적 지원을 하는 한국판 '프라이카우프'였던 것으로 확인됐다. 북한에 지원은 하되 김대중 노무현 정부 시절과 같이 대화의 조건으로 지원을 하는 '퍼주기'가 아니라 국군포로 납북자 문제 해결이라는 우리의 정치적 목적을 달성하는 대가로 북한에 정치적 보상을 하는 방식이었던 것이다. 독일인들의 지혜인 프라이카우프를 우리도 성사시킬 수 있었던 것이다.

한편 이명박 정부 시절에도 남북한이 북한 내 국군 유해 발굴사업을 논의했다는 사실도 처음 공개된 것이었다. 흔히 노무현 정부 마지막해인 2007년 10·4정상회담에서 이 문제가 합의됐지만 정권이 바뀐 뒤 유야무야 된 것으로 알려진 상태였다. 싱가포르 합의가 지켜졌더라면 어려운 국군포로 송환보다 쉬운 유해송환 사업이 먼저 성사됐을 가능성이 컸던 것이다.

다음날인 2012년 6월 20일 채널A 10시 메인뉴스에는 개국 전 미리 취재해 두었던 나머지 이야기들을 담아 2보를 전했다.

[앵커멘트]

임태희 전 대통령 실장이 남북 정상 회담을 위해 싱가포르 비밀 접촉을 했었다고, 어제 단독 보도해드렸는데요. 당시 임 전 실장의 보고를 받은 정부는 각 부처가 참여하는 고위급 실무 준비 회의까지 했던 것으로 확인됐습니다. 신석호 기자의 단독 보돕니다.

[리포트]

2009년 8월, 북측이 김대중 전 대통령 빈소에 조문단을 보내겠다고 임태희 당시 한나라당 의원에게 알려옵니다.

"김대중 대통령 조문에 참석할 것이다. 대통령 면담을 시켜달라는 요청이 저한테 먼저 연락이 왔지요. 그래서 제가 그 역할을 했습니다."(임태희 전 실장)

조문단이 돌아간 뒤 9월경부터 임 전 실장이 이끄는 남측 비선과 북측 통전부 사이에 정상회담 사전 협의가 진행됐습니다.

다음 달 싱가포르에서 열린 비밀접촉에서 북측은 국군포로 납북자 일부의 고향방문에 원칙적으로 동의했고 정상회담 논의는 급물살을 탑니다.

"생사확인 서신교환 상봉 고향방문 등 여러 패키지가 있잖아요. 그런 논의들에 대해서 다양한 논의가 있었습니다."(임 전 실장)

임 전 실장이 싱가포르 비밀접촉에서 양해각서 초안을 작성해 들고 오자 정부는 정상회담 실무준비에 착수했습니다.

정부 고위 당국자는 "당시 홍양호 통일부 차관을 단장으로 하는 각 부처 차관급 당국자들의 실무준비회의가 두 차례 열렸다"고 확인했습니다.

하지만 최종 합의를 위해 2009년 11월 개성에서 만난 남북 당국자들은 국군포로와 납북자의 송환 여부와 규모를 놓고 설전을 벌입니다.

정부는 미리 작성한 중요 국군포로 납북자 명단을 제시하며 10명 이상의 송환 또는 고향방문의 사전 약속을 요구했습니다.

북측은 정상회담 전에 송환 여부와 규모를 약속할 수 없다고 맞섰습니다.

남북의 주장이 접점을 찾지 못하면서 싱가포르 남북 양해각서 초안은 끝내 빛을 보지 못했습니다.

채널A 뉴스 신석호입니다.

복수의 당국자를 교차 취재하라

내가 싱가포르 비밀접촉의 진실에 집착하기 시작한 것은 이 접촉의 결과로 2009년 11월 7일과 14일 개성에서 두 차례 만난 남측 통일부와 북측 통일전선부의 당국간 비공식 회담(이하 통-통회담)이 결렬된 것을 안 직후부터였다. 북한학 박사학위를 가지고 남북관계 기사를 많이 써 왔지만 당시 싱가포르 비밀접촉이나 통-통회담 개최 사실을 모두 타 매체에 물을 먹었다. 다른 매체를 보고 접촉이 있던 사실을 알게 됐던 것이다. 당시 한기흥 동아일보 정치부장은 "남북한이 계속 대화를 이어갈 수 있으니 잘 지켜보고 남북정상회담 개최 사실은 특종을 하라"고 오히려 기자를 격려했다.

격려의 말에 힘이 났고 기자로서의 호기심이 발동했다. 싱가포르 비밀접촉과 개성 통-통회담에서 도대체 무슨 일이 일어났던 것일까. 나는 이 사안을 끝까지 취재하기로 결심했다. 아는 당국자들을 모두 취재했지만 전모를 아는 이는 없었고 아는 이들은 취재에 협조하지 않았다. '말 안 해주면 말 하도록 만들겠다.' 이후 나는 지구전에 돌입했다. 나에게 협조적인 취재원 B에게 들은 말을 C에게 해주고 한마디 더 얻고 이것을 종합해 또 D에게 해주고 디테일을 얻는 교차확인 작업을 벌였다. 그 결과 동아일보가 편집국 차원에서 2010년 송년 특집으로 연재한 '그 사건 그 후' 시리즈 9회로 2009년 12월 21일자에 스스로 취재한 싱가포르 비밀접촉 1보를 보도했다.

정부가 올해 남북 정상회담 개최 문제를 놓고 임태희 노동부 장관이 이끄는 비선(秘線)에 이어 통일부가 주도하는 당국 간 라인을 가동해 북한과 접촉했던 것으로 20일 확인됐다.

정부는 정상회담 장소와 관련해 김정일 국방위원장이 서울을 답방해야 한다는 요구를 양보하는 대신 평양 등 북측 지역에서 정상회담을 한 뒤 이명박 대통령이 국군포로와 납북자 일부를 영구 귀환 또는 일시적으로 남측을 방문할 수 있도록 데리고 돌아오는 방안을 추진했지만 최종 협상 과정에서 북측의 반대로 무산된 것으로 알려졌다.

복수의 대북 소식통에 따르면 북한은 올해 8월 김대중 전 대통령 조문단으로 김기남 노동당 비서와 김양건 당 통일전선부장 등을 남측에 파견한 이후부터 '올해 안에 정상회담을 하고 싶다'는 의

향을 타진해 왔다. 정부는 한나라당 정책위의장 시절부터 대북 문제에 관심이 있던 임 장관을 북측과 접촉하도록 했다. 여당 관계자는 "임 장관은 서울에 온 조문단을 극비리에 만난 것으로 알고 있다"고 말했다.

임 장관은 10월 중순 싱가포르에서 김 통전부장과 원동연 부부장을 만나 정상회담 의제 등을 조율했으며 양측은 북핵 문제 논의와 국군포로 및 납북자 문제 해결 등 주요 의제에서 상당한 의견 접근을 봤던 것으로 알려졌다. 한 소식통은 "남북은 정상회담에서 핵 문제를 논의하고 정상회담을 상시화하는 방안에 의견 접근을 이뤘다"고 전했다. 또 "남측은 일부 국군포로 및 납북자들의 송환을 요구했으며 이에 대해 북측은 일부가 남측을 방문하는 것을 허용할 수 있고 송환도 검토할 수 있다는 태도를 내비치기도 했다"고 덧붙였다. 북측은 정상회담의 대가로 금강산 및 개성관광 재개와 남측의 대규모 식량 지원 등을 원한 것으로 알려졌다.

그러나 통일부 등 정부 내 일각에서 비선 접촉의 형태로 남북 정상회담이 열리는 것은 그동안 남북 대화의 투명성을 강조해온 정부의 원칙에 맞지 않는다는 지적이 강하게 제기됐고 11월 열린 후속 대화는 '통-통(통일부와 통전부) 라인'이 진행한 것으로 전해졌다. 남북 양측은 11월 7일과 14일 두 차례 개성에서 비밀접촉을 했지만 정상회담 이후 남측을 방문할 국군포로와 납북자 수 및 그에 대한 경제적 대가 등을 놓고 논쟁을 벌이다 협상이 일단 결렬된 것으로 알려졌다.

이에 대해 정부 내에서는 엇갈린 평가가 나오고 있다. 한 소식통은 "통일부가 북측으로부터 더 많은 양보를 받아내려 욕심을 내다 임 장관이 이룬 성과를 물거품으로 만들었다는 평가와 대북 협상 경험이 거의 없는 임 장관이 애초부터 안 될 일에 매달렸다는 평가가 동시에 나오고 있다"고 전했다. 다른 소식통은 "북한이 임 장관과 나눈 대화가 어느 정도 진정성이 있었는지에 따라 향후 역사의 평가가 달라질 것"이라고 전했다.

정부는 처음부터 북측이 제시하는 조건과 국익 등을 따져 정상회 담을 할 수도, 안 할 수도 있다는 유연한 태도를 가졌던 것으로 알려졌다. 그러나 2012년 '강성대국의 대문을 여는 해'를 앞두고 남측의 대규모 경제 지원을 노리고 회담 성사를 지시했던 김 위원 장은 회담이 최종 결렬된 뒤 김 부장을 불러 3시간 넘게 호되게 질책한 것으로 알려졌다. 노동당 기관지인 노동신문이 11월 중순 이후 통일부와 현인택 장관을 실명으로 비난하기 시작한 것도 바로 이 때문이라는 관측이다.

북측 매체들은 최근에도 남측이 제기한 정상회담의 조건들을 반 박하고 있다. 노동신문은 19일 "북핵 문제는 북남 관계와 아무런 상관이 없으며 북남 관계 개선의 장애물이 될 수도 없다"고 주장 했다. 이에 앞서 이 신문은 11일자에선 "국군포로니 납북자니 하 는 것은 아무 실체도 없는 유령에 불과하다. 포로 문제는 정전협 정 때 다 해결된 문제이며 의거 입북자는 있어도 납북자는 애당초 있어 본 적이 없다"며 기존 주장을 되풀이했다.

그러나 남북 정상회담 개최 가능성이 완전히 사라진 것은 아니라 고 소식통들은 관측했다. 북한은 통일부와의 대화가 결렬된 뒤 다시 다른 채널을 통해 대화 가능성을 타진하는 것으로 알려졌다. 이명박 대통령은 지난달 27일 '특별생방송 대통령과의 대화'에서 "북핵 포기에 도움이 되고 국군포로 등 인권 문제를 위해서라면 언제든지 (김 위원장을) 만날 수 있다"고 말했다. 국가안보전략연구소는 최근 발간한 내년도 정세전망 보고서에서 "미국과의 관계 개선이 장기적인 교착상태에 빠지면 북한은 경제지원 및 금강산관광 재개를 받아내기 위해 국군포로 및 납북자 문제에 대한 우리 정부의 요구를 대폭 수용할 가능성이 있다"고 전망했다.

필자가 당시 보도로 새롭게 밝힌 내용은 △임태희 장관이 서울에 조문단이 오는 과정부터 개입했다는 것 △임태희 비선의 바통을 이어받은 통일부가 북한 통전부와 당국간 비공개 접촉(통-통 회담)을 벌였지만 최종 협상이 이뤄지지 않았다는 것 △임태희 비선이 만들어 온 정상회담 논의를 통일부가 결렬시킨 것을 두고 정부 내, 특히 이명박 대통령의 측근 엘리트 사이에 갈등이 있다 △회담이 최종 결렬된 뒤 김정일 위원장이 김양건 부장을 불러 3시간 넘게 호되게 질책했다 △북한이 통일부가 아닌 다른 채널을 통해 계속 대화를 요구하고 있다는 것 등이 골자였다.

여기서 그만둘 수는 없었다. 싱가포르에서 다 된 이야기가 왜 개성에서는 깨질 수밖에 없었을까. 싱가포르와 개성의 사령탑인 임태희 전 실장과 현인택 통일부 장관은 서로 어떤 관계였을까. 이명박 대통령은 어떤 역할을 했을까. 북한이 다시 요구하는 대화에 불이 붙을 것인가.

여론의 관심이 지나가면 당국자는 입을 연다

연말과 연초를 지나면서 대중의 관심이 시들해진 정상회담 뒷이야기를 파고 들어갔다. 정부 관계자와 당국자들도 조심스럽게 입을 열었다. 개성회담이 깨진 뒤에도 북한이 남한 정치권 인사들을 통해 대화제의를 계속해오고 있다는 사실이 명확해졌다. 당국자 E는 기사가 나간 직후 "북한이 다시 비선을 요구하고 있고 이쪽에서도 '이번에는 내가 나서 보겠다'는 사람들이 있다"고 전했다.

북한의 한 대남부서 당국자도 비슷한 시기에 한 대북지원단체 대표에게 "김정일 장군님이 남측과의 정상회담 개최를 위해 남측이 정상회담을 계기로 송환해주기를 원하는 국군포로 170명, 납북어부 4명을 찾아 잘 먹이고 있다"고 말했다. 통일부를 빼고 임태희 비선과 다시 대화하고 싶다는 '대남 공작'이었다.

정부 관계자 F는 해가 바뀐 2010년 1월 "2011년 1월 "후계 구도를 안착해야 하는 북한은 남한의 지원이 절실하다. 북한이 정치권 고위 인사들을 통해서 해외 여기저기서 만나자고 한다. 그래서 창구를 통일부로 일원화해야 한다"고 했다.

당국자 G는 같은 달 "정상회담 논의는 밝힐 수 없는 통로로 진행은 되고 있지만 매우 더디다. 기본적으로 정부가 아직 경직돼 있다. 아직 보수 스탠스다. 그래서 속도가 안 난다. 하지만 북한의 6자회담 복귀 등 북핵문제가 급물살을 타면 빨라질 가능성이 있는 것이 사실이다. 휘발성이 있다"고 했다.

하지만 2월로 접어들고 시간이 지날수록 남북한 당국자와 관계자들이 전해오는 남북관계는 비관적인 상황으로 변해갔다. 김정일 위원장이 국군포로 140명을 잘 먹이고 있다던 북측 당국자는 같은 민간단체 대표를 통해 "이제 남측과 남은 것은 전쟁뿐이다. 우리가 백령도를 점령한 뒤 서울에 핵을 겨누면 MB가 어떻게 하나 보자"고 위협했다.

다른 민간 관계자 H는 다음 달인 2월 "남북정상회담은 당분간 쉽지 않을 것이다. 우리 쪽이 내건 조건 가운데 국군포로 납북자 문제를 북쪽 사람들이 풀기가 쉽지 않을 것이다. 체제문제에서 북한 내부 정치적으로 소화하기가 쉽지 않다고 한다. 북측은 '회담이 열리면 논의될 수도 있다'는 입장이지만 남측은 그런 말만 믿고 정상회담을 할 수 없다고 한다"고 전했다.

당국자 I도 같은 달 "북한은 현재 보수적인 당국자들이 이명박 대통령을 둘러싸고 정상회담을 반대하고 있다고 인식하고 있다"고 말했다. 당시 북한 매체들은 통일부 외교부 국가정보원 국방부를 '경인4적'이라고 하고 기무사령부를 포함해 현대판 을사 5적이라고 비난하고 있었다.

때론 북한 당국자도 제보를 한다

그러다 운명의 2011년 3월이 됐다. 기자가 2002년 처음으로 평양에 가 북한 전문가로 인생의 진로를 바꾸는 계기를 줬던 대북인도적 지원단체 '굿네이버스'의 이일하 목사가 급히 만나자고 연락을 해왔다. 그는 천안함 폭침 사건이 발생하기 20여 일 전인 같은 달 1일부터 3일까지 통일부의 허가를 받아 북한을 방문하고 돌아왔다.

그는 현지에서 북측 당국자로부터 향후 북한의 대남정책을 짐작할 수 있는 중요한 메시지를 듣고 왔다.

"우리는 6·15와 10·4선언의 정신을 지키려 노력했지만 남측은 무성의한 태도로 일관했다. 우리는 금강산과 개성관광 재개를 위해 노력하고 개성공단 근로자 유성진이나 동해상으로 월경한 '800연안호'를 석방하는 등 나름대로 최선을 다했지만 남측은 필요한 것들만 얻어 위기만 모면하려 하고 진정성있는 대화를 진행하지 않은데 대해 북측 주민들이 분노하고 있다. 남한 정부는 영·유아 지원사업을 포함한 민간단체들의 대북 인도적 지원사업들까지 막고 있다."

북한 당국자는 이어 그 달 8일부터 시작될 예정이던 한미 합동 군사연습 '키 리졸브'에 대해 일종의 분명한 경고를 했다. "최근 (2010년 2월 25일) 인민군 총참모부의 발표 내용은 엄중한 것이다. 남한과 미국의 전투기가 비록 공해상일지라도 북측을 향해 기수를 돌릴 경우 이를 공격으로 간주하고 대응할 것이다. 북한 주변 공해상에서 무력 충돌이 일어날 경우 한반도 전체의 긴장이 고조될 것이다."

북한이 뭔가 일을 저지를 것 같다고 판단한 그는 기사로 써도 좋다고 했다. 필자는 2010년 3월 5일자 동아일보에 이를 보도했다. 북한이 뭔일을 치기 전에 미리 알려 막아보기라도 해야 한다는 생각으로 데스크를 설득했다.

하지만 이 회장의 노력은 허사였다. 21일 후 천안함 사건이 일어났다. 천안함이 서해 백령도 인근 해상에서 두 동강이 나던 순간, 나는 동아일보 정치부 기자 야근 당번을 서고 있었다. 밤늦게 YTN의 속보로 사건 소식을 처음 듣고 밤 취재에 나선 동료들을 회사와 국방부로 급히 불러들이는 동안 '북한이 아니면 누가 했겠느냐'는 생각이 들었다. 당시 한기홍 부장에게 그런 판단을 보고했다. 하지만 민관합동조사단이 북한의 어뢰 폭침설을 발표했고 아직도 이를 믿지 않는 사람들이 있지만 필자는 당시 첫 직감 그대로다. 불만스러운 독자들이 있겠지만 이 책은 천안함 폭침이 북한 소행이라고 본다.

여하튼, 당시 사건이 불러온 여파는 엄청났다. 이명박 정부 치하의 남북관계는 '천안함 사건 전'과 '천안함 사건 후'로 구분된다고 보면 될 정도로, 당시 사건은 불안하게 대화와 대결 국면을 병행하던 남북관계를 파탄으로 몰고 갔다. 2012년 10월 현재도 남북은 그 해결책을 찾지 못한 상황이다.

다른 두 사건의 상관관계를 찾아 질문을 던져라

우리 해병 46명이 수장된 전대미문의 사건에 빠져 한동안 허우적거리던 나는 정확히 시점을 알 수 없는 어느 시점에 잠시 접어둔 숙제를 떠올렸다. 남북정상회담 논의 추적이 그것이다. 그리고 비로소 커다란 가설 하나를 얻을 수 있었다. 북한 조문단의 방문, 정상회담 논의, 이어진 천안함 폭침은 별개의 사건이 아니라 서로 연관된 한 묶음이었던 것이다. 위 북한 당국자가 말한 것처럼, 천안함 폭침은 남북 정상회담 논의 불발에 대한 북한의 보복이라는 것이다. 즉 통전부가 나서서 정상회담을 통한 남측의 경제적 지원을 노리다가 뜻대로 안 되자 이번에는 군부가 나서서 대남 무력 도발을 감행했다는 시나리오였다.

이런 가설을 들고 또 다시 복수의 당국자들을 취재하기 시작했다. '저는 이렇게 생각하는데 어떻게 생각하세요'라고 물으면서 새로운 이야기를 끌어냈다 또 몇 달이 흘렀고 취재 결과를 바탕으로 2010년 7월 5일 필자는 정치부 데스크들에게 '천안함 폭침 사건은 현재까지 알려지지 않은 남북 정상회담 논의 결렬에 대한 북한의 보복'이라는 제목의 보고서를 썼다. 데스크는 북한이 천안함 폭침 전 대화 재개에 매달렸다는 사실을 실제 인물로 입증하라는 지시를 내렸다. 북한이 접촉한 정치권 인사를 직접 만나라는 것이었다. 다시 취재원들을 교차 취재한 끝에 2010년 7월 말 경 여권 중진 정치인 A를 만날 수 있었다.

알고 물어보면 부인하지는 않는다

한 여권 인사가 북한 통전부 당국자들이 개성 회담이 결렬된 2009년 12월부터 2010년 2월까지 A를 제3국에서 여러 차례 만나 '임태희 비선의 싱가포르 합의'를 지키라고 요구했다는 결정적인 단서를 제공했다. 나는 A를 직접 사무실에서 만나 확인을 요구했다. 그는 정확하게 확인해 주지 않았지만 내가 알고 있는 내용을 굳이 부인하지 않았다. 그를 만나고 돌아온 뒤 나는 회사에 기사를 쓰겠다고 보고했다. 동아일보 2010년 8월 2일자부터 3일 동안 동아일보에 게재된 '남북 정상회담 막전막후' 시리즈 기사는 이렇게 나왔다. 우선 첫날 1, 3면에는 A의 이야기와 북한의 대화와 도발 이중전술을 집중 보도했다

북한이 지난해 12월 여권 중진 인사를 통해 정상회담 개최와 비료 지원 등 3개항의 요구사항을 청와대에 전달한 것으로 확인됐다. 그러나 우리 정부는 수개월 동안 명확한 답을 주지 않았고 북한은 3월 26일 천안함 공격 등 무력도발을 감행했다.

동아일보/2010.08.02./1면

42

1일 대북 소식통들에 따르면 지난해 11월 개성에서 두 차례 열린 남북 정상회담 개최를 논의하기 위한 통일부와 통일전선부 간 비밀회담이 결렬된 뒤인 12월 북한은 여권 중진 인사인 A씨와 접촉해 정상회담 개최 등을 요구했다.

북한은 A씨에게 "현인택 통일부 장관이 이끄는 통일부를 빼고 이전에 임태희 노동부 장관(현 대통령실장)과 하던 이야기를 계속하자"고 제의한 것으로 전해졌다. 대남 접촉의 주체는 김양건 통전부장과 원동연 이종혁 부부장 라인인 것으로 알려졌다.

북한이 내건 세 가지 조건은 △지난해 10월 임 장관이 '대통령 특사 자격'으로 합의한 약속(정상회담 개최와 그 대가로 경제적 지원)을 이행하고 △남북 간에 통일부 국가정보원 등 남측 공식 라인이 아닌 비공식 대화 채널을 만들어 운영하며 △남측이 대화를 계속하겠다는 진정성의 표시로 비료 30만t 등 경제적 지원을 해야 한다는 내용인 것으로 전해졌다.

A씨는 이를 청와대에 전달했고 청와대와 정부 외교안보라인 책임자들은 이 제안을 놓고 격론을 벌인 것으로 알려졌다. 이처럼 정부 내 논란이 계속되면서 청와대는 A씨에게 확실한 답변을 주지 않았고 A씨는 북측에 "올해 3월 말~4월 초에는 답을 주겠다"고 약속한 것으로 전해졌다. 그러나 북한은 남측의 답변 약속 시한이 얼마 남지 않은 3월 26일 천안함 폭침사건을 감행했다. 이에 따라 북한이 남한과의 정상회담 개최 논의가 최종 결렬된 것으로 판단하고 그 보복으로 천안함 사건을 일으켰을 가능성이 제기되고 있다. 다만 천안함 사건이 일어난 뒤 A 씨와 접촉했던

북한 통전부 라인은 당황한 기색을 보인 것으로 알려졌다. 이는 김정일 국방위원장이 통전부를 배제하고 군부를 움직였거나 군부가 독자적으로 천안함 사건을 일으켰을 가능성을 보여준다.

실제로 A씨의 이야기는 남북 간 정상회담 논의 실패와 천안함 폭침사건의 상관관계를 한층 강하게 해줬다. 2009년 12월부터 2010년 2월까지 북한 지도부는 A를 통해 남한과의 정상회담 논의를 이어갈 심산이었던 것으로 보인다. A는 이명박 정부 출범 이후 자신의 인맥을 가동해 북측과 접촉해 왔고 한반도 분단 상황의 안정적인 관리를 위해 남북 간 대화가 필요하다는 평소의 주장을 북측에 전달해 온 것으로 알려졌다. 그는 지난해 통일전선부 원동연, 이종혁 부부장 중 한 사람을 중국 베이징에서 만난 것으로 전해졌다.

A는 적어도 2010년 2월까지는 청와대를 설득하며 남북대화의 불씨를 살려보려고 노력한 것으로 보인다. 하지만 청와대와 정부는 A를 통한 북한의 대화 요구에 진정성이 없다고 판단하고 응하지 않은 것으로 관측된다. 북한 특유의 대남 통일전선전술인 '위장 평화 공세'로 판단한 것이다.

비밀을 보도하면 다른 비밀이 굴러 들어온다

A에 대한 보도가 나가자 두 가지 재미난 일이 일어났다. 2010년 초반 당시 정부 핵심 요직에 있었던 C와 L의 측근들이 전화를 걸어와 '신문에 쓴 A가 우리 어른을 말하는 것이냐'고 물어왔던

것이다. 임태희 비선을 다시 가동하자며 북한이 접촉한 여권 중진들이 적어도 3명 이상이었던 것이 드러났다. 비록 실명을 밝힐 수는 없지만 C와 L은 여러 면에서 A와 비교가 되지 않는 중량급 인사들이었다.

다른 한 가지는 북한의 여권 중진 접촉은 아주 은밀하게 이뤄져 통일외교안보 핵심 당국자들도 이를 몰랐다는 것이다. A에 관한 첫 보도를 하기 전 이 대통령의 외교안보 정책을 총괄하고 있다고 자타가 공인했던 한 인사는 "그건 오보다. A라는 사람은 없다. 그런 것을 쓰면 동아일보가 좋은 신문이 아니다"라고 말했다. 여권 중진들이 대통령에게 직보를 했고 이 인사는 물을 먹고 있었을 가능성이 크다.

어쨌든 북한은 2009년 12월부터 A, C, L과의 접촉을 시작하면서 다양한 채널을 통해 남한 정부를 압박했다. 구애와 위협을 병행하는 특유의 이중전술을 편 것으로 풀이된다.

북한 매체들은 대남 당국자들의 입

천안함 사건 전달인 2010년 2월 이후 북한의 공개적인 언행에도 특유의 이중전술이 드러난다. 2월 1일과 8일 남북은 개성공단 임금 인상 및 금강산 관광 재개를 위한 실무접촉을 개성공단에서 했다. 2월 6~11일 원동연 통전부 부부장은 베이징에서 남측 인사들을 만나 정부가 구상하던 '북한 나무심기 사업'의 조건으로 비료를 지원해 달라는 뜻을 전했다.

그러나 2월 27일 조선중앙통신을 통해 "불법 입국한 남조선 주민 4명을 단속했다"고 보도하며 대남 위협에 나섰다. 북한 아시아태평양평화위원회(아태평화위)는 3월 4일 대변인 담화를 내고 "남조선 당국이 생트집을 부리며 (금강산과 개성) 관광길을 계속 가로막는 경우 우리는 부득불 특단의 조치를 취하지 않을 수 없게 될 것"이라고 위협하며 '남측 부동산 동결'을 처음 언급했다. 3월 12일 노동신문은 이명박 대통령의 3·1절 경축사 내용을 비난하며 2009년 8월 이후 7개월 만에 다시 이 대통령을 실명으로 비방하기 시작했다. 북한은 천안함 폭침사건 전날인 25일 금강산 내 남한 부동산에 대한 조사를 시작했다.

한편 A를 쫓는 과정에 임태희 전 실장과 현인택 장관은 협조관계가 아니라 갈등관계였다는 사실도 굳어졌다. 정부 내에 임 전 실장을 중심으로 한 대북 대화파(협상파)와 현인택 통일부 장관을 중심으로 한 대북 원칙파(강경파)가 노선 갈등을 겪었다는 사실도 확인했다. 다음날인 2010년 8월 3일자 동아일보 1면과 5면에는 다시 과거로 돌아가 임태희 비선의 디테일과 정부 내 대북정책 노선갈등에 대해 썼다.

당국자들의 견해가 갈리면 노선갈등의 증거다

대북 소식통들은 임태희 비선의 막후 역할을 통해 김기남 노동당 비서와 김양건 통일전선부장 등이 2009년 8월 23일 청와대를 방문해 이명박 대통령을 접견했을 무렵 북한 문제를 다루는 외교안보라인 당국자들의 입장은 두 갈래로 극명하게 엇갈렸다고 전했다.

한 당국자는 "한반도의 안정적인 관리를 위해 북한을 테이블에 앉혀 놓고 변화시켜야 한다"며 '전략적 관여(strategic engagement)'를 실천할 수 있는 기회라고 주장했다. 반면 다른 당국자는 "두 차례

나 핵실험을 하고 3대 세습을 추진하는 북한과 대화해서 우리가 얻을 것이 없다"며 "북한과 섣불리 대화할 경우 정권의 위기를 자초할 수 있다"고 반박했다. 특히 북한의 3대 세습을 도울 수 없다는 논리가 강했던 것으로 알려졌다.

먼저 기선을 잡은 것은 대화파(협상파)였다. 임 실장은 이미 정권 출범 초기부터 한나라당 당직자와 대북 전문가 그룹으로 대북 비선라인을 가동하고 있었다. 임태희 대통령실장이 북한과 인연을 맺은 시기는 이명박 정부 출범 초기인 2008년 3월로 거슬러 올라간다.

당시 한나라당 정책위의장이던 임 실장은 서울을 방문한 중국동포 박철수 현 조선대풍국제투자그룹 총재를 만났다. 두 사람은 2008년 2월 화재로 전소된 숭례문을 복원하는 데 필요한 금강송을 북한에서 조달하는 문제를 논의했다. 대북 소식통들에 따르면 박 총재는 임 실장에게 북한 국책사업의 자금공급기관인 국가개발은행을 만드는 과정에 남측이 재정적 도움을 줄 것을 요청했다. 이 은행의 자본금을 100억 달러까지 확보하는 데 한국 정부의 지급보증이 필요하다는 것이었다. 박 총재는 이에 대한 대가로 한국에 북한의 광물자원 개발 우선권을 주겠다고 제의했지만 임 실장은 신중한 반응을 보였던 것으로 알려졌다.

임 실장은 2009년 초 당내 여의도연구소 소속 인사와 그가 추천한 대북 사업가를 통해 북한 노동당 통일전선부 인사들과 접촉해 왔다. 이 대북 사업가는 김대중 노무현 정부 시절에 북한을 자주 왕래하며 남북의 대화채널 역할을 한 인물로, 임 실장의 비선 역할을 통해 대북사업의 새로운 활로를 찾으려 했던 것으로 알려졌다.

2009년 여름 당시 정부는 그해 3월 북한에 억류된 개성공단 근로자 유성진 씨를 석방시켜야 하는 등 남북 현안을 풀어야 하는 다급한 상황이었다. 이명박 대통령은 임 장관의 비선이 북한과 접촉할 것을 승인했다.

임 실장은 정책위의장에서 물러난 2009년 5월부터 9월 노동부 장관에 임명될 때까지 대북 사업을 위해 활발하게 활동했다. 그가 김양건 노동당 통전부장을 여러 차례 만난 것도 이즈음으로 관측된다. 노동부 장관 인사청문회 때 국회에 제출한 출입국 기록에 따르면 그는 5월부터 9월까지 5개월 동안 다섯 차례(미국 1회, 일본 중국 각 2회) 해외로 출국했다. 그가 비행기를 갈아타고 동남아시아 등지에서 북측과 만났을 가능성이 크다.

어쨌든 임 장관의 비선라인의 활동으로 남북문제는 일사천리로 풀리는 듯했다. 당시 조문단 방문 이후 남북 현안들이 속속 해결되자 '보이지 않는 손이 있다'는 얘기가 나왔다. 바로 임태희 비선라인이었다. 김대중 전 대통령 조문단이 다녀간 뒤인 2009년 9월 6일 북한이 예고도 없이 임진강 황강댐 물을 방류해 남측 하류에서 야영을 하고 있던 남측 주민 6명이 사망하는 사건이 일어났다. 북측은 하루 뒤 신속하게 해명을 해왔다. 임태희 비선 라인의 설득과 중재 때문이었다.

하지만 북한이 10월 싱가포르 비밀회담에서 연내 정상회담 개최를 조건으로 대북 경제지원을 요구하면서 문제가 꼬이기 시작했다. 이명박 정부는 출범 이후 북한과 대화를 하는 대가로 경제적 지원을 하지 않을 것임을 강조해 왔다. 임 장관이 주저하자 김양건 부장은 "사인을 받아가지 못하면 내가 죽는다"고 사정한 것으로 알려졌다. 결국 임 실장은 이 장의 서두에서 말한 조건으로 대강의 합의를 하고 양해각서 초안에 서명을 한 것. 임 실장은 연내 정상회담 개최와 북한에 대한 경제적 지원, 정상회담 후 이명박 대통령 귀환 때 명수를 특정하지 않고 ○명의 국군포로 또는 납북자 동행 등 개략적인 내용을 담은 양해각서(MOU) 초안에 서명한 것으로 전해졌다.

임 전 실장이 정상회담 양해각서 초안을 들고 오자 당시 현인택 통일부 장관은 정상회담의 막후 역할은 비선이 했지만 최종 협상과 타결은 당국간 회담으로 마무리해야 한다고 이 대통령을 설득한 것으로 알려졌다. 실제로 실체를 알 수 없는 비선간의 대화를 대통령과 정부가 그대로 따를 수는 없는 일이었을 것이다. 비선 접촉을 통해 정상회담을 여는 것은 그것은 김대중 노무현 정부가 하던 남북 대화방식을 그대로 답습하는 것이었고 이명박 정부가 취임 초기부터 주장한 대북정책의 원칙에도 어긋나는 것이었다.

이에 따라 이 대통령은 통일부와 국가정보원 등이 주축이 된 정부 공식라인의 협상단을 11월 7일과 14일 개성공단으로 보내 북측과 새로운 비밀접촉을 갖도록 했다. 하지만 일을 꾸민 비선라인과 바통을 넘겨받은 정부 라인은 서로 대화하고 협력하기 보다는 갈등을 노출했던 것으로 알려졌다.

개성 회담에 대해서는 아직 '엄밀한 증거(hard evidence)'가 없다. 이명박 대통령과 현인택 통일부장관, 협상 대표였던 김천식 당시 통일부 통일정책국장은 구체적인 내용을 한 번도 말한 적이 없다. 2012년

6월 19일(현지 시간) 미국 워싱턴DC에서 고려대 일민국제관계연구원과 미국외교협회(CFR)가 이날 공동개최한 합동세미나에 참석한 현 장관이 "천안함 사건이 일어나기 전 남북한 사이에 '의미 있는 대화'가 진행 중이었다"고 발언한 것이 처음이자 마지막일 것이다.

소식통들의 전언에 따르면 20009년 11월 7일 개성에서 열린 남북 당국 간 비밀접촉에서 남북은 1시간 동안 각자의 주장을 일방적으로 늘어놓은 것으로 알려졌다. 개성회담에서 북한은 평양 정상회담 개최와 쌀·비료의 선(先)지원을 요구한 것으로 알려졌다. 이에 정부는 '김정일 국방위원장이 2000년 6·15공동선언에서 약속한 대로 서울 답방을 해야 한다고 주장했다. 또 송환 또는 고향 방문을 할 국군포로와 납북자 명단을 사전에 준비해 가 북측 대표들에게 제시하며 최소한 10명 이상을 약속하라고 요구한 것으로 알려졌다.

북측은 "(임태희가 했던 말을) 왜 말을 바꾸느냐"고 반발했다. 북한은 "정상회담 전에 지원을 할 수 없다면 이면합의서를 써주거나, 아니면 합의문에 남한이 6·15 및 10·4선언을 실천하겠다고 써 달라"고 주장했던 것으로 알려졌다. 특히 국군포로와 납북자 문제는 김정일 위원장이 약속한 만큼 섭섭하지 않을 정도의 규모일 것으로 보이나 정확한 숫자는 김 위원장이 결정할 문제로 사전에 약속할 성질이 아니라고 맞선 것으로 전해졌다. 결국 첫날 회담은 결렬됐고 11월 10일 예상치 못했던 대청해전이 발발했다. 11월 14일 다시 만난 양측은 "더 할 말이 있느냐. 나는 할 말이 없다"는 통보만 남기고 회담장을 나갔다. 최종 결렬이었다.

여기까지가 필자가 취재해 사실이거나 사실이라고 믿을 만한 상당한 이유를 확보해 보도한 남북 정상회담 논의와 천안함 폭침 사건의 자초지정이다.

평가는 역사의 몫에 맡기는 것이 낫다

이명박 정부가 막을 내리고 있는 2012년 현재까지 대북 대화파와 원칙파는 당시의 일을 두고 서로 다른 생각을 가지고 있는 듯하다. 대화파는 임태희 비선이 어렵게 만든 정상회담의 기회를 원칙파가 무산시켰고 당시 정상회담이 열렸다면 천안함 사건을 막을 수 있었을 것이라고 말한다. 반면 원칙파는 오히려 대화파가 비선이라는 낡은 방식을 통해 되지 않을 일을 성급하게 추진해 이명박 정부 대북정책의 원칙을 무너뜨릴 뻔 했고 어정쩡하게 정상회담장에 끌려 나간 뒤 천안함 사건 같은 무력 도발을 당하지 않았을 것이란 보장은 없다고 생각하는 것으로 보인다. 일부에서는 양측의 갈등을 권력투쟁으로 설명하기도 한다.

필자는 솔직히 이 논쟁에 끼어들어 누가 옳았고 누가 틀렸다는 판단을 내릴 위치에 있지 않다. 그런 평가와 판단을 내리기 위해서는 아직 필자가 모르는 사건의 진실, 비밀스런 내막이 많기 때문이다. 잘 알지 못하는 것에 겸손해야 한다는 것은 분단 저널리스트뿐 아니라 모든 언론인의 금도 가운데 금도다. 5장에서 소개하는 방법대로 당시 사건에 대한 더 자세한 내용을 발굴하고 평가하는 것은 필자를 포함한 모든 분단 저널리스트들의 과제일 것이다.

다만 5년 동안의 취재 결과를 토대로 몇 가지 이야기는 이 자리에서 할 수 있을 것 같다. 우선 임태희 전 실장은 만족스럽지 않더라도 일단 정상회담을 열어 북한과 대화의 물꼬를 트는 것이 중요하다고 생각했고 현인택 장관은 비선 합의가 여러 면에서 부족하고 불확실하다고 생각한 것 같다. 이명박 정권의 지지계층인 보수진영이 반발할 것이 뻔한 이상 그 상태로는 정상회담을 하지 않는 것이 낫고 정상회담을 한다면 북한의 양보를 최대한 끌어내고 조건을 사전에 명확하게 해야 지지층과 국민의 동의를 구할 수 있었다고 생각했던 것 같다.

일부 정부 관계자들은 "임태희 전 실장도 현인택 장관도 피해자"라는 말을 했다. 처음 일을 만든 남북의 실무 비선들 사이에 소통의 왜곡이 있었고 임태희 전 실장도, 통일부와 국정원 당국자들도 이를 뒤늦게 깨달았다는 주장이다. 일부 비선 실무자들은 이 때문에 당국의 조사까지 받은 것으로 알려졌다. 물론 실무 비선들은 자신들에게 비난이 쏟아지는 것에 강력하게 반박하고 있다.

역사에 가정이란 없지만 만일 임태희 비선 합의가 정상회담으로 이어졌다고 하더라도 이후 남북관계가 어떻게 전개됐을지는 알 수 없다. 정상회담 논의에 응한 북한 김정일 국방위원장의 진심이 무엇이었는지에 따라 전혀 다른 상상을 할 수 있다. 대화를 주도한 북한 통전부와 도발의 장본인인 북한 군부, 그들 사이의 김정일 국방위원장의 정치적 관계가 무엇인지도 상상의 변수다.

대화파가 생각하는 대로 북한이 3대 세습에 유리한 외부 환경을 조성하기 위해 남한과의 관계를 정상화할 생각이었더라면 정상회담 이후 남북대화가 그런대로 꾸준히 이어졌을 것이다. 하지만 원칙파가 생각하는 것처럼 그것이 위장 평화공세였다면? 평양까지 갔다가 김정일의 대남 정치공세에 이용만 당하고 빈손으로 돌아온 이명박 정부는 보수진영의 지지를 잃고 집권 말기 노무현 정부 신세가 됐을지도 모른다.

정상회담으로 남북대화의 물꼬가 트였더라면 북한의 3대 세습의 과정에서 북한의 통전부가 일정부분의 지분을 가지고 영향력을 행사했을 것이다. 그만큼 군부의 영향력이 약화됐을 것으로 기대할 수 있다. 하지만 3대 세습 과정에서 조직의 정치적 경제적 이해관계를 강화했던 것으로 드러난 북한 군부가 통전부가 독점하는 남북대화의 진전을 그대로 두고 보았을까? 만일 김정일이 군부를 제대로 통제하지 못하는 상황이었다면 군부 강경파들이 대화 진전을 막기 위해 천안함 폭침보다 더 한 도발을 했을 가능성도 배제할 수 없다.

또 한편 분명한 것은 당시 사단은 10년 만에 다시 정권을 잡은 보수진영이 북한을 다루는 게 얼마나 어려운지를 다시 상기하는 계기가 됐다는 것이다.

자초지종이야 어떻게 됐건 이명박 대통령이 임태희 전 실장을 내세워 북한의 양보를 얻어낸 뒤 다시 현인택 장관을 내세워 정상회담의 조건을 높여 부른 것은 국가간 협상의 정도라고 보기 어렵다. 2009년 8월 조문단이 내려왔을 때 이 대통령을 비롯한 대북정책 참모들이 '드디어 북한이 끌려오기 시작했다'는 섣부른 자만심을 가지고 일을 그르친 것은 아닌지 돌아봐야 할 일이다. 몇몇 사람이 수십 년 동안 남한을 다루는 독재국가 북한의 '대남 프로페

셔널리즘' 앞에 5년마다 대통령과 대북정책 참모들이 바뀔 수 있는 민주국가 남한은 구조적인 취약성을 드러냈다. 보수와 진보가 아니라 같은 보수진영의 핵심 엘리트 그룹도 대북정책 노선이 갈리는 것은 우리 내부의 건강한 다양성인지, 북한이 언제든지 비집고 들어올 수 있는 남한 내부의 고질병인지 곱씹어 봐야 할 일이다.

북한 당국자들의 속마음을 읽어라

당시 사단이 우리에게 주는 마지막 교훈은 북한이 남북대화로 노리는 것은 '우리민족끼리'라는 거창한 명분이 아니라 그 아래 숨겨진 경제적 이익이라는 사실이다.

2009년 1월 8일 삼남 김정은을 후계자로 지명하고 3대 세습을 진행하고 있던 김정일은 후계구도 안착을 위해 통치자금이 필요했고 이 중 일부를 남한에서 조달하려 했던 것으로 추정된다. 2012년 4월 김일성 주석 100회 생일을 맞은 태양절을 전후해 북한이 벌인 어마어마한 정치행사의 규모를 보라. 북한 지도부는 그 돈을 미리미리 준비하고 싶었던 것 같다.

북한은 1980년 6차 노동당대회 이후 처음으로 2010년 9월 제4차 노동당 대표자회를 열어 김정은 후계체제를 공식 선언했다. 북한 지도부는 남한의 경제지원을 전제로 화폐개혁(2009년 11월 30일)을 단행해 인민들의 유휴자금을 환수하고 화폐 발권력을 높이는 동시에 외환통제 조치(2010년 1월 1일)로 권력 엘리트들이 장롱에 숨겨놓은 달러를 흡수하려 했던 것으로 관측된다. 북한이 2010년 2월

말까지 남북 정상회담 개최에 대한 미련을 버리지 못한 것은 정상
회담 개최의 대가로 예상되는 남한 정부 차원의 대규모 경제지원
에 대한 기대감 때문으로 보인다는 것이다.

실제로 북한은 2009년 8월 남한과 연내 정상회담 개최를 추진하

면서 경제적 측면을 강조했다. 김대중 전 대통령 조문사절로 왔던 김양건 통일전선부장은 정동영 민주당 의원 등을 만나 "북한에 자원이 많은데 이것이 중국을 거쳐 나간다. (남북 간) 직접 교역을 하면 상호이익이 되지 않겠는가"라고 말했다. 그러면서 "개성공단 은 김정일 국방위원장의 결단으로 만들어진 사업으로 아직 1단계 도 마무리되지 않은 상태. 세계적인 일류 공업단지로 만들어야 한다. 앞으로 당국 대화도 하고 경제·사회·문화교류도 하고 의 원교류도 하자"고 제안했다.

그는 2009년 10월 임태희 당시 노동부 장관과의 싱가포르에서 비밀리에 만났을 때에도 국군포로 납북자 고향 방문 등의 대가로 남측에 대규모 인도적 지원을 요구했다. 11월 남북 간 개성 접촉에 서 통일부가 정상회담의 대가를 지급하는 데 대해 난색을 표한 게 남북 간 정상회담 논의가 결렬된 주요 이유였다. 이후 북한은 여권 중진인사 A를 통해 이른바 '30, 30'을 요구한 것으로 전해졌 다. 2010년 춘궁기와 파종기를 앞두고 과거 김대중 노무현 정부가 제공했던 정부 차원의 쌀 30만t과 비료 30만t을 요구한 것으로 해석된다. 특히 북한은 비료에 관심이 많았던 것으로 전해졌다.

남한이 지원을 거부한 상태에서 화폐개혁과 외환통제가 실패하 자 북한은 2010년 1월부터 중국을 통한 외자 유치로 방향을 돌렸 다. 북한이 재중(在中)동포 박철수 등을 내세운 조선대풍국제투자 그룹과 국가개발은행의 존재를 재일본조선인총연합회 기관지 조 선신보를 통해 대대적으로 홍보한 것은 북한이 정상회담 개최의 기대를 포기한 것으로 관측될 무렵인 3월 2일이었다. 그 이후 북한은 적극적으로 중국의 경제 지원에 의존하려 했다. 생전 김정일 위원장은 2010년 한 차례, 2011년 두 차례나 중국을 방문했다. 2011년 북한의 대외교역에서 중국이 차지하는 비중은 90%를 넘었다.

물론 북한이 대화로 노리는 것이 남한의 돈주머니라고 무조건 대화를 피해야 하는 것은 아니다. 남한의 최고지도자는 북한의 그런 속내를 어떻게 잘 활용해 북한의 변화와 바람직한 통일이라는 전략적인 목적을 취할 것인지를 고민해야 한다. 내키지 않아도 관계를 계속해야 하는 것이 통일을 이루기까지 남한의 '분단 뷰로크라트(bureaucrat)'들의 숙명이다.

남북대화는 목적 아닌 북 변화 위한 수단

지난해 현 정부 출범 이후 남북대화의 필요성을 더욱 강조한 것은 북측이 아닌 남측이었다. 이명박 대통령은 지난해 2월 25일 취임사에서 "남북 정상이 언제든지 만나서 가슴을 열고 이야기해야 한다"고 말했다. 이 대통령은 박왕자 씨가 금강산에서 북한군의 총에 맞아 사망한 지난해 7월 11일에도 국회 개원연설을 통해 "(6 · 15공동선언과 10 · 4정상선언 등) 과거 남북 간 합의를 어떻게 이행해 나갈 것인지에 대해 북측과 진지하게 협의할 용의가 있다"고 말했다. 김하중 전 통일부 장관과 현인택 현 장관도 북한과의 대화를 누누이 강조해 왔다.

북한 고위급 조문단이 이 대통령을 만나 김정일 국방위원장의 구두 메시지를 전하고 26일부터 금강산에서는 추석 이산가족 상봉을 위한 적십자회담이 열리고 있다. 이산가족 상봉을 위한 적십자회담은 2000년 이후 남북한 당국이 서로의 관심사를 부담 없이 논의하는 자리였다. 이 회담을 계기로 금강산관광 재개 등 남북 교류협력 방안을 논의할 고위급 회담으로 이어질 것이라는 기대가 크다.

정작 원하는 것이 이뤄졌지만 일부 정부 당국자들은 향후 북측과의 대화 진전에 대해 긴장하는 기색이 역력하다. 대화에 따르는 '청구서'가 걱정되기 때문이다. 북한은 과거 이산가족 상봉 등 인도적 문제 해결의 대가로 남측의 경제적 지원을 요구했다. 한 전직 통일부 관료는 "북한은 한 번도 공식적으로 쌀과 비료를 요청한 것이 없다. 하지만 이산가족 상봉 관련 회담이 끝난 뒤 만찬 등에서 우리 측 당국자들에게 귓속말로 쌀과 비료 등의 지원을 요청했다"고 말했다. 김정일 위원장이 23일 이 대통령에게 "남북관계의 진전을 위해 노력하자"고 전한 메시지도 결국 '같은 민족끼리 좀 도와 달라'는 말과 다름없다.

하지만 정부가 초심만 잃지 않는다면 그리 걱정할 일도 아니다. 현 장관은 올해 3월 관훈클럽 토론회에서 "남북 대화는 목적이 아닌 수단"이라고 명확하게 밝혔다. 남북대화는 북한의 변화, 즉 북한의 비핵화와 개방화, 민주화라는 현 정부 대북정책의 목표를 실현하기 위한 수단일 뿐이다. 북한과 마주앉아 대화하되 북한의 변화라는 목적을 잊지 않으면 된다. 대북지원도 마찬가지다. 북한을 변화시킨다면 과거보다 더 줄 수도 있다. 그러나 반대의 경우는 문제다. 대북 햇볕정책을 편 과거 정부가 비난받은 이유는 남북대화와 대북지원 자체 때문이 아니라 그것이 수단이 아닌 목적인 양 행동했기 때문임을 정부는 잊지 말아야 한다.

_ 동아일보/'기자의 눈'/2009.08.27.

2장

북한을 계량화하라

북한의 대남 정책은 규칙성이 있다. 반복적이고 계획적이다. 따라서 그들이 공개한 정보를 활용해 지금의 상태를 파악하고 미래의 정책을 어느 정도는 예측할 수 있다. 북한이 내놓은 말과 행동을 자료화 해 패턴을 찾아내고 향후 움직임을 예측하는 이벤트 데이터(event data) 분석 기법을 활용할 수 있다. 조금만 부지런하면 된다. 노동신문과 조선중앙통신에 발표되는 그들의 성명과 담화를 한 달만 모아도 일정한 추세가 보인다. 약간의 조작적인 정의만 내리면 그 추세를 숫자로 계량화할 수 있다. 보통 기자들에게 북한 발표문은 1회용 이지만, 공부하는 기자들에게는 잘 분류해 파일에 모셔 놓는 보물 덩어리다.

북한은 아직 계획(plan)을 신봉하는 사회주의 국가다.[3] 어떤 일을 하기에 앞서 계획부터 세운다. 부작용이 나타나도 일정 기간 동안은 계획한 대로 밀어붙인다. 계획주의가 낳는 관성 때문이다. 국가정책결정에는 관료주의적 성향이 강하게 나타난다. 무슨 일을 결정하기에 앞서 전례를 금과옥조처럼 여긴다. 전에는 어떻게 했는지를 찾고 그것을 기준으로 조금 더 나간 결정을 내린다.

때문에 북한의 국가정책은 과거의 전례만 알면 대체로 예측이 가능하다. 정책의 시행에는 3개월, 6개월을 단위로 하는 시기적 단절성이 나타난다. 1990년대 경제위기 이후 국가가 여러 분야의 정책에 대해 계획을 세우고 마음먹은대로 성과를 내는 능력 (competency)은 크게 떨어졌지만 지도부가 우선순위를 두는 국방 등 중요 분야의 정책은 여전히 계획적으로 수행되고 있다. 한 민간 단체 관계자는 2010년 초 "제3국에서 북한의 대남정책 실무자가 '우리 대남 정책은 3개월마다 바뀐다'는 재미있는 이야기를 했다" 고 전했다. 북한 지도부가 3개월을 내다보고 대남 정책을 수립해 실행한 뒤 평가하고 또 3개월 계획을 세운다는 뜻으로 풀이된다.

북한 대남정책을 예측할 수 있는 다섯 가지 이유

북한의 국가정책 가운데서 특히 대남정책은 상대적으로 더 예측이 가능하다. 그렇게 보는 이유는 다섯 가지다.

---

[3] 이 장의 '북한 대남정책의 특성'과 '김정은 등장 이후 대남정책 분석' '이명박 정부 실명 비난 추이' 등은 2011년 필자가 참여한 통일연구원의 협동연구인 〈북한 정보관리체계 개선방안〉(황병덕 외) 보고서에 제출한 내용을 수정 보완했다.

첫째, 북한은 남한에 대해 늘 무언가를 한다(적극성). 이명박 정부 출범 이후 대북정책 수립과 실행에 깊이 관여했던 한 고위 정책 당국자는 "북한의 다른 정보 분야와는 정반대로 대남정책 정보는 너무 적은 것이 아니라 너무 많은 것이 문제"라고 하소연을 했다. 북한 당국은 이명박 대통령이 당선된 직후인 2008년 1월 1일 신년공동사설을 통해 "6·15공동선언과 그 실천 강령으로서의 10·4정상선언을 이행하라"고 요구한 이후 지속적으로 대화와 무력시위를 펴며 이 요구를 관철시키려 했다. 이 과정에 북한은 노동당 통일전선부, 국방위원회 산하 국가안전보위부, 국방위원회 정책실 등 다양한 통로를 통해 남측의 문을 두드렸다. 이 당국자는 "북한은 어떤 때는 애원을 하고 어떤 때는 협박을 하지만 진정성을 느낄 수 없다는 것이 문제"이다라고 증언했다.

둘째, 북한의 대남정책은 남한 정부의 대북정책에 반응한다(상호성). 북한을 상대방으로 하는 남한 정부의 대북정책은 북한 대남 정책의 성격을 결정하는 중요한 변수라고 할 수 있다. 역대 모든 정권하에서 남북한의 무력 충돌이 끊이지 않았다. 과거 김대중, 노무현 정부 시기에도 두 차례 연평해전과 같은 남북간 무력충돌이 있었다. 하지만 이명박 정부 출범 이후 북한이 천안함 폭침 사건과 연평도 포격 도발이라는 전대미문의 도발을 감행한 것은 비핵화와 개혁 개방 등 근본적인 변화를 요구하는 정부의 대북정책에 대한 반발이라고 해석할 수 있다. 쉽게 말해 북한은 무언가 주는 것에 비례해 조용하고, 주지 않으면 달라고 떼를 쓰고 그래도

안 주면 도발한다.

셋째, 북한이 남한에 원하는 것은 명확하다(정책 목표의 명확성). 이명박 정부 출범 이후 북한이 대남 대화와 공세를 통해 남한에서 얻어내려 했던 것은 한마디로 쌀과 달러였다. 북한은 2009년 8월 16일 김정일-현정은 묘향산 회동에서 남북교류 5개항에 합의한 뒤 9월 24일 이산가족 실무접촉에서 금강산 관광 재개를 다시 요구했다. 또 2010년 9월 26일 적십자회담에서는 쌀 50만t, 비료 30만t 지원을 요구했다. 북한은 2008년 12월 1일부터 개성공단의 통행 제한 및 차단 조치를 취하고 다음 해 5월부터 개성공단의 임금인상을 요구했으나 받아들여지지 않았지만 개성공단을 그대로 유지하고 있다. 연 8,000만 달러에 달하는 근로자 임금 수입 때문이다.

넷째, 북한이 가진 대남정책 수단은 그리 많지 않다(정책 수단의 한계성). 이명박 정부 출범 이후 북한의 대남정책을 면밀히 분석해 보면, 대화와 공세의 두 가지 측면에서 비슷한 수단이 반복된다는 점을 확연하게 읽을 수 있다. 김정일에서 김정은으로의 3대 세습에 시간이 부족했던 북한은 이명박 대북정책을 바꾸기 위해 가능한 모든 수단을 드러냈다. 수단은 손에 꼽을 정도로 제한적이다. 구체적으로 이 기간 동안 나타난 공세 수단은 △직접 무력 공세(핵실험, 장거리 로켓 발사, 서해 NLL 무력화 도발, 남한 함선 폭침, 해상 및 육상 총격 및 포격, 사이버테러 등) △남북 접촉면에서의 실력행사(어선 및 민간인 억류, 임진강물 무단 방류, 개성공단 통행 차단 등, 금강산 관광지구 남측 재산 몰수 및 동결) 등이었다. 대화의 수단은 △당국간 회담(정상회담 논의, 적십자회담, 각종 실무접촉) △민간 통한 소통(정치인 및 경협 기업인 통한 관계회복 제의 등) △인도적 지원 요청과 선행(수해 지원 요청과 조문, 이산가족 상봉행사 등) 등이었다.

다섯 째, 북한이 경제적 지원의 대가로 남한에 내놓을 수 있는 대가 역시 몇 가지가 없다(대남 협상력의 취약성). 이명박 정부 출범 이후 북한이 남한과의 대화와 지원을 대가로 남한에 제시했거나 실제로 내놓은 것은 2009년 9월과 2010년 10월의 이산가족 상봉행사 뿐이었다. 북측 인사들이 그동안 "우리가 남한을 무력으로 위협하지 않아 경제성장을 할 수 있도록 해주는 것이 경제지원의 대가"라고 주장하는 것은 실제로 줄 것이 별로 없기 때문이다.

북한은 이런 이유로 남한의 지원을 받아내기 위해 각종 도발을 통해 사전 명분을 축적한 뒤 대화를 제의하고 대화에서 원하는 것을 얻지 못할 경우 더 큰 도발을 하고 다시 대화의 손을 내미는 '때리고 어르기'의 이중 전술을 반복하고 있는 것으로 보인다. 특히 김정일에서 김정은으로 3대 세습이 이뤄진 2009년부터 2010년 사이 남한과의 대화를 통해 이익을 얻으려는 노동당 등의 일부 세력과 남한과의 긴장 강화를 위해 후계구도에서 유리한 위치를 차지하려는 군부 등의 일부 세력이 서로 갈등을 빚으면서 대화 요구와 도발의 진폭이 커지고 주기도 빨라진 것으로 평가된다.

북한의 대남 정책이 반복적이고 계획적이라는 점을 감안하면 북한이 스스로 공개한 정보를 활용해 현재의 정책을 파악하고 미래 정책을 예측하는 언론의 능력을 키울 수 있다는 것이 이 장의 주장이다. 우선 북한이 내놓은 말과 행동을 자료화 해 패턴을 찾아내고 향후 움직임을 예측하는 이벤트 데이터(event data) 분석 기법이 있다. 이하에서는 이 기법을 이용해 북한의 대남정책을 예측해 본 사례를 소개한다.

북한 대남 정책의 패턴을 수치화하라

첫 사례는 필자가 2010년 11월 5일 통일연구원이 주최한 언론인 세미나에서 '3대 세습 준비기간 중 북한의 대남정책'을 주제로 발표한 내용이다. 북한이 김정은으로의 3대 세습 준비를 시작한 2009년 1월부터 김정은이 당 대표자회에서 당 중앙군사위원회 부위원장 직을 맡고 얼굴을 드러낸 2010년 10월까지의 대남정책 패턴을 이벤트 데이터 기업으로 분석한 결과 북한이 늦어도 2011년 초반 대규모 무력 공세에 나설 것이라는 전망을 얻을 수 있었다. 이 전망은 2010년 11월 23일 북한의 연평도 포격 도발로 조금 일찍 현실이 됐다. 3대 세습 준비기간 북한의 대남정책 내용은 무엇이고 그것으로 미뤄볼 때 김정은 후계 공식화(2010년 9월 28일) 이후 대남 정책을 어떻게 전망할 수 있는가를 문제의식으로 시작된 이 연구의 분석 방법과 결과를 요약하면 다음과 같다.

<표 2-1> 북한의 대남정책 사건 분석 방법

1. 분석 대상
   1) 기간: 김정일이 김정은을 후계자로 지명한 것으로 알려진
      2009년 1월부터 김정은이 3차 노동당 대표자회에서 얼굴
      을 드러낸 2010년 9월 28일을 포함한 2010년 10월 말 현재
      까지로 함(총 22개월)
   2) 사건: 대화와 공세에 대한 중요 사안 82건(2009년 45건,
      2010년 37건) 지수화

2. 공세지수 계산식
   - 북한의 대남공세 건당 최고 100점을 부여해 월 단위로
     합산
     ▽ 주체별 점수 = 당(50), 군(50), 내각(30)
     ▽ 방법별 점수 = 무력행사(50), 실력행사(45), 대면통지
        (40), 유선통지(35), 사설(30), 성명(25), 담화(20), 문답
        (15)
   ※ 장거리 로켓 및 대청해전, 해안 및 육로 총격은 300점 부여
   ※ 2차 핵실험 및 천안함 폭침 사건은 500점 부여

2. 대화지수 계산식
   - 북한의 대남 대화 공세 건당 최고 100점을 부여해 월 단위
     로 합산
     ▽ 인도적 선행=100점
     ▽ 남북대화=당국간 대화(100), 당국간 접촉(80), 민간 대
        화(70), 대화제의(50)
   ※세 차례의 정상회담 논의는 각 300점

<표 2-2> 2009년 사건 목록

월	날짜	성격	내용/주체(매체 등)	유형	점수
1	17	▼	전면대결 등 군사조치 3개항 발표/군 (조선인민군 총참모부)	성명	75
	30	▼	남북합의 무효 및 NLL 조항 폐지/당 (조국평화통일위원회)	성명	75
2	2	▼	남조선 비핵화 주장/군 (조선인민군 총참모부)	문답	65
	16	▼	"반통일 호전세력에게 철추"/당 (엘리트 일체)	담화	70
	19	▼	"우리군대가 전면대결상태 진입"/군 (조선인민군 총참모부)	문답	65
	21	▼	"역적패당과 결판"/당 (조국평화통일위원회)	담화	70
	24	▼	대포동 2호 시험발사 예고/당 (조선우주공간기술위원회)	담화	70
	26	▼	"도발자의 아성까지 초토화"/당 (조국평화통일위원회)	문답	65
	28	▼	"군사분계선(MDL) 도발에 대응"/군	유선통지	85
3	2	▼	이명박 대통령 3.1절 기념사 비판/당 (조국평화통일위원회)	담화	70
	5	▼	"남측 민항기 안전담보 못해"/당 (조국평화통일위원회)	성명	75
	9	▼	"동해선 군 통신 차단"/군 (인민군 총참모부)	성명	75
	9	▼	개성공단 통행 전면차단/군	실력행사	95
	30	▼	개성공단 근로자 A씨 억류/내각 (출입국사무소)	실력행사	75
	30	▼	"남한 PSI 참여는 선전포고"/당 (조국평화통일위원회)	담화	70
4	5	▼	광명성 2호 장거리 로켓 발사/당·군·정	무력행사	300
	16	△	남북 개성접촉 제의/내각 (중앙특구개발지도총국)	당국대화	50
	18	▼	"서울이 군사분계선에서 50km" 위협/군 (인민군 총참모부)	문답	65
	21	△	남북 개성접촉(개성공단 조항 및 계약 재검토 주장)/내각 (중앙특구개발지도총국)	당국대화	80

	15	▼	"개성공단 법규 및 계약 무효"/내각 (중앙특구개발지도총국)	유선통지	75
	25	▼	북한, 2차 핵실험 실시/당·군·정	무력행사	500
5	27	▼	서해상 무력 도발 위협/군 (인민군 판문점대표부)	성명	75
	27	▼	"실제적인 행동조치로 대응"/당 (조국평화통일위원회)	성명	75
	29	▼	북한 장거리 미사일 추가 이동 포착/군	무력행사	100
6	11	△	개성공단 실무회담(근로자 임금인상 요구)/내각 (중앙특구개발지도총국)	당국대화	80
	19	△	개성공단 실무회담(12·1조치 완화시사)/내각 (중앙특구개발지도총국)	당국대화	80
7	2	△	개성공단 실무회담(3차)/내각 (중앙특구개발지도총국)	당국대화	80
	7	▼	북한 추정 사이버 테러 시작/군	무력행사	100
	30	▼	북한, 800연안호 나포/군	실력행사	95
8	13	△	현대아산 근로자 유성진 씨 석방/국방위원회 (보위부)	인도선행	100
	16	△	김정일-현정은, 남북교류 5개항 합의/ 최고지도자	민간대화	70
	21	△	김대중 전 대통령 조문단 남한 방문/당	민간대화	70
	23	△	북한 조문단 이명박 대통령 면담/당	당국대화	100
	26	△	남북 적십자회담 개최/당(조선적십자회)	당국대화	100
	29	△	억류 연안호 및 선원 석방/군	인도선행	100
9	6	▼	황강댐 방류로 남측 6명 사망/내각	실력행사	75
	10	△	12·1조치 원상복구/내각	당국대화	100
	26	△	추석 이산가족 상봉/당(조선적십자회)	인도선행	100
10	14	△	임진강 관련 실무회담(황강댐 방류 사과)/내각	당국대화	80
	15	△	남북 싱가포르 비선 회담/당(통일전선부)	민간대화	300
11	7	△	남북 개성 비밀접촉(1차)/당(통일전선부)	당국대화	300
	10	▼	대청해전 발발/군	무력행사	300
	14	△	남북 개성 비밀접촉(2차)/당(통일전선부)	당국대화	300
	25	▼	"금강산관광 하지 않겠다는 속셈"/당 (아태평화위원회)	담화	70
12	불상	△	여권 실세들에 정상회담 논의 재개 타진/당 (통일전선부)	민간대화	50

※ ▼=남북관계 악화 요인 △=남북관계 개선 요인

<표 2-3> 2010년 사건 목록

월	날짜	성격	내용/주체(매체 등)	유형	점수
1	1	△	대남 "대화와 협상" 강조/당·군	사설	50
	14	△	금강산관광 재개 위한 실무접촉 제의	당국대화	50
	15	▼	남한 급변사태 대비계획 비난/국방위원회	성명	75
	24	▼	김태영 국방 '선제타격론' 비난/군 (인민군 총참모부)	성명	75
	27	▼	서해안으로 해안포 발사/군	무력행사	100
2	1	△	개성공단 관련 실무접촉/내각	당국대화	80
	5	▼	서해 해상사격구역 선포/군	실력행사	95
	6	△	산림녹화사업 남측 지원 요구/당 (원동연 통전부 부부장)	민간대화	70
	8	△	금강산 관련 실무접촉/내각	당국대화	80
	8	▼	연합성명 발표/국방위(보안성, 보위부)	성명	75
	19	▼	해상사격구역 선포/군	실력행사	95
3	2	△	개성공단 관련 실무접촉/내각	당국대화	80
	4	▼	금강산 관광 관련 '특단의 조치' 위협/당 (아태평화위)	담화	70
	25	▼	금강산 내 남측 부동산 조사 시작/내각 (명승지개발지도국)	실력행사	75
	26	▼	천안함 폭침사건/군	무력행사	500
4	8	▼	금강산 정부 부동산 동결 등 발표/내각 (명승지개발지도국)	성명	55
	10	▼	개성공단 사업도 전면 재검토 위협/군 (장성급회담 북측단장)	유선통지	85
	13	▼	금강산 자산 동결조치 실시/내각	실력행사	75
	23	▼	금강산 정부 부동산 몰수/내각	실력행사	75
	27	▼	금강산 민간 부동산 동결/내각	실력행사	75
5	25	▼	8대 대남조치 발표/당 (조국평화통일위원회)	담화	70
6	불상	△	정상회담 논의 재개 타진/당	당국대화	50
7	18	△	임진강 물 방류 남측에 사전통보/내각	인도선행	100
	30	▼	임진강 일대 목함지뢰 폭발, 2명 사망/군	무력행사	100

8	3	▼	"남측 서해 훈련에 물리적 대응타격"/군 (인민군 서부사령부)	통고문	85
	8	▼	55대승호 나포/군	실력행사	95
	9	▼	서해 NLL 해상에 해안포 130발 발사/군	무력행사	300
9	4	△	북한, 수해 복구용 쌀과 시멘트 요구/당 (조선적십자회)	인도선행	100
	7	△	55대승호 및 선원 석방/군	인도선행	100
	10	△	추석 계기 이산가족 상봉 제의/당 (조선적십자회)	당국대화	50
	24	△	이산가족 실무접촉(금강산 관광 재개 요구)/당 (조선적십자회)	당국대화	80
	30	△	남북 군사회담 개최/군	당국대화	100
10	1	△	이산가족 실무접촉(이산가족상봉, 적십자회담개최 합의)/당(조선적십자회)	당국대화	80
	15	▼	남한 심리전 재개 비난/군 (장성급회담 북측단장)	유선통지	85
	26	△	남북 적십자회담 개최(북한 쌀 50만t, 비료 30만t 요구)/당(조선적십자회)	당국대화	100
	29	▼	강원도 최전방 GP 초소에 총격/군	무력행사	300
	30	△	추석 계기 이산가족 상봉 성사/당 (조선적십자회)	인도선행	100

※ ▼=남북관계 악화 요인 △=남북관계 개선 요인

〈그래프 2-1〉 북한의 대남 공세 및 대화지수 추이

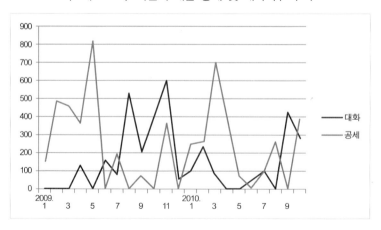

2009년											
월	1	2	3	4	5	6	7	8	9	10	11	12
공세지수	150	490	460	365	825	0	195	0	75	0	370	0
대화지수	0	0	0	130	0	160	80	540	200	380	600	50

2010년									
월	1	2	3	4	5	6	7	8	9	10
공세지수	250	265	700	365	70	0	100	260	0	385
대화지수	100	230	80	0	0	50	100	0	430	280

이상의 분석 데이터에 따르면 첫째, 북한은 우선 북한은 상반기에는 공세, 하반기에는 대화에 치중하는 패턴을 2년째 반복하고 있었다. 2009년 상반기에 공세지수가 가장 높았던 달은 2차 핵실험을 한 5월로 825점, 2010년에는 천안함 폭침 사건이 있었던 3월로 700점을 나타냈다. 2009년에 대화지수가 가장 높은 달은 남북 정상회담을 논의하기 위해 개성 비밀접촉이 있었던 11월로 600점, 2010년은 수해를 계기로 남북이 각종 인도적 사업을 진척시킨 9월로 430점을 나타냈다.

둘째, 북한은 대화 공세가 먹혀들지 않으면 다시 공세로 전환했다. 북한은 2009년 11월 남북 정상회담 논의가 결렬되자 다시 공세로 전환해 2010년 3월 천안함 폭침 사건을 감행했다. 북한은 2010년 10월 당시에도 대남 유화공세가 먹혀들지 않자 △남한 심리전 재개 비난 △강원도 최전방 초소 총격 △천안함 폭침 사건 재차 부인 등 이상조짐을 나타내고 있었다. 이를 토대로 전망한다면 북한은 2011년 상반기에는 다시 공세로 돌아설 가능성이 컸다. 북한이 발표 직후인 2010년 11월 23일 연평도 포격 도발을 단행해 예상보다 빨리 고강도의 공세 조치를 들고 나온 것은 반기 단위였던 '공세와 대화' 주기가 그만큼 빨라진 것이라는 해석도 가능했다.

북한 대남정책 그래프로 그려라

같은 분석 기법을 활용해 이명박 정부 출범 이후 2009년 4월까지 북한 대남정책 공개정보를 분석한 결과 북한이 2009년 5월 제2차 핵실험을 앞두고 미국과의 갈등을 극대화하기 전인 4월 16일 돌연 남북 당국간 접촉을 제의한 것은 대남관계의 위기를 일정수준으로 관리하겠다는 의사일 수 있다는 전망을 도출할 수 있었다. 필자는 민주평통이 2009년 5월 1일 주최한 '남북관계와 언론' 토론회에서 이 조사 결과를 발표했고 다음날인 2009년 5월 2일자 동아일보에 관련 기사를 실었다.[4]

이명박 대통령 당선 후인 2008년 1월 이후 북한의 각종 대남 공세 조치들을 주체별 및 방식별로 점수를 매겨 월 단위로 합산한 결과 2009년 4월의 대남공세 지수는 285로 나타났다. 전달인 3월의 대남공세 지수가 1340이었던 것에 비해 공세 강도가 크게 낮아진 것이다. 북한은 2009년 4월 16일 돌연 남북 당국 간 접촉을 제의하

---

4) 이하 표는 내용을 더 정교화해 통일연구원이 발행하는 〈통일정책연구〉 제18 권 1호(2009)에 수록한 논문 '이명박 정부 출범 이후의 북한의 대남 공세: 시기별 내용과 요인 분석' 일부에 수록한 것이다.

고 같은 달 21일 개성공단에서 남측 당국에 기존 계약 재검토 방침을 통보했다. 같은 해 4월 18일 조선인민군 총참모부 대변인이

北, 남북관계 '위기관리 모드'로 전환?

본보조사 대남공세지수 3월 1340→4월 285 급감
미국엔 잇달아 '핵위협'… 북미 대결구도 노린 듯

최근 북한의 대외공세 양상에 변화가 감지되고 있다. 지난달 초 장거리 로켓 발사와 최고인민회의 개최 이후 북한은 남한에 대해 당국 간 접촉을 재개하고 공세 수위를 낮춘 반면 미국 등 국제사회에 대해서는 무력도발 위협을 하고 있다.

동아일보가 이명박 대통령 당선 후인 지난해 1월 이후 북한의 각종 대남 공세 조치들을 주체별로 나눠 월 단위로 합산한 결과 올 4월의 대남공세 지수는 285로 나타났다. 3월의 대남공세 지수가 1340이었던 데 비해 공세 강도가 크게 낮아진 것이다. 북한은 지난달 16일 돌연 남북 당국 간 접촉을 제의하고 같은 달 21일 개성공단에서 남측 당국에 기존 계약 재검토 방침을 통보했다. 그러나 18일 조선인민군 총참모부 대변인이 "서울이 군 사분계선에서 50km 안팎에 있다"고 위협한 것을 제외하고는 별다른 대남 도발 조치를 하지 않았다.

반면 북한은 '인공위성 광명성 2호' 발사에 대한 국제사회의 제재 논의가 구체화되자 미국과 국제사회에 대한 공세 수위를 부쩍 높였다. 북한 외무성은 지난달 14일과 25일 잇달아 6자회담 불참 및 폐연료봉 재처리 방침을 밝혔고, 29일에는 제2차 핵실험과 대륙간탄도미사일(ICBM) 실험을 예고했다. 이에 따라 북한이 당분간 대외 공세의 주 전선을 북미 관계로 옮기고 남북 관계의 위기는 적절한 수준에서 관리하는 국면 전환을 꾀하는 게 아니냐는 분석이 나온다. 그러나 북한이 서해 북방한계선(NLL)이나 군사분계선에서 무력도발을 해 북미 관계와 남북 관계의 긴장을 동시에 고조시킬 가능성도 배제할 수 없다.

한편 북한은 지난해 1월부터 올 4월까지 총 70건의 대남 공세(무력행위나 행동과 문답 이상의 보도를 취했으며

공세 강도가 가장 높았던 구간은 올 1~3월, 지난해 10~11월, 지난해 3월 말~6월 순으로 나타났다. 북한은 지난해 8월 중순 김정일 국방위원장이 뇌혈관계 질환으로 치료를 받을 당시에는 대남 공세를 멈췄다가 김 위원장이 공개 활동을 시작한 10월부터 다시 대남 공세 수위를 높였다. 이에 따라 김 위원장의 건강 이상 및 후계자 문제 때문에 대북 내부 분열을 추스르기 위해 대남 공세를 강화하는가 하는 분석이 설득력을 얻고 있다.

신석호 기자 kyle@donga.com

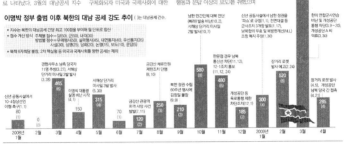

이명박 정부 출범 이후 북한의 대남 공세 강도 추이

- 지수는 북한의 대남공세 건당 최고 100점을 부여해 월 단위로 합산
- 점수 계산 방식 주체별 점수=당50, 군50, 내각30
  방법별 점수=무력행위(45), 실무협의(45), 유선통지(30)
  시설(20), 성명(25), 논평(15), 보도(10), 문답(5)
- 북핵 6자회담 복원, 2차 핵실험 등 미국과 국제사회를 향한 공세는 제외

미국내 6자회담 무용론 불거지나

"북한과 협상해도 계속 원점 회귀… 시간만 낭비"

북한이 북핵 6자회담 거부 선언에 이어 핵실험을 하겠다고까지 위협한 자 미국 행정부 내에서 북한에 대한 회의적 기류가 짙어지고 있다.

힐러리 클린턴 미 국무장관은 지난달 30일 상원 세출위원회에서 북한의 6자회담 복귀 개연성에 회의적 반응을 보이면서 북한에 대한 깊은 회의감을 드러냈다. 장거리 로켓 발사 이후에도 "북한의 대화 복귀를 위해 최선의 노력을 다하겠다"고 여러 차례 말했던 것과는 사뭇 달라진 태도다. 이 같은 클린턴 장관의 발언에 대해 로버트 우드 국무부 부대변인은 "북한의 행동은 아무리 좋게 표현해도 기괴한(erratic) 것"이라며 "북한의 의도에 대해 대단히 회의적"이라고 말했다. 클린턴 장관은 "우리가 중국과 러시아까지 설득해 유엔 안보리 의장 성명을 이끌어낸 데 이어 금융기관 등에 대한 강력한 제재에 합의한 것산에 공을 들이고 있다. 지난달 30일 쿠바에서 열린 비동맹운동(NAM) 조정위원회 각료급회의가 채택한 문건에는 기존에 포함됐던 6자회담 관련 조항이 빠져 있다"며, 북한 외무성 대변인은 1일"(참가국들이) 6자회담이 더는 필요도 없게 됐다는 주장에 대해 "(북핵) 입장에서 이해당사국이 다 해당 표시한다"고 주장했다.

그러나 문제는 이런 북한의 협상을 시작해봤자 지난 5년간 이뤄낸 6자회담 합의사항을 무시하고 원점에서 똑같은 협상을 다시 시작하는 것이나, 무엇보다 "핵없는 세계"를 주창하는 나이 미국이 북한의 2차 핵실험과 대륙간탄도미사일(ICBM) 발사 위협에 굴복할 수도 없는 일이며, 미국의 한 외교소식통은 "북한의 막무가내식 행동에 미국이 심각한 피로감을 느끼고 있다"면서 "북한이 무슨 행동을 하든 무시해야 한다는 주장이 설득력을 얻고 있다"고 말했다.

북한도 나름대로 6자회담 무용론 확

"北과 협상해도 계속 원점 회귀… 시간만 낭비"

하지만 핵실험까지 하겠다는 북한의 강경 엄포를 그냥 두고 볼 가벼운 사안이 아니라는 현실이 미국을 비롯한 국제사회를 곤혹스럽게 하고 있다. 유엔의 대북 제재가 본격화되기도 전에 북한이 한반도 정세를 또다시 위기로 몰아가는 상황이 바람직하지 않기 때문이다. 이런 분위기 탓에 미국 6자회담 대표의 북·미 양자 대화로 나서는 게 아니냐는 관측도 나온다. 우드 부대변인은 이날 "궁극적인 목표인 북한의 비핵화라는 목표를 달성하는 데 6자회담이 현재로서는 최상의 논의기구"라면서도 "더 나은 방안이 있는지 북한을 제외한 6자회담 당사국들과 논의하겠다"고 말한 것 같은 맥락이다.

김영식 기자 spear@donga.com
워싱턴=하태원 특파원 triplets@donga.com

"美, 대북전단 재정 지원을"
탈북자단체 美의회 청원

국내에 거주하는 탈북자 조직인 자유북한운동연합(대표 박상학)이 북한에 대한 전단을 자유롭게 보낼 수 있도록 지원해 달라고 미국 의회에 청원했다.

박 대표는 지난달 30일 미 의회를 방문해 "한국 정부뿐만 아니라 미국도 두려움 때문에 우리를 도와주지 않고 있다는 인상을 받고 있어 유감스럽다"며 "재정적 지원을 해주기를 간청한다"고 말했다. 2000년 한국에 망명한 탈북자 출신 박 대표가 이끄는 자유북한운동연합은 김정일 국방위원장을 비판하는 대북 전단을 풍선에 실어 북한으로 날려 보내는 캠페인을 벌여 왔다. 프랭크 울프 공화당 의원은 "북핵 6자회담을 중재한 크리스토퍼 힐 전 미국측 수석대표가 북한의 인권문제를 좀 더 압박하지 않았던 것이 유감"이라며 "제의를 긍정적으로 검토하겠다"고 약속했다.

전승홍 기자 raphy@donga.com

동아일보/2009.05.02./8면

"서울이 군사분계선에서 50㎞ 안팎에 있다"고 위협한 것을 제외하고는 별다른 대남 공세 조치를 하지 않았다.

반면 북한은 '인공위성 광명성 2호' 발사에 대한 국제사회의 제재 논의가 구체화되자 미국과 국제사회에 대한 공세 수위를 부쩍 높였다. 북한 외무성은 2009년 3월 14일과 25일 잇달아 6자회담 불참 및 폐연료봉 재처리 방침을 밝혔고, 같은 달 29일에는 제2차 핵실험과 대륙간탄도미사일(ICBM) 실험을 예고했다.

이에 따라 북한이 당분간 대외공세의 주 전선을 북-미 관계로 옮기고 남북 관계의 위기는 적당한 수준에서 관리하는 국면 전환을 꾀하는 게 아니냐는 분석이 가능했다. 북한이 2009년 8월 김대중 대통령 빈소 조문단 파견, 남북 정상회담 논의 응대 등을 통해 대남 대화 공세를 강화한 것을 보면 당시 개성공단 대화 제의는 '대외공세의 주 전선을 북-미 관계로 옮기고 남북 관계의 위기는 적당한 수준에서 관리하는 국면 전환을 꾀하는 것'이라는 '사건 분석' 결과가 옳았다고 평가할 수 있다.

북한은 2008년 1월 이후 2009년 4월까지 총 70건의 대남 공세(무력행사 등 행동과 문답 이상의 보도)를 취했으며 공세 강도가 가장 높았던 구간은 2009년 1~3월, 2008년 10~11월, 2008년 3월 말~6월 순으로 나타났다. 북한은 2008년 8월 중순 김정일 위원장이 뇌혈관계 질환으로 치료를 받을 당시에는 대남 공세를 멈췄다가 그가 공개 활동을 시작한 10월부터 대남 공세 수위를 높였다. 이에 따라 김 위원장의 건강 이상 및 후계자 문제 대두에 따른 내부 분열을 추스르기 위해 대남 공세를 강화했다는 분석도 가능했다.

〈표 2-5〉 북한 대남 공세 조치 기간별 주요 내용

항목/구간	I	II	III	IV	V	VI	VII	계
기간	2008년					2009년		1년 4개월
	1~3월	3~7월	7~8월	8~10월	10~12월	1~4월	4월	
총 건수	2	13	4	3	16	31	1	70
주체 당	2	3	0	3	4	13	0	25
주체 군	0	9	3	0	9	16	0	37
주체 내각	0	1	1	0	3	2	1	8
방법 말·글	2	10	3	3	9	21	0	48
방법 행동화	0	3	1	0	7	10	1	22

〈표 2-6〉 2008년 북한의 주요 대남 공세 조치

시기	날짜	내용	주체(매체 등)	형식
I	1.1	신년 공동사설	당(노동신문 등)	사설
	3.6	남한의 인권개선촉구 비난	당(조국평화통일 위원회 대변인)	담화
II	27	경협사무소 남측 당국자 11명 추방	내각 (민족경제협력위원회)	실력행사
	28	서해상에 단거리 미사일 3발 발사	군	무력행사
	28	"북방한계선(NLL)은 유령선"	군(인민군 해군사령부 대변인)	담화
	29	"당국간 남북대화와 접촉중단" 시사	군(장성급 회담 북측 단장)	유선통지
	30	"선제 타격 시 잿더미" 위협	군(조선중앙통신 군사논평원)	논평
	4.1	비핵·개방 3000 구상 등 대북정책 전면 거부	당 (노동신문 논평원)	논평
	3	"군사적 대응조치를 취할 것"	군(장성급회담 북측 단장)	유선통지
	5.8	"제2의 6·25전쟁" 위협	군(조선중앙통신 군사논평원)	논평
	30	남한의 실용주의 비난	당(노동신문 논평원)	논평
	30	삐라 살포 행위 비난	군(군사실무회담 북측 단장)	유선통지
	30	서해상에 단거리 미사일 3발 발사	군	무력행사

시기	날짜	내용	주체(매체 등)	형식
Ⅱ	6.22	"개성 및 금강산 사업 위기" 천명	군(군사회담 북측대표단 대변인)	담화
	7.8	"6·15 및 10·4선언 입장 밝혀라"	당(조국평화 통일위원회 대변인)	담화
Ⅲ	12	"금강산 관광객 피격 사망 사건 책임은 남측에 있다"	내각(명승지개발 지도국 대변인)	담화
	8.3	"금강산 내 불필요한 남측인원 추방"	군(조선인민군 금강산지구 부대변인)	담화
	9	8월 10일부터 금강산 남측인원 제한	군(북남관리구역 군사실무 북한측 책임자)	유선통지
	10	금강산 남측 인원 제한 실시	군	실력행사
Ⅳ	9.3	"여간첩 원정화 사건은 모략극" 주장	당(조국평화통일 위원회 대변인)	담화
	5	김 담화	당(최고지도자)	담화
	8	공화국 창건 60돌 경축 중앙보고대회	당(엘리트 일체)	담화
Ⅴ	10.2	"군사분계선 통행 제한 가능성"	군(군사실무회담 북측 대표단)	대면통지
	7	서해에서 단거리 미사일 2발 발사	군	무력행사
	9	"해상충돌 위기일발 사태 조성"	군(인민군 해군사령부 대변인)	담화
	16	"북남관계의 전면 차단을 포함해 중대결단"	당(노동신문 논평원)	논평
	21	삐라 살포 등 비난	내각 (민주조선 개인필명)	논평
	21	삐라 살포 등 비난	당 (노동신문 개인필명)	논평
	27	"군사분계선 통행 제한"	군(군사실무책임자 접촉 북측 대표단)	대면통지
	28	"우리 군대는 빈말을 하지 않는다"	군(군사회담 북측대표단 대변인)	문답
	11.6	개성공단 현장 조사	군(국방위원회)	대면접촉
	12	"판문점 경유한 모든 남북전화 단절"	당(조선적십자회 중앙위원회)	성명
	12	"12월 1일부터 군사분계선 통한 육로통행 엄격 제한 차단"	군(장성급회담 북측 대표단 단장)	유선통지

시기	날짜	내용	주체(매체 등)	형식
V	13	판문점 경우 남북전화 단절	당(조선적십자회 중앙위원회)	실력행사
	24	개성공단 상주인력 철수와 개성관광 중단 등 통보	내각(민경협 중앙특구 개발지도총국 등)	대면통지
	30	개성공단 상주인원 880명 제한 등	내각(상동)	유선통지
	12.1	육로 통행 제한 차단조치 단행	군	실력행사
	17	개성공단 현장 조사	군(국방위원회)	대면접촉

※ 6자회담 관련 통상적인 외무성 발표는 제외.

〈표 2-7〉 2009년 북한의 주요 대남 공세 조치

시기	날짜	내용	주체(매체 등)	형식
VI	1.1	신년 공동사설	당(노동신문 등)	사설
	17	전면대결 등 군사조치 3개항 발표	군(조선인민군 총참모부 대변인)	성명
	17	한국 교과서 안보교육 강화 반발	당(6·15공동선언 실천위 대변인)	담화
	30	남북합의 무효 및 NLL 조항 폐지	당(조국평화통일 위원회 대변인)	성명
	2.2	남조선 비핵화 주장	군(조선인민군 총참모부 대변인)	문답
	14	"남북기사교류 불허는 반통일 망동"	당 (조국평화통일위원회)	보도
	16	"반통일 호전세력에게 철추"	당(엘리트 일체)	담화
	19	"우리 군대가 전면대결상태 진입"	군(조선인민군 총참모부 대변인)	문답
	21	"역적패당과 결판"	당(조국평화통일 위원회 대변인)	담화
	24	대포동 2호 시험발사 예고	당(조선우주공간 기술위원회 대변인)	담화
	26	"도발자의 아성까지 초토화"	당(조국평화통일 위원회 대변인)	문답
	28	"군사분계선(MDL) 도발에 대응"	군	통지문

시기	날짜	내용	주체(매체 등)	형식
	3.2	이명박 대통령 3.1절 기념사 비판	당(조국평화통일 위원회 대변인)	담화
	2	북한-유엔사 장성급 회담	군	회담
	5	"남측 민항기 안전담보 못해"	당(조국평화통일 위원회 대변인)	성명
	6	북한-유엔사 장성급 회담	군	회담
	9	"동해선 군 통신 차단"	군(조선인민군 총참모부 대변인)	성명
	9	"무자비한 징벌 명령 하달"	군(조선인민군 최고사령부)	보도
	9	개성공단 통행 전면차단(1일차)	군	실력행사
	11	"자주권 수호 위해 필요 조치"	내각(외무성)	기자회견
	13	개성공단 통행 전면차단(2일차)	군	실력행사
VI	14	개성공단 통행 부분차단	군	실력행사
	14	"대화하려면 남측 정부 사과해야"	당(조국평화통일 위원회 서기국)	보도
	15	개성공단 통행 부분차단	군	실력행사
	16	개성공단 통행 부분차단	군	실력행사
	20	개성공단 통행 전면차단(3일차)	군	실력행사
	30	개성공단 근로자 A씨 억류	내각(출입국사무소)	실력행사
	30	"남한 PSI 참여는 선전포고"	당(조국평화통일 위원회 대변인)	담화
	30	"남조선 보수언론 엄하게 계산"	당(조선기자동맹 중앙위원회 대변인)	담화
	4. 2	"미사일 요격 움직임에 보복타격"	군(조선인민군 총참모부)	중대보도
	5	광명성 2호 장거리 로켓 발사	당·군·정	무력행사
VII	21	"개성공단 조항 및 계약 재검토"	내각(중앙특구개발 지도총국)	대면통지

이상과 같이 북한의 행동을 계량화할 수 있다면 북한의 말과 글도 계량화할 수 있다. 노동신문과 조선중앙통신 인터넷사이트 '우리민족끼리' 등을 통해 북한당국이 발표하는 발표문과 보도들을 일정기간 묶어 분석해 새로운 흐름을 읽어내는 것이다. 김철우 한국국방연구원 연구위원(언론학 박사)은 "북한은 대남정책과 관련해 고도의 심리전과 언론 홍보기법을 활용하고 있다"며 "북한의 무기는 WMD(weapons of mass destruction)가 아니라 WMP(weapons of mass propaganda)"라고 말했다. 특유의 선전선동 기술을 역으로 최대한 활용하면 그들의 의중을 읽을 수 있는 것이다.

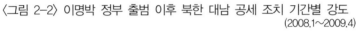

〈그림 2-2〉 이명박 정부 출범 이후 북한 대남 공세 조치 기간별 강도
(2008.1~2009.4)

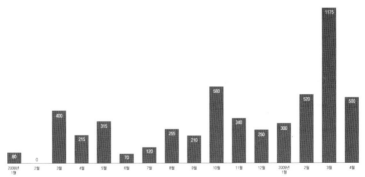

노동신문 톱기사도 수치와 그래프로 변환할 수 있다

이런 시도의 하나로 필자는 2009년 4~8월 5개월 동안의 노동신문 5면 톱기사를 전수 조사해 기사의 내용에 따라 월별 대남 비난 지수를 만들어 보았다.

노동당 기관지인 노동신문은 북한 주민들에 대한 선전선동용 매체다. 신문은 총 6면으로 매일 발행되며 1~4면은 김 위원장의 동정 등 내부 문제를 주로 다루고 5~6면은 대남, 국제 이슈를 다룬다. 특히 5면 톱기사는 대남 문제에 대한 북한 지도부의 주요 관심사가 다양한 형식으로 제공된다. 한 북한 당국자는 2007년 방북한 기자에게 "북한 주민들은 물론이고 당과 군의 간부들도 노동신문 5~6면 중요 기사의 주제와 내용, 과거와의 뉘앙스 차이 등 행간을 읽어 당의 대남, 대외 정책 변화를 짐작한다"며 "간지 형태로 발행되는 5~6면이 가장 인기가 있다"고 말했다.

우선 5면 톱기사를 내용에 따라 4가지로 분류하고 점수를 차등 부과했다. △이명박 정부에 대한 비난 및 대 정부 투쟁 선동(지수 100) △남한 정부에 대한 6·15공동선언과 10·4정상선언 이행 요구(80) △가공의 남한 내부 여론을 조작해서 북한 주민들에게 전달(60) △북한 김일성 주석의 통일반안 등 찬양(40) 등이 그것이다. 이후 지수의 월 합계를 구하고 관련 기사 게재일로 나눠 월 평균 지수를 계산한 결과 4월 57.9, 5월 75.7로 높아져 6월 80으로 최고치를 나타낸 뒤 7월 64.8, 8월(24일 까지) 63.5로 낮아졌다.

직접적으로 남한 정부를 비난하고 대 정부 투쟁을 선동한 톱기사는 4월 5회에서 5월과 6월 각각 11회로 늘었다가 7월 3회, 8월(24일 현재) 4회로 줄었다. 북한의 대남 비난 강도는 이명박 대통령과 버락 오바마 미국 대통령의 첫 한미 정상회담을 비난한 6월 25일자 기사인 '백악관 장미원에서의 상전과 주구의 역겨운 입맞춤'에서 극에 달했다. 그러나 신문은 29일자 '민족자주와 대단합으로 통일

의 길을 열어야 한다'는 논평에서 "북남공동선언들을 이행하는 데
서는 당국과 민간이 따로 있을 수 없으며 소속과 처지에 구속될
수 없다"고 해 남북 당국간 회담이 이어져야 한다는 것을 간접적으
로 촉구했다.

북한이 대남 유화 정책을 공식적으로 드러낸 것은 8월 4일 빌
클린턴 전 미국 대통령이 여기자 2명을 석방하기 위해 방북했던
날 이종혁 조선아시아태평양평화위원회(아태평화위) 부위원장이
금강산에서 현정은 현대그룹 회장을 만나 방북을 허락하면서부터
다. 이후 김대중 대통령 빈소에 고위급 조문단 6명이 나타난 '조문
정치'로 확연해졌다. 북한 노동신문 5면 톱기사의 대남 비난 강도
가 이미 7월부터 낮아진 것은 향후 대남 유화 정책을 위한 분위기
를 사전에 조성한 것으로 풀이할 수 있다. 김정일 위원장 등 북한
지도부는 늦어도 6월 말 이전에 대남 정책 변화를 결정한 것으로
추정된다. 조문정치는 대남 유화 공세의 극대화를 위해 사전에
고도로 계산된 선전선동이었던 것이다.

〈표 2-8〉 2009년 4월~8월 북한 노동신문 5면 톱기사의 대남 비난 강도 추이

	4월	5월	6월	7월	8월
총점	1,680	2,120	2,160	1,880	1,460
일평균 점수	57.9	75.7	80	64.8	63.5

※일 평균 점수는 총점÷대남 관련 기사 게재 일수

〈표 2-9〉 북한 노동신문 5면 톱 기사 제목 (2009년 4월~8월)

월(횟수)	보도일	제 목
4 (5)	3	자주, 민주, 통일을 위한 정의로운 인민항쟁
	12	반통일세력의 도전을 짓부시고 자주통일의 활로를 열자
	22	군사적 대결소동은 중지되어야 한다
	28	동족대결과 외세공조에 환장한 자의 망동
	30	남조선의 비참한 경제실태는 반민족적, 반인민적 악정의 필연적 산물
5 (11)	6	재앙의 화근은 지체없이 들어내야 한다
	7	친미보수세력은 자주통일, 평화위업의 암적 존재
	9	외세와 공조하는 반역의 역사는 끝장나야 한다
	11	통일애국세력에 대한 로골적인 선전포고
	17	진보세력의 단결은 시대와 현실의 요구
	18	자주, 민주, 통일에 대한 광주봉기자들의 념원은 실현되어야 한다
	19	보안법 철폐는 미룰 수 없는 시대적 과제
	20	남조선사회의 민주화는 조국통일의 전제
	26	현실은 조국통일을 위한 과감한 투쟁을 부른다
	27	반민족적인 실용 파쑈독재는 끝장나야 한다
	30	도발자들은 무자비한 보복을 면할 수 없다
6 (11)	2	자주적인 삶을 위한 정의의 투쟁은 반드시 승리한다
	5	도발자의 파렴치한 대결넉두리
	6	전면전쟁을 불러오는 망동
	8	사대매국세력의 청산은 조국통일을 위한 당면과제
	16	진보세력의 각성을 요구하는 엄중한 사태
	17	북위협설은 북침기도를 가리우기 위한 궤변
	20	내 나라의 푸른 하늘은 영원하리
	22	평화는 견결한 투쟁으로써만이 쟁취할 수 있다
	25	백악관 장미원에서의 상전과 주구의 역겨운 입맞춤
	26	핵전쟁위험을 몰아오는 장본인은 누구인가
	29	제재 소동은 파탄을 면치 못할 것이다

월(횟수)	보도일	제 목
7 (3)	16	파쑈공세를 짓부시는 힘은 민주세력의 단결
	20	통일의 장애물들을 제거해야 한다
	22	실용 독재는 자주 민주 통일의 장애
8 (4)	8	동족대결정책은 파산을 면치 못한다
	12	자주통일, 평화번영은 투쟁으로써만 쟁취할 수 있다
	18	문제해결의 길은 민주정치실현에 있다
	19	민족의 머리우에 전쟁의 불구름을 몰아오는 호전광들에게 준엄한 철추를!

북한의 '남한 당국자 비난'도 훌륭한 그래프 자료

북한 공개 문헌에 나타난 남한 고위 당국자 비난 횟수와 강도 역시 계량화 할 수 있다. 이명박 정부 출범 이후 남북관계가 경색되자 북한 당국은 과거 김영삼 정권 시절과 마찬가지로 각종 공식 선전매체를 통해 대통령과 통일부 장관 등에 대한 비방을 시작했다. 그러나 노동신문과 조선중앙통신 등 주요 매체를 통한 남한 당국자 비방은 대남정책 기조에 따라 강도와 빈도가 변화했다. 북한이 비방 강도를 높이고 빈도를 늘이는 것은 대남 강경 기조가 북한 지도부 내에 팽배해 있다는 것을, 반대의 경우 대남 유화 기조로의 전환이 이뤄지고 있다는 것을 유추할 수 있다는 것이다.

실제로 2009년 4월 이후 북한 매체를 통한 이명박 대통령의 실명 비방도 7월부터 줄어들어 2009년 8월 25일 이후 사실상 중단됐다. 북한은 2008년 4월 이후 각종 매체를 통해 이 대통령을 실명으로 비방해 왔다. 통일부가 북한의 대내외 라디오 방송인 조선중앙방송과 평양방송 등을 기준으로 집계한 이 대통령 실명 비방 회수는 2009년 4월 207회, 5월 333회로 늘어 역시 6월 454회로 최대치를 나타낸 뒤 7월 275건, 8월 264건으로 줄어들었다. 북한 매체들이 2009년 8월 23일 이 대통령에 대해 처음으로 '대통령'이라는 존칭을 붙인 이후 8월 25일부터는 개인 실명 비방이 사라졌다. 이후 과거와 같은 대남 비난을 하더라도 대통령의 실명을 빼고 보도했다.

〈표 2-10〉 2009년 4~8월 북한 라디오 방송의 이명박 대통령 실명 비난 횟수

	4월	5월	6월	7월	8월
회수	207	333	454	275	264

※ 조선중앙방송과 평양방송 기준 통일부 집계

북한은 그러다 2009년 하반기 남북 정상회담 논의가 무산되고 2010년 3월 26일 천안함 폭침 사건을 일으키기 직전인 2010년 3월 12일 노동신문을 통해 이명박 대통령의 3 · 1절 경축사 내용을 비난했다. 2009년 8월 이후 7개월 만에 다시 이 대통령을 실명으로 비방하기 시작했다는 점에서 모종의 대남 위협이 있을 것임을 짐작케 했다.

북, 통일부 비방 점점 열 올리는 이유

최근 통일부에 작은 해프닝이 있었다.

올해 3월 말부터 이명박 대통령과 정부를 차마 입에 담기 어려운 욕설로 극렬하게 비방하던 북한이 5월 중순 이후 비방의 강도를 낮췄다는 관측이 돈 것이다.

혹시 북한이 한국에 대한 태도를 바꾼 것일까? 당국자들이 노동신문 등을 확인한 결과 북한의 비방 행태는 여전했다. 연일 같은 내용의 비방이 반복돼 '뉴스 가치'가 떨어지자 한국 언론들이 보도를 덜한 것이 오해를 불렀던 것.

이런 상황을 알기나 한 듯 북한이 다시 대남 비방 강도를 높이고 있다.

그동안 김하중 통일부 장관을 비난해 온 노동신문은 26일자에서 홍양호 통일부 차관까지 물고 늘어졌다. 홍 차관이 공식 행사의 기조연설을 통해 '비핵·개방 3000 구상' 등 새 정부의 대북정책을 설명한 발언을 조목조목 비판한 것이다.

북한 웹 사이트 '우리민족끼리'는 24일 통일부 통일교육원이 최근 자신들의 실상과 한반도 안보 현실 등을 보강해 새로 펴낸 '통일교육 지침서'도 도마에 올렸다.

'통일부인가 분열부인가'라는 제목의 논평은 "6·15공동선언을 뒤집어엎고 흡수통일 야망을 실현하려는 사대매국세력들의 우리에 대한 대결선언 외에 아무것도 아니다"라고 주장하며 개인이 아닌 통일부 자체를 비난했다.

북한은 통일부 폐지 논의가 한창이던 올해 1, 2월 일본 내 총련계 조선신보 등을 동원해 "통일부 폐지는 남북관계 발전에 이롭지 못하다"는 한국 내 일부인사들의 주장을 선전하며 통일부를 두둔했다.

자기에게 필요할 것 같으면 두둔하고 이제 필요가 없을 것 같으니 비난하는 북측의 얄팍한 행태를 고발하려는 것이 아니다.

북한 당국은 김대중, 노무현 정부를 포함한 역대 한국 새 정부에 대해 습관처럼 비방공세를 펴 왔다. 이를 통해 북한 주민들에게 한국에 대한 적대감을 키우고 동시에 한국 내 보수와 진보 세력을 분열시키려는 고도의 대내 및 대남 전략전술인 것이다.

이런 방법으로 남과 북의 선량한 국민을 분열시켜서 이득을 얻는 세력은 누굴까. 식량난에 시달리는 인민의 눈을 가리고 향후 대남 협상에서 '판돈'을 키울 것을 기대하는 김정일 국방위원장과 그를 추종하는 일부 지배세력뿐이다.

북한 당국은 현 시기 남북관계를 경색시키고 스스로 금과옥조처럼 들고 나오는 '우리 민족'을 분열시키는 것은 통일부가 아니라 바로 자신들임을 깨닫기 바란다.

_ 동아일보/'기자의 눈'/2008.05.27.

3장
북한 사람들에 귀 대기

북한 사람들의 이야기를 듣지 않고 북한 기사를 쓰려는 것은 난센스다. 어떻게 듣느냐가 문제다. 남북대화가 끊어져 당국자들도 북한 당국자의 이야기를 듣지 못하는 상황이라면? 폐쇄적인 것만 같은 북한도 부단히 외부 세계와 소통한다. 의도적으로 외부에 신호를 보내오기도 한다. 기자실을 떠나 외롭게 광야로 나서라. 북한 사람의 이야기를 전해주는 메신저와 북한의 말과 행동의 의미를 해석해 주는 멘토에게 부단히 물어야 한다. 그들을 어떻게 찾아내고, 관계를 맺어갈 지가 관건이다. 북한 매체의 뉘앙스를 간파하고 비판적 시각으로 읽는 것도 중요하다.

북한과 관련해 직접 팩트를 모으는 가장 좋은 방법은 현지를 방문해 북한 사람들의 이야기를 직접 듣는 것이다. 필자는 김대중 노무현 정부가 대북 화해 협력 정책을 폈던 2002년부터 2007년까지 모두 7차례 평양을 방문 취재했다. 2000년 금강산과 2008년 개성공단 방문을 포함하면 모두 9차례 북한 현지를 취재한 것이다. 비록 취재 대상과 내용이 북한 당국자들이 허락하는 것으로 제한되지만 기자가 직접 보고 듣고 느낀 것을 르포하는 방식은 매우 유용하다. 그럼 북한에 직접 가지 못하면 어떻게 할까?

북한 소식을 전해주는 사람들에게 귀를 기울여야 한다. 북한 내부에 있는 가족이나 지인을 통해 현지의 이야기를 듣는 탈북자들이 있다. 또 인도적 지원이나 학술행사, 사업 등 다양한 이유로 북한을 오가며 북한 이야기를 전해주는 이들이 있다. 기자 초년병 시절에 검사실이나 법정 문틈에 귀 대기를 해서 원초적 취재를 했던 기자는 이명박 정부 5년 동안 부단히 북한 내부에 귀 대기를 해야 했다. 먼저 생전 탈북자들의 아버지와 같은 존재였던 황장엽 전 노동당 비서와의 인연을 이야기해 보려고 한다.[5]

탈북자와 대화하려면 북한을 공부하라

내가 황장엽 전 북한 노동당 비서(이하 선생)를 기자로서 처음 '독대'한 것은 2009년 7월 21일 오후 서울 강남의 한 호텔 식당에서

---

5) 이하 황장엽 선생 관련 글은 필자가 〈신동아〉 2010년 11월호에 기고한 내용을 수정 보완한 것이다.

였다. 2003년 5월과 2007년 4월 모교인 북한대학원대학교(옛 경남대 북한대학원)에서 선생의 특강을 두 번 들었지만 기자가 아닌 학생으로서였고 또 여러 학생과 함께였다. 기자로서의 독대는 2008년 9월 이명박 정부가 선생의 자유 활동을 허용하겠다고 밝힌 뒤부터 '탈북 10년 만에 진정한 자유 찾은 황장엽'이라는 주제로 단독 인터뷰를 추진해 거둔 성과였다. 그러나 취재원과 기자로서 두 사람이 서로 상대방에게 의미가 있는 '꽃'이 되기까지는 다소 시간이 걸렸다.

선생과의 단독 인터뷰가 성사될 것 같다는 보고를 하자 회사는 막 시작한 '나의 삶, 나의 길'이라는 장기 연재 회고록 시리즈에 모시라는 지시를 내렸다. 첫 만남은 이런 형식에 대한 그의 승낙을 받기 위한 자리였다. 물경 10여 명의 경호원을 대동하고 나타난 선생은 기자의 제의에 선뜻 승낙하지 않았다. 그가 동아일보를 통해 김대중·노무현 정부 시절 다 하지 못했던 자기의 이야기를 하고 싶은 것만은 분명했다. 그러나 그는 북한과 남한에서 살아온 이야기를 시시콜콜하게 털어놓는 것을 반대했다. 대신 자기의 철학, 즉 인간중심철학을 남한 주민들에게 전파해 당시 막 끝난 촛불 파동에서 목도한 남한의 사상 혼란과 대북 전략 부재를 지적하고 바로잡고 싶었던 것이다.

선생이 보름쯤 뒤인 8월 7일 광화문 동아미디어센터를 방문하기까지 그와 기자는 한동안 기싸움을 벌여야 했다. 철학 이야기냐 인생 이야기냐를 놓고 기자는 수차 선생과 통화했고 측근들을 만났다. 한때 인생 이야기 속에 철학을 녹여 넣는 방식에 합의를 했지만 '나의 삶, 나의 길'이라는 형식에 맞지 않는 것으로 판단이 내려졌고 대신 선생이 동아일보 사내 학습조직인 '남북한 포럼' 소속 기자 20여 명을 상대로 북한민주화전략에 대해 강연을 하는 것으로 최종 합의가 이뤄졌다.

여기서 나타난 선생의 첫 번째 성정은 마음을 정한 뒤에는 잘 바꾸지 않는다는 것, 솔직하게 말하면 고집이 세다는 것이다. 13년 전 모든 가족을 버리고 민족의 미래를 위해 몸을 던진 분으로서 좋고 싫은 것에 무슨 번뇌가 있었을까 이해할 수 있다. 하지만 당해 보니 좀 심하다는 생각도 들었다. 회사가 원하는 회고록을 약속받기 위해 기자가 얼마나 아양을 떨었겠는가. 하지만 선생은 웃는 표정으로 들어줄 듯 들어줄 듯하다가 끝내 마음을 바꾸지 않았다.

가까이서 선생을 모신 측근들의 의견도 일치한다. 한 제자는 "좋고 싫은 것이 분명했던 분"이라고 회고했다. 선생은 평소 국내외 언론에 실리는 사진에 자신이 강한 모습으로 비치기를 바랐다.

황장엽 선생과 함께

혹 원치 않는 느낌의 사진이 나가면 "왜 저런 사진이 나갔느냐"고 측근들을 질책했다. 사람에 대해서도 마찬가지여서 사람을 마음속에 들이는 일에 신중했다. 측근들에 따르면 황 선생은 주변에 새로 사람이 오면 한동안 마음을 주지 않고 지켜봤다. 마음에 들지 않는 것이 있으면 말을 하지 않거나 때로는 가차 없이 지적을 했다. 한 측근은 "모시게 되고 나서 한동안 이상한 눈으로 쳐다봐 고생했다"고 말했다.

선생은 그러나 한번 마음에 들이면 끝까지 믿는 스타일이었다. 기자는 그의 마음속에 비교적 쉽게 들어간 편이었다. 기자가 '어른에게는 배우는 자세로 머리를 숙이라'는 평범한 진리를 따랐기 때문이기도 하고, 기자지만 북한학 박사여서 '말이 통하겠구나' 하는 생각을 선생이 한 때문인 것 같기도 하다. 2009년 7월 21일 그를 처음 독대했을 때, 기자는 박사학위 논문과 두 권의 저서를 들고 가 올리며 "북한을 공부하는 후학으로서 열심히 배우고 싶습니다"라고 했다. 선생은 빙긋 웃으며 "우리 함께 공부해봅시다"라고 승낙했다.

이해와 경청으로 탈북자의 마음을 사라

이렇게 해서 인연을 맺은 기자는 선생이 2010년 10월 10일 세상을 떠나기 꼭 9일 전인 10월 1일까지 모두 열 번 그를 독대했다. 가끔은 취재를 위해서 만났고 가끔은 근황이 궁금해서 만났다. 때로는 황 선생이 먼저 나를 부르기도 했다. 만나면 주로 황 선생이 말을 했다. 마치 지도교수님이 학생을 개인교습하는 것처럼. 나는 그의 말을 잘 받아 적었다. 늘 비슷한 이야기였지만 늘 처음 듣는 말처럼 눈을 맞추고 경청했다. 그럴수록 황 선생은 기자에게 더 마음을 열었다.

그렇게 황 선생을 지켜보는 동안 깐깐한 할아버지의 마음속에 살아 뛰노는, 환히 웃는 어린아이의 성정을 봤다. 2009년 8월 7일 동아일보에 온 그가 최남진 화백이 그려준 캐리커처 액자를 받아 들고, 또 자신이 총장으로 있던 김일성종합대를 졸업한 주성하 기자를 만나 기뻐하던 모습이 눈에 선하다. 2010년 8월 15일 광복절에 만나 꼭 65년 전인 1945년 8월 15일 강원도 삼척에서 강제징용 중 해방을 맞은 이야기를 들려주면서 그는 마치 22세 청년으로 돌아간 듯 미각과 청각과 시각이 젊어지는 듯한 표정을 지었다.

"강원도 말이 '와' 자를 써. 어데가시와? 그러는 거지. 그 짝에 참 경치 좋은 데 많~습니다. 주문진 같은 데도 아주 깨끗했어. 강릉도 감이 좋은 것이 있지(선생이 가장 좋아하는 것은 감, 그 중에서도 곶감이다). 막걸리는 파리가 둥둥 떠다니는 시큼한 것을 한 사발씩 먹기도 했다. 지금 막걸리는 잘 만들어 좋지만. 그래도 해방된 날 누군가 쌀막걸리를 만들어 돌렸는데 정말 맛있었다. 그런데 세월이 금방 가버렸어…."

그가 세상을 버린 첫날 저녁 빈소에서 만난 한 측근은 "선생은 책을 내고 출판기념회를 열 때 가장 행복해했던 것 같다. 마치 돌잔치의 주인공인 아이처럼 기뻐했다"고 회고했다. 아마도 책을 쓰고 싶어도 마음대로 쓸 수 없었던 북한에서의 경험 때문이었을 것이라고 그는 추측했다. 그래서인지 황 선생은 1997년 남한에

온 뒤 올해 5월 제자인 이신철 박사와 함께 '논리학'(시대정신)을
낼 때까지 모두 20여 권의 책을 남겼다. 그는 사망 당시에도 이
책을 비롯해 몇 권의 개정 증보판을 준비 중이었다. 회고록도 1998
년 처음 낸 뒤 2006년 개정판을 냈다.

이 글을 통해 선생의 철학과 평소 주장을 되풀이할 생각은 없다.
선생이 2009년 8월 7일 동아일보에 와 강연한 내용은 8월 10일자
동아일보에 소개했다. 열흘 뒤인 8월 20일에 그는 다시 회사를
방문해 인터넷뉴스 방송인 동아 뉴스스테이션에 출연했다. 천안
함 사건 및 인민무력부 정찰총국이 보낸 암살조 검거 이후인 2010
년 4월 23일 만나 나눈 내용은 다음 날 인터뷰 기사로 실렸다.
선생의 광복절 회고담은 2010년 8월 17일자에 나갔다.

◆관련 기사◆

황장엽 전 북한 노동당 비서(86)는 7일 지난해 이후 북한 김정일
정권이 무력시위 등을 통해 국제사회를 위협하고 있는 데 대해 "상대
하지 말고 경이원지(敬而遠之, 존중하는 체하면서 멀리함)하면서 정치
적, 사상적, 경제적으로 고립시켜야 한다"고 주장했다.

황 전 비서는 이날 동아일보를 방문해 기자들과 만난 자리에서
"김정일은 오로지 핵으로 국제사회를 위협해서 상대방이 싸움을 걸도
록 하는 것이 독재자로서의 권위를 높이는 길이라고 생각한다"며 "김
정일은 가진 게 싸우는 것밖에 없다. 외부의 적과 싸워야 식량과 무기,
사람을 얻는다. 김정일을 무시해야 고통을 줄 수 있다. 싸우지 못하게
해야 현 (수령 절대주의) 체제 유지가 어려워진다"고 말했다.

또 황 전 비서는 "우선 북한을 사상적으로 고립시키기 위해 정부가
아닌 민간 비정부기구(NGO)와 1만6,000여 명에 이르는 탈북자가 나
서서 북한의 열악한 인권 실태와 주민들이 굶어 죽는 현실을 국제사

회에 폭로하도록 해야 한다"고 제안했다. 그는 "적을 이기려면 적의 정신부터 공격해야 한다. NGO가 나서면 비용이 절약되고 효과적이며 도덕적"이라면서 "탈북자들을 뽑아 양성해 미국이나 일본, 유럽 등 국제사회로 보내 (북한 민주화를 위해) 활동하게 해야 한다"고 주장했다.

특히 그는 북한이 중국식 개혁개방에 나서도록 중국을 최대한 활용해야 한다고 주장했다. 그는 "미국과 일본 등 국제사회의 여론을 환기해서 그것이 중국 정부에 전해지도록 해야 한다"며 "국제사회는 김정일 정권의 명맥을 장악하고 있는 중국 정부를 '왜 그런 나쁜 정부(북한)와 동맹을 맺고 있느냐'며 압박해야 한다"고 말했다. 그는 "최근 미국이 중국에 북한 급변사태의 대비책을 논의하자고 한 것은 중국을 무시하는 것으로 정신이 나간 사람들이나 할 수 있는 이야기"라며 "중국에 이득을 주고 북한을 경제적으로 고립시키기 위해 한중 자유무역협정(FTA)을 체결해야 한다"고 말했다.

황 전 비서는 북한 민주화를 위한 한국 미국 일본의 공조도 역설했다. 그는 "한미일이 함께 김정일 정권이 국경을 넘어 폭력을 사용하지 못하도록 하는 질서를 세우면 주민의 절대 다수가 북한 정권의 폭력을 피해 두만강과 압록강뿐 아니라 휴전선을 넘을 것"이라고 예상했다.

황 전 비서는 이날 오후 본사를 방문해 김학준 회장 등 간부들을 예방하고 북한 문제를 연구하는 동아일보 사내 학습모임인 '남북한 포럼' 소속 기자 10여 명을 상대로 '북한 민주화 전략'에 대해 강연했다. 그가 1997년 4월 한국에 입국한 이후 국내 언론사를 공식 방문하거나 인터뷰에 응한 것은 이번이 처음이다.

그는 "한국에 올 때 앞으로 5년이면 북한이 무장해제되고 망할 것이라고 생각했다. 그러나 지금은 여기(한국)가 더 걱정이다. 여기가 흔들리면 어떻게 하는가"라며 "한국 언론이 영리 본위주의라는 생각에 그동안 일절 인터뷰를 하지 않았지만 이제는 해야겠다. 동아일보가 민주주의 수호에 앞장서 왔다는 평가에 만족하지 말고 더 책임을 느끼라는 말을 하기 위해 여기에 왔다"고 설명했다.

또 그는 "북한 민주화를 위해 가장 중요한 것은 우리의 민주주의 강화다. 국민의 사상을 책임지는 언론의 역할이 무엇보다 중요하다"고 강조한 뒤 "국민이 폭력 앞에 가만히 앉아 있고 젊은이들이 북한

편에서 미국과 싸운다고 하는 것은 사상이 마비돼 잘못된 것을 모르기 때문으로 언론의 책임이 크다"고 지적했다. 이어 "왜 김정일이 국내 좌파와 (함께) 국민을 청맹과니로 만드는 데 반격하지 못하는가. 세계에서 가장 발전된 선진 국가 미국에서 먹는 쇠고기를 못 먹겠다는 것이 무슨 말이고, 촛불을 들고 반정부 시위를 벌이는 사람들은 도대체 무슨 국민인가. 국회의원들이 국회를 톱질하는데도 잡아넣지 못하고 그걸 반대하는 시위도 없다"고 비판했다.

_ 동아일보/2009.08.10.

선생의 철학과 사상에 대해 한 가지만 말한다면 '중간의 철학'이라는 점이다. 선생은 말하고 글을 쓸 때 어느 것이나 양쪽의 편향을 지양하고 수렴, 창조적 발전의 원리를 강조했다. 따라서 선생은 일반적으로 생각하는 '극보수'가 아니다.

탈북자는 보수라는 편견을 버려라

선생은 북한과 같은 사회주의 국가들이 강조한 집단주의가 싫어 한국행을 택했지만 그렇다고 무작정 개인의 자유를 강조한 개인주의자도 아니었다. 그는 자주 "인간은 개인적인 존재인 동시에 집단적 존재의 두 면을 가지고 있다. 개인만 강조하면 사회가 유지될 수 없고, 집단만 강조하면 개인의 자주적이고 창조적인 면이 훼손될 수 있다. 두 면의 조화가 중요하다"고 강조했다. 또 그의 인간중심철학의 중요 테마가 되는 집단주의와 북한 등 현실사회주의 국가들이 시도했다 실패한 계급주의적 전체주의를 구분해야 한다고 했다. 북한의 미래에 대한 전망과 민주화운동을 위한 전략도 마찬가지다. 그는 처음 만났을 때부터 이명박 정부 출범 이후 유행처럼 번진 북한 급변사태론에 무게를 두지 않았다. 김정일의 아들 가운데 한 명을 중심으로 이해관계를 같이하는 엘리트들이 뭉쳐 후계체제를 확립할 것이라는 데 한 표를 줬다. 이는 북한이 곧 무너져 남한이 독일식 통일을 이뤄야 하고, 이룰 수 있다는 보수 진영의 기대심리와는 다른 것이다.

선생이 북한민주화를 위한 대안과 전략의 일계(一計)로 한미동맹 강화를 제시한 것은 보수진영의 논리와 같다. 그러나 동시에 그는 중국의 역할을 강조했다. 중국과의 관계를 미국과의 관계만큼이나 든든하게 해서 중국이 북한을 설득해 중국식 개혁개방에 나서도록 해야 한다는 것이 핵심이었다. 일종의 '용중론(用中論)'이라고 할 수 있다. 동북아시아의 맹주를 넘어 세계 제2의 파워가 된 중국을 넘어 중국의 뒷마당에 있는 북한 문제를 우리 마음대로 해결할 수 없는 현실적인 한계를 인정하고 지혜를 모아야 한다는 전략적인 태도인 것이다.

그런데 중국식 개혁개방이란 공산당이 그대로 존재하면서 경제적으로 시장 메커니즘을 받아들이는 것이다. 따라서 이 주장을 못마땅하게 생각하는 보수진영이 있으며 선생과 함께 망명한 김덕홍씨는 공개적으로 이 문제를 제기한 적도 있다.

북한을 배우는 제자의 자세가 좋다

기자는 개인적으로 선생이 철학자요 사상가라기보다는 좋은 교육자나 좋은 멘토라는 생각을 더 많이 했다. 인터뷰를 마친 뒤 선생은 기자의 손을 잡고 늘 이렇게 말했다.

"기자라고 바쁘다는 핑계만 대지 말고 그저 열심히 공부해. 그래서 장차 큰사람이 되라우. 사람이 그냥 훌륭하게 되는 것이 아니고 처음부터 훌륭해질 사람이 정해진 것도 아니야. 일찍부터 큰 꿈을 정하고 노력한 사람만이 그렇게 될 수 있어. 큰 꿈을 가진 사람과 그렇지 않은 사람은 말하는 것이나 생각하는 것이 달라. 꼭 그런 사람이 되시오."

나중에 들어보니 선생은 배우겠다고 찾아온 모든 후배에게 이런 덕담을 했다. 그의 말을 듣고 있으면 벌써부터 내가 훌륭한 사람이 된 것 같은 생각이 들어 좋았다. 멘토란 그런 것이다. 후배들이 스스로 자존감을 가지고 더 큰 꿈을 가지도록 하고 그 꿈을 이룰 수 있다는 자신감을 불어넣어주는 사람. 선생의 말은 일종의 주문 같았고 기자는 몸에 엔도르핀이 도는 묘한 흥분을 느꼈다.

이 때문에 많은 후학이 그를 따랐다. 나이에 관계없이 북한의 본질을 알고 싶어하는 많은 지식인이 그와 공부모임을 함께 했다. 마지막 공부모임이 열렸던 2010년 10월 7일 선생은 참가한 제자들에게 평소에 하지 않던 묘한 발언을 했다.

"자네들이 앞으로 철학과 인생을 완성하기 위해 가장 중요한 것이 무엇이라고 생각하는가. 바로 자기 자신을 사랑하는 것이네. 먼저 자기를 사랑해야 가족을 사랑하고 국가를 사랑할 수 있다네. 남을 해치며 자신의 이익을 챙기는 이기적인 인간이 되라는 것이 아니야. 자기를 사랑하는 만큼 남을 사랑해 가족과 사회, 국가가 사랑으로 충만한 사회를 만들어야 한다는 말이네."

기자가 그를 마지막으로 만난 10월 1일에도 그는 국가와 기자 개인에 대한 걱정과 덕담으로 시간을 보냈다. 기자의 요청에 따라 이날 오전 11시부터 30분 동안 강남구 논현동에 있는 북한민주화위원회 사무실에서 만난 그는 "북한보다 남한이 더 걱정된다"며 "천안함 폭침 사건을 북한이 했다고 믿는 사람이 30%밖에 안 되고 북한에 쌀을 주는 문제로 싸움이나 하고 있는 것이 말이 되느냐"고 우려했다. 이어 "북한보다 월등하게 잘사는 남한이 이런 모습을 보이는 것은 사상의 힘이 부족하기 때문"이라며 "북한의 민주화와 통일을 향해 전 국민이 사상적으로 무장해야 한다. 언론의 역할이 크다"고 당부했다.

선생은 9월 28일 노동당 대표자회에서 모습을 드러낸 북한의 3대 세습 후계자 김정은에 대해 말을 아꼈다. 그는 "벌써부터 그에 대해 이렇다 저렇다 말을 하는 것은 이르다. 이제 막 얼굴을 드러냈으니 시간을 가지고 좀 지켜보자"고 평가를 유보한 뒤 "그가 잘해서 북한을 개혁개방으로 이끌고 나가면 칭찬을 하고 그렇지 않을 경우 비판을 하면 된다"고 말했다. 이 말은 그가 김정은에 의한 북한 변화 가능성에 대해 일말의 희망을 걸고 있었음과 동시에 9일 뒤에 찾아올 자신의 죽음을 전혀 예견하지 못했음을 시사한다.

그렇게 기자와 잠시 인연을 맺었던 선생은 10월 10일 북한의 노동당 창건 기념일에 김정일 김정은 부자가 열병식에 나란히 모습을 드러낸 그 순간에 생을 마쳤다. 서울 광화문 정부종합청사 기자실에서 북한 10·10절 기사를 준비하다 선생이 사망했다는 소식을 들었을 때 번뜩 두 가지 생각이 스쳐갔다. 아, 9일 전 선생을 보고 싶었던 걸 보니 그와 나의 인연이 깊었나보다. 아, 추석 연휴 다음이었는데 선생이 좋아하는 곶감 한 상자라도 가져다 드렸다면 마음이 덜 아팠을 텐데.

선생이 "개인이 죽어도 집단은 죽지 않는다. 나무의 뿌리가 살아 있는 것과 마찬가지"라는 평소의 지론을 방송을 통해 발언한 사실을 안 것은 그가 떠난 다음이었다. 기자를 만나기 하루 전인 9월 30일 대북 단파 라디오 방송인 자유북한방송의 '황장엽의 민주주의 강좌'를 통해서였다. 선생은 갔지만 그가 민족의 통일과 번영을 위해 뿌린 씨앗은 여기저기서 다시 든든한 뿌리를 내리고 있을 것이라고 믿는다.

남북한의 메신저들을 주목하라

이명박 정부 시절 남북관계가 악화되면서 인적 교류가 끊어졌다. 기자들도 마찬가지였다. 기자의 경우도 2008년 5월 다행히 정말 다행히 통일부 풀기자로 개성공단에 다녀온 것이 마지막이 될 줄은 몰랐다. 두 달 뒤 금강산에서 박왕자 씨 피격 사망 사건이 터지면서 기자는 물론 평소 내왕이 잦았던 한국인들도 발길을 끊어야 했다.[6]

다행히 미국 시민권자를 가진 몇몇 대북 협력 사업가들은 평양에 가기도 하고 제3국에서 북한 당국자들을 만나 소식을 전해주곤

---

6) 이하 이일하 회장과 이영화 교수, 대북사업가 A씨, 북한전문언론매체, 북한 신년 공동사설에 대한 부분은 2011년 필자가 참여한 통일연구원의 협동연구 '북한정보관리체계 개선방안'(황병덕 외) 보고서에 제출한 내용을 수정 보완했다.

했다. 이명박 정부 출범 이후 남북관계가 악화되면서 당국간 관계가 끊어진 상황에서는 더더욱 이들 민간의 역할이 중요해졌다. 북한은 신뢰할 수 있는 민간 관계자를 통해 자신들의 정보와 의견을 전달하기 때문이다. 1장에서 소개한 이일하 회장의 사례가 대표적이다. 북한은 천안함 폭침 사건과 비슷한 무력 도발을 일으킬 것이라는 사전 경고를 2010년 초 이 회장뿐만이 아니라 다른 루트를 통해서도 청와대와 정부 당국자들에게 전달됐던 것으로 확인됐다.

천안함 폭침 사건이 일어난 2010년 3월 26일은 북한이 비난했던 '키 리졸브' 훈련은 끝난 상태였지만 해상훈련 독수리 연습이 진행되고 있는 상황이었다. 만일 북측 당국자가 군부 내에서 은밀하게 진행되고 있던 천안함 사건 모의를 미리 알고 있었던 것이라면 '독수리 훈련'을 '키 리졸브' 훈련으로, '전투함이 북측을 위협할 경우'를 '전투기가 기수를 돌릴 경우'로 바꿔서 미리 알려준 셈이 된다. 북한 내부에 존재하는 대남 '온건파'가 군부를 중심으로 한 '강경파'의 무력 도발에 앞서 우려의 메시지를 전달한 사례다.

당시 이 회장은 귀국 직후 기자와 만나기 전 이 정보를 통일부의 실무자에게 전달했다. 대통령의 참모 역시 청와대에 이야기를 했다고 말했다. 이런 첩보들이 청와대와 통일부, 외교부, 국방부, 국가정보원 등 유관부서에 공유되고 정부 부처들이 힘을 모아 만일의 사태에 대비했더라면 천안함 사태를 막을 수 있었을 것이 아닌가. 만일 첩보 자체가 공유되지 않고 누군가에 의해 사장됐다면 이는 대남정보 처리과정에 국가 실패의 전형을 보여준다고 할 수 있다. 물론 북한이 잠수함에 의한 함선 피격이라는 전대미문의 도발을 할 것이라고 정부 당국자들이 짐작하지 못했을 수 있다. 하지만 대북 정보 수집에 연간 수천억 원을 쓰는 정부가 굴러 들어온 첩보도 제대로 다루지 못한 것에 대해 할 말이 있을 수 없다.

이일하 회장 외에 대북 경협 사업을 하는 익명의 대북 소식통 B에게서도 많은 도움을 받았다. 그는 자신의 대북 정보망을 통해 2009년 11월 당시 북한의 원동연 아시아태평양평화위원회 실장이 노동당 통전부 부부장으로 승진했다는 소식을 듣고 기자에게 전했다. 그 해 하반기부터 북한의 대남 대화공세가 완연해지고 남북한 당국간 비밀접촉이 한창이던 시점에 대남 대화 실무자가 교체됐다는 사실은 중요한 정보임에 틀림이 없었다. 당시 비밀접촉에 나섰던 정부 당국자들은 원 부부장의 승진 사실을 알고 있었던 것으로 보이지만 접촉은 물론 승진 사실도 시인하지 않았다. 정부가 원 부부장의 승진 사실을 처음 공개한 것은 2011년 2월 14일 2011년도 판 '북한의 주요인물' 책자를 통해서였다.

북한 정보의 글로벌 네트워크에 접속하라

한편 전 세계에 퍼져 있는 북한 전문가 네트워크도 요긴한 소식통이다. 중국과 러시아, 미국과 일본 등에 거주지를 두고 북한을 드나들며 연구하는 한국계 학자들의 경우 북한 당국자 및 지식인들과의 정보 네트워크를 활용해 한국 정보 당국보다 먼저 북한 내부 소식과 대남 정보를 파악하는 경우가 흔하다. 기자는 일본에 거주하는 한국인 이영화 간사이(關西)대 교수에게서 큰 도움을 받은 적이 있다.

이 교수를 처음 만난 것은 김정일 국방위원장의 건강 이상 문제가 확실해진 직후인 2008년 9월 29일 서울 프레스센터에서였다. 그는 기자에게 김양건 당시 노동당 통일전선부장과 오극렬 당 작전부장이 그 해 6월 이후 공식 석상에 모습을 드러내지 않고 있다는 점을 지적하면서 "북한이 이들(대남) 조직을 합쳐 대규모 단일 조직으로 구조조정하고 있을 가능성이 있다"고 말했다.

지금도 정기적으로 평양을 오가고 있는 이 교수는 가장 최근 들린 평양의 '분위기'를 근거로 이렇게 말했다. 자신의 추정이 사실이라면 건강에 이상이 생긴 김 위원장을 고려해 대남사업 지시와 보고 라인을 단일화할 필요성이 있을 것이라는 게 이 교수의 당시 해석이었다. 이 교수는 자신의 추정을 한국 정보 당국에도 전했다고 말했다. 기자는 즉시 이 교수를 실명 인용해서 사라진 인물들과 대남 정보 조직 통폐합 가능성을 전했다.

이 교수의 '근거 있는' 추정은 1년 5개월 만에 정부가 공식 정보로 확인해 대체로 사실로 드러났다. 노동당 통전부와 김양건 부장은 건재한 것으로 확인됐지만 북한은 대남 간첩 파견과 공작 업무 등을 담당했던 노동당 35호실과 작전부를 국방위원회 산하의 인민무력부 정찰총국으로 통합한 것으로 나중에 확인됐다. 통일부가 이를 공식 확인한 것은 2010년 2월, 새로 발간한 2010년 판 '북한 권력 기구도'와 '북한 주요인물' 자료를 통해서였다.

이상의 사례에 따르면 2013년 출범하는 새 정부는 가능한 범위에서 민간 관계자의 방북 등을 허용해 민간을 통한 북한 대남 정보 파악에 주력할 필요가 있다. 이명박 정부는 2010년 3월 26일 발생한 천안함 폭침 사건에 대한 대응으로 5·24조치를 발표하고 당국은 물론 민간 차원의 방북과 제3국에서의 북한 주민 접촉을 금지했다. 이는 전대미문의 북한 도발에 대한 불가피한 조치였고 2011년 상반기부터 정부는 남북관계 긴장 완화의 추세를 보아가면서 대북 인도적 지원단체 관계자와 종교인, 남북경협 사업자 등의 방북 기회를 보다 많이 허용했다. 다만 대북 인도적 지원단체와 경협 기업, 종교인 등은 북한에서의 지원 및 경제적 사업과 협력활동 등을 해야 하는 사적 이해관계를 가지고 있기 때문에 이들을 통한 정보는 면밀한 분석 과정을 거칠 필요가 있는 것은 물론이다.

북한 전문 매체 보도 옥석 가리기

민간 차원의 북한 정보 취재에 가장 문제가 되는 부분은 북한 전문언론매체의 보도를 통한 것이다. 이명박 정부 출범이후 열린 북한방송, 좋은 벗들, 데일리NK 등 북한전문매체들이 휴대전화와 심지어 위성전화까지 동원해 북한 내부 소식통들의 소식을 중계했다. 그러나 이들의 보도에 대해서는 비판도 많았다. 책임성이 부족하다는 것이다. 실제로 군소 매체들이 경쟁하듯 보도를 쏟아내는 가운데 검증되지 않는 보도가 나오고 나중에 오보로 판명되는 것들도 적지 않다. 이들 매체들이 북한 내부에 거주하면서 중국을 드나드는 제한된 내부 통신원을 이용하고 있기 때문에 '인간정보

수집의 편중성'의 문제에서 벗어나기 힘들다는 지적이다.

필자가 자주 인용했던 '열린북한방송'의 천안함 폭침 사건 관련 보도 세 건의 정확도를 사후 진행 상황으로 분석해 본 결과 방향성을 맞춘 기사, 매우 정확한 기사, 오보 또는 현재까지 확인되지 않은 기사 등 다양한 결과가 나왔다. 이는 대북전문언론매체의 정보력에 일정한 한계가 있음을 나타내는 것이다.

그러나 북한 내부 소식통에 의한 직접 정보 수집은 방송과 신문 등 기존 제도권 언론도 스스로 하기 힘든 난이도가 있는 일로서 대북 정보가 부족한 현실을 감안하면 이들 매체들이 정보의 양을 높이는 데 일조하고 있다는 측면도 무시할 수 없다. 따라서 매체들이 보다 왕성하게 정보를 수집하되 정확도를 높일 수 있는 방향으로 육성할 필요가 있다.

북한 전문매체들이 정보 수집 능력에 한계를 드러내는 현실은

〈표 3-1〉 열린북한방송의 북한 대남정보 보도 사례

보도 일시	보도 내용	이후 상황	평가
2010년 1월 17일	"북한 국방위원회 성명 (2010년 1월 15일) 이후 최소 3개월 이상 남북관계 급랭할 것"	보도 이후 2개월 9일 만인 3월 26일 천안함 폭침 사건 발생	방향성 맞춘 기사
2010년 4월 15일	"북한이 내부적으로 천안함 사건을 남한 정부 조작극이라고 선전"	보도 이틀 뒤인 4월 17일 조선중앙통신이 '군사논평원' 명의를 글로 공식 부인	매우 정확한 기사
2010년 9월 16일	"북한 지도부가 천안함 폭침사건 주역인 김영철 인민무력부 정찰총국장 경질 검토"	2011년 8월 현재까지 김영철 상장 건재한 것으로 확인	오보 또는 확인되지 않는 기사

이들의 열악한 재정상황이 큰 원인이다. 단체들은 대부분 민간 기부 등에 의존해 영세한 경영 상태에서 운영되고 있으며 정부의 지원은 거의 없는 실정이다. 지금은 새누리당 국회의원이 된 하태경 열린북한방송 대표는 2011년 기자와의 인터뷰에서 "정부가 정보나 재정 측면에서 지원해 주는 것이 전혀 없다"고 말했다. 따라서 이들 단체의 공익적 성격에 알맞은 정부 차원의 지원방안 마련이 필요한 것으로 판단된다.

신년 공동사설은 북한 한해 정책 청사진

북한이 매년 1월 1일 공개하고 있는 신년공동사설도 공개 자료를 활용한 북한 대남 정책 분석에 매우 유용한 수단이 된다. 실제로 다음의 〈표 3-2〉와 같이 이명박 정부 출범 이후 북한이 내놓은 신년 공동사설의 대남정책 기조는 적어도 발표 시점 이후 3~6개월 동안 그대로 유지됐거나 특정한 사건으로 현실화됐다.

북한은 2012년 신년공동사설을 통해 김정일 사망 이후 안보공백을 우려한 듯 "내외호전광들의 전쟁책동을 저지 파탄시켜야 한다"며 "미제침략군을 남조선에서 철수시켜야 한다"고 주장했다. 북한이 신년공동사설에서 미군철수 주장한 것은 노무현 정부 마지막 해인 2007년 이후 처음이다. 북한은 또 남한 정부의 김정일 빈소 조문 제한을 강력하게 비난하면서 김정일의 전년 중국과 러시아 방문을 강조해 두 우방국에 기댄 대외정책 펼 것을 천명했다. 미국에 대한 언급은 없어 향후 대화 여지 열어뒀다고 할 수 있다.

〈표 3-2〉 이명박 정부 출범 이후 북한 신년 공동사설의 주요 대남 메시지

연도	주요 대남 메시지	이후 상황
2008	• 북남관계발전과 평화번영을 위한 10.4선언은 민족의 자주적발전과 통일을 추동하는 고무적 기치이며 6.15공동선언을 전면적으로 구현하기 위한 실천강령이다. 우리는 10.4선언을 철저히 리행함으로써 대결시대의 잔재를 털어버리고 북남관계를 명실공히 우리 민족끼리의 관계로 확고히 전환시키며 평화번영의 새로운 력사를 창조해나가야 한다. • 북남관계발전과 통일에 리롭게 법률적, 제도적 장치들을 정비하여야 한다. 전쟁의 근원을 없애고 공고한 평화를 이룩해나가야 한다. • 북남경제협력을 공리공영, 유무상통의 원칙에서 다방면적으로 추진해 나가는 것을 장려하여야 한다. 북남사이의 협력과 교류를 조국통일에 실질적으로 이바지할 수 있게 확대발전시켜야 한다.	• 이명박 새 정부에 대화 제의하며 대북정책 관망 • 3월 27일 남북경제협력협의사무소에서 남한 당국자 추방하며 대남 공세 시작
2009	• 우리는 올해에 《6.15공동선언과 10.4선언의 기치를 높이 들고 자주통일의 길로 힘차게 전진하자!》는 구호 밑에 조국통일운동을 더욱 활성화해나가야 한다. 온 겨레는 숭미사대주의와 동족에 대한 적대의식에 사로잡혀 자주통일의 시대적 흐름에 역행하는 반통일세력의 책동을 단호히 저지 파탄시켜야 한다. • 남조선인민들은 자주, 민주, 통일의 구호를 들고 사대매국적인 보수당국의 파쑈통치를 쓸어버리며 전쟁의 위험을 제거하기 위한 투쟁의 불길을 더욱 세차게 지펴올려야 한다.	• 3월 개성공단 통행제한 및 차단, 현대아산 근로자 유성진 씨 억류 등 공세 • 4월 16일 개성공단 관련 실무회담 제의하며 대화국면으로 전환
2010	• 북남관계개선의 길을 열어나가야 한다. 남조선당국은 대결과 긴장을 격화시키는 일을 하지 말아야 하며 북남공동선언을 존중하고 북남대화와 관계개선의 길로 나와야 한다. • 민족의 화해와 협력을 적극 실현해야 한다. 민족공동의 리익을 첫자리에 놓고 화해를 도모하며 각계층의 래왕과 접촉을 통하여 협력사업을 추동해나가야 한다. 민족의 공리공영을 위한 사업을 저해하는 온갖 법적, 제도적 장치들은 철폐되어야 하며 광범한 인민들의 자유로운 통일론의와 활동이 보장되어야 한다.	• 정치권 비선 통한 남북정상회담 개최 제의 계속 • 금강산 남측 재산 몰수 및 3월 26일 천안함 폭침 사건으로 공세 전환

2011	• 북남사이의 대결상태를 하루빨리 해소하여야 한다. • 조선반도에 조성된 전쟁의 위험을 가시고 평화를 수호하여야 한다. 이 땅에서 전쟁의 불집이 터지면 핵참화밖에 가져올 것이 없다. • 대화와 협력사업을 적극 추진시켜나가야 한다. 민족공동의 리익을 첫자리에 놓고 북남사이의 대화와 협력분위기를 조성하기 위하여 적극 노력하여야 한다. 각계각층의 자유로운 래왕과 교류를 보장하며 협력사업을 장려하여 북남관계개선과 통일에 이바지하여야 한다.	• 2월 남북 군사실무회담 및 8월 남북 비핵화 회담 개최 등으로 대화국면 지속
2012	• 혁명무력의 최고영도자 김정은 동지의 유일적 영군체계를 철저히 세우기 위한 당 정치사업을 더욱 심화시켜 나가야 한다. • 내외호전광들의 전쟁책동을 저지 파탄시켜야 한다. 미제침략군을 남조선에서 철수시켜야 한다. • 남한 정부의 조문 제한을 비난하면서 김정일의 지난해 중국과 러시아 방문을 강조해 두 우방국에 기댄 대외정책 펼 것을 천명. • 인민생활 향상을 위해 경공업과 농업 증산을 강조하면서 "대중의 의사를 존중" "인민을 위한 더 좋은 일을 많이 하자"는 표현을 넣어 주민 달래기에 나서	• 남한 미사일 발사 위협 등 대남 갈등 극대화

대내 정책에서는 "혁명무력의 최고영도자 김정은 동지의 유일적 영군체계를 철저히 세우기 위한 당 정치사업을 더욱 심화시켜 나가야 한다"고 해 김정은의 유일체제를 당을 중심으로 수립해 나갈 것임을 암시했다. 또 인민생활 향상을 위해 경공업과 농업 증산을 강조하면서 "대중의 의사를 존중"이라거나 "인민을 위한 더 좋은 일을 많이 하자"는 표현을 넣어 주민 달래기에 나섰다. 이후 △대남 강경 정책 △당을 통한 군 통제 △인민들에 대한 적극적인 구애 등이 실제로 이뤄져 신년사설을 통한 북한 정책 예측 가능성을 높였다.

북한은 전년인 2011년 1월 1일 신년공동사설을 통해 '북남 사이의 대결상태 해소', '대화와 협력사업 적극 추진' 등을 주장한 뒤 같은 해 10월 현재까지 3차 핵실험이나 장거리 미사일 발사 등과 같은 대규모 무력시위 없이 대남, 대미 대화기조를 유지했다.

이에 앞서 '북한은 2008년 사설을 통해 "6·15공동선언과 그 실천강령인 10·4정상선언의 이행"을 강조했다. 비록 실명을 언급하지는 않았지만 10여 일 전 정권교체에 성공한 이명박 대통령에게 '취임하면 6·15와 10·4선언을 지키라'고 요구한 것이다. 실제로 북한은 그해 3월까지 이명박 정부의 대북정책을 지켜보다 자신들의 요구가 무시된 것으로 판단한 듯 3월 24일 개성공단에 있는 남북경제협력협의사무소(경협사무소)에 있던 당국자 11명에게 퇴거를 요구하며 대남 실력행사를 시작했다.

북한은 2009년 신년공동사설에서 남한 정부를 '파쑈'라고 하는 등 비난으로 일관했고 그해 3월 개성공단 통행 차단 조치를 단행하며 현대아산 근로자 유성진 씨를 억류하는 등 대남 위협의 수위를 높였다. 그러다 그해 하반기 이후 남북 정상회담 개최 논의 등 유화공세로 전환했고 이어진 2010년 사설에서 전향적인 대화 제의를 내놓았다. 개성에서의 당국간 비밀접촉이 무산된 뒤였지만 북한은 여권 정치인 A씨 등을 통해 정상회담을 계속 요구하고 있던 때였다. 평화공세는 3월 26일 천안함 폭침 사건 때까지 이어졌다.

북한 대남정책 정보를 위한 신년사 분석은 주로 통일부를 비롯한 정부 부처와 통일연구원, 국방연구원, 한국개발연구원 등의 국책연구기관 그리고 각 언론사의 자체 분석 및 전문가 인용보도 등으로 이뤄진다. 민간에서는 민간단체인 우리민족서로돕기운동과 이화여대 통일학연구원 등에서 분석 자료를 내고 있다. 민간 연구자 차원에서도 더 활발한 분석 및 결과 공유가 필요하다고 하겠다.

물론 신년 공동사설을 포함해 북한의 매체들이 내놓는 글들을 액면 그대로 믿을 필요는 없다. 기본적으로 김씨 일가 찬양을 위한 선전용이다. 북한 주민들에게 실질적으로 해 줄 것이 없는 북한 당국이 글로써나마 민생을 위하는 척하는 내용도 적지 않다. 대남 메시지 가운데 속내와 다른 이야기를 하기도 한다. 북한에 대한 생각이 다른 한국 사람들은 같은 글을 읽고 다른 해석을 하기도 한다. 다음에 소개하는 세 개의 칼럼은 북한 글을 비판적으로 읽거나 비판적으로 읽지 않는 한국인들을 비판해 본 사례들이다.

◆관련 칼럼◆

"강성대국의 문패 달자" 북의 신년 말장난

북한이 2009년 1월 1일 노동신문 등 3개 신문에 발표한 신년 공동사설에는 '강성대국' 건설에 대한 낯선 표현 하나가 등장했다.

"어버이 수령님의 최대 애국 유산인 우리 사회주의 조국에 기어이 강성대국의 '문패'를 달아야 한다."

이른바 '문패론'이다. 노동신문은 지난해 12월 29일에도 '그이는 오늘도 행군길에 계신다'는 장문의 시를 싣고 '문패'라는 표현을 썼다.

'수령님의 고귀한 유산인/사회주의 우리 조국에/강성대국의 문패를 기어이 달아야 한다시며/강행군의 신들메를 조이시고/가고가신 그 길 그 자욱자국.'

김정일 국방위원장이 강성대국을 건설하기 위해 지난해 100차례 가까이 현지지도를 했다고 찬양하는 송시(頌詩)다. 그런데 왜 하필 '문패'일까. 북한은 지난해 공동사설에서 김일성 출생 100년, 김정일

출생 70년이 되는 2012년에 "강성대국의 대문을 활짝 열겠다"고 공언했기 때문이다.

대문을 열 때까지 3년이 남은 올해 문패라도 달아야 하니 '주민들이여, 배가 고프더라도 불평하지 말고 더 땀 흘려 김 위원장에게 충성하라'는 메시지를 전달한 것이다.

북한은 1998년 강성대국 구호를 처음 내세웠다. 이미 사상, 정치, 군사강국이므로 경제만 살리면 된다는 국가적 '비전'이었다. 이후 이 구호는 매년 공동사설에 등장했다. 2004년은 '강성대국 건설에서 전환적 의의를 가지는 해'였고, 2006년은 '강성대국의 여명(黎明)이 밝아온 위대한 승리의 해'였다.

그러나 그동안 북한의 경제사정은 별로 나아지지 않았다. 2001년부터 실시한 제한적인 개혁개방 정책은 2005년 하반기 이후 오히려 뒷걸음질하고 있다. 2006년 이후 국가경제는 마이너스 성장을 하고 있다.

그런데도 1990년대 '고난의 행군' 때처럼 굶주림에 시달리는 주민들에게 매년 뭔가 전진하고 있다는 듯이 선전하는 강성대국 구호는 '말장난'에 불과하다. 북한 경제가 어려운 가장 근본적인 이유는 지배엘리트에게 있다. 이들은 주민 모두가 잘사는 나라를 만드는 것보다 오로지 자신들의 알량한 권력을 유지하는 데만 골몰하고 있다. 무능한 지배엘리트와 낡고 왜곡된 북한식 사회주의 체제가 근본적으로 바뀌지 않는 한 북한 주민들에게 강성대국의 비전은 허상일 뿐이다.

_ 동아일보/'기자의 눈'/2009.01.03.

말로만 '북남관계 개선', 거꾸로 가는 북

북한은 2010년 1월 1일 발표한 신년공동사설에서 "북남관계를 개선하려는 우리 입장은 확고부동하다. 남측 당국은 북남대화와 관계개선의 길로 나와야 한다"고 제의했다. 북한을 대변하는 재일본조선인총연합회(총련) 기관지 조선신보는 이를 "올해 극적인 사변을 예감케

하는 의지의 표명"이라고 평가했다. 이에 따라 북한이 지난해 하반기 시작한 대남 평화공세를 새해에도 이어갈 것이며 남북 정상회담이 조만간 열릴 것이라는 기대가 높았다.

그러나 최근 북한은 남북관계를 정반대의 길로 몰아가고 있다. 북한은 남측이 금강산관광을 재개하지 않는다며 남측 정부가 지어준 금강산이산가족면회소 등을 동결하고 중국 기업에 관광 사업권을 넘겨주려 하고 있다. 또 북한군은 10일 남측 국방부에 통지문을 보내 동해선과 경의선 남북 육로 통행을 중단하거나 통행자의 안전을 보장할 수 없을지 모른다고 위협했다.

돌이켜 보면 북한 신년공동사설의 포인트는 '대화 제의'보다는 '전제조건'에 있었던 모양이다. 당시 사설은 "남측 당국이 6·15공동선언을 부정하고 외세와 결탁하여 대결소동에 계속 매달린다면 북남관계는 언제 가도 개선될 수 없다"고 경고했다. 또 "남측 당국은 대결과 긴장을 격화시키는 일을 하지 말아야 한다. 북남공동선언을 존중하라"고도 했다. 북한은 이미 지난해 11월 남측과의 남북 정상회담 논의가 무산된 이후 서해에서 대청해전(11월 10일)을 일으켰고, 남측이 금강산관광을 재개하지 않는다고 거칠게 비난하기 시작했다.

최근 북한의 절박한 심정이 이해는 간다. 국제사회의 대북 제재로 한 푼의 달러가 아쉬운 상황에 연간 3000만 달러 규모인 금강산관광 수입이 들어오지 않는 걸 더는 방관하기 어려웠을 것이다. 또 사회주의 계획경제 회복을 위한 정책의 실패로 내부가 소란스러운 와중에 남측에서 띄워 보내는 대북 전단(삐라) 등이 체제의 불안을 부채질한다는 위기의식을 가졌을 법하다.

하지만 금강산관광 계약을 깨는 등 단절과 고립을 심화하는 것이 북한의 활로일 수는 없다. 오히려 금강산 피격 사망자의 억울한 죽음과 같은 일이 다시는 없을 것이라는 확신을 주는 것이야말로 6·15공동선언의 정신에 맞고 더 많은 관광객을 유치하는 길이다. 또 대북 전단 살포를 비난할 게 아니라 체제를 개혁해 외부에서 유입되는 정보에 당혹스러워하지 않도록 분발하면 될 일이다. 북한의 미래는 대결이 아니라 남한과의 대화와 관계개선에 있음을 직시했으면 한다.
_ 동아일보/'기자의 눈'/2010.04.12.

북의 '핵참화'는 빼고 '대화제의'만 귀에 들어오나

북한이 2011년 1일 발표한 신년공동사설을 받아든 기자가 가장 주목한 단어는 '핵 참화'였다. 북한이 신년사설에서 핵 참화를 언급한 것이 처음은 아니었지만 뉘앙스가 달랐기 때문이다. 북한은 2006년 신년사설에서 "대조선전략을 실현하기 위해서라면 우리 겨레에게 핵 참화를 들씌우는 것도 서슴지 않으려는 것이 미제의 본능"이라고 했다. 핵 공격의 주체는 미국이고, 북한은 그 대상이었다.

올해 사설은 "이 땅에서 전쟁의 불집이 터지면 핵 참화밖에 가져올 것이 없다"고 했다. 앞뒤 문맥상으로 한국과 미국이 전쟁을 도발하면 핵으로 응징하겠다는 뜻으로 읽힌다. 핵 공격의 주체는 북한이고, 그 대상은 남한이다.

북한의 대남 핵 위협은 이번이 처음이 아니다. 지난해 김영남 최고인민회의 상임위원장(8월 24일)과 김영춘 인민무력부장(12월 23일)이 '핵 억제력에 기초한 성전'을 언급했고, 노동신문도 '핵 참화'를 언급했다. 하지만 북한에서 '장군님(김정일 국방위원장) 말씀'으로 통하는 신년사설에 남측을 겨냥한 핵 위협이 처음 실린 것은 의미가 다를 수밖에 없다.

그러나 정부 당국자와 전문가들의 생각은 다른 것 같았다. 통일부는 1일 배포한 분석보고서에서 '핵 참화'를 언급하지 않았다. 한 당국자는 "지난해 많이 나온 내용"이라고만 말했다. 통일연구원이 낸 보고서에도 '핵 참화'는 없었다. 한 대학교수는 "어차피 공갈인데…"라고 말했다.

이 때문인지 1일 통신과 방송이 전한 북한 신년사설 보도의 핵심 제목은 '남북 대결상태 해소'였다. 같은 내용을 보도한 AP통신의 제목이 '북한이 전쟁은 핵 참화를 부를 것이라고 경고했다'인 것과 정반대였다.

최근 북한 문제의 핵심은 북한의 '핵 보유 능력'이라고 할 수 있다. 북한이 지난해 천안함 폭침과 연평도 포격 도발 같은 무력도발을 잇달아 자행한 것도 핵실험을 두 번이나 하고 우라늄 농축시설까지 공개한 뒤 생긴 자신감 때문이라고 본다.

북한의 핵 위협이 갈수록 심각해지고 있는데도 마냥 태연한 남측 사람들을 보면 점점 뜨거워지는 실험실 냄비 속에서 위기를 못 느끼는 개구리가 연상된다. 인질이 오히려 납치범을 걱정하는 '스톡홀름 신드롬'이 남의 일이 아닌 것 같다.

그동안 적지 않은 당국자와 전문가들이 북한의 핵 위협에 안이하게 대응해 왔다. 심지어 북의 핵개발은 미국에 맞선 자위용이라는 주장도 있었다. 핵구름이 서울 상공을 뒤덮은 뒤에 후회해봤자 소용없다. 설마가 사람 잡는 법이다.

_ 동아일보/'기자의 눈'/2011.01.04.

4장

이론으로 북한 보기

북한을 연구하는 학문공동체가 있다. 그들이 현실을 보는 거울로 삼는 이론들을 기사쓰기에도 활용할 수 있다. 이론은 현실을 쉽게 설명해 주고 더 잘 볼 수 있게 하며 궁극적으로는 미래를 예측할 근거를 마련해 준다. 북한학에 엄밀한 이론이 있기는 힘들지만 오래된 패턴과 경향성을 모델화 한 다양한 설명의 틀이 존재한다. 20세기 현존 사회주의와 독재국가를 연구한 전 세계 학자들의 성과물도 활용할 수 있다. 조금만 공부를 하면 자신만의 설명틀을 만들 수도 있다. 기존의 설명틀과 이론에 따른 설명이 틀릴 때도 있다. 하지만 아무런 근거 없이 북한의 미래를 전망하는 것보다는 덜 위험하다.

백승주 국방연구원 박사의 존재를 알게 된 것은 2008년 1월 14일 자 동아일보 A4면에 이명박 정부 출범 전 꾸려진 정권인수위의 통일외교안보 자문위원 명단을 단독 입수해 보도하면서부터다. 당시 기사에서 나는 노무현 정부와 이명박 정부의 대북 전문가 참모진 교체율을 파악하기 위해 노무현 정부가 전년 10·4정상회담을 하면서 자문위원으로 위촉한 56명의 명단과 인수위원 명단을 비교하는 작업을 했다. 놀랍게도 56명 가운데 이명박 대통령 인수위 자문위원에 포함된 사람은 백승주 박사 등 단 두 사람 뿐이라는 사실을 파악했다.

노무현 정부와 이명박 정부 모두 대접을 받는 백 박사는 과연 어떤 사람일까. 이런 의문을 푸는 동안 그가 미 국무부의 2007년 요청을 받아 김정일 사후 북한 후계 체제에 대한 심층 보고서를 작성하고 있다는 사실을 알게 됐다. 우선 든 생각은 '미국사람들 참 무섭군. 벌써부터 김정일 사후를 준비하다니.' 그도 그럴 것이 2008년 초 당시는 그 해 가을 김정일이 뇌혈관계 질환으로 쓰러지기 훨씬 전이었다. 김대중 노무현 정부가 북한 급변사태와 후계 문제에 대한 논의에 금기표를 붙인 사이 미국 정부는 발 빠르게 움직이고 있었다.

우여 곡절을 거쳐 백 박사가 미 정부에 넘겨 미국 공무원들만 볼 수 있는 공개자료센터(Open Source Center) 인터넷 사이트에 게재된 보고서를 구해 2008년 5월 26일자 동아일보 A1면과 4면에 큼지막하게 보도했다.

"北 김정일 사망하면 1인독재서 집단지도체제로"

美 공무원사이트 '한국국방硏 박사 22명 전망' 게재

북한 김정일 국방위원장의 후계 체제에 대해 한국국방연구원 박사 22명이 각각을 모은 결과 김 위원장이 자연사한 뒤 집단지도체제가 들어설 가능성이 진단이 필반기적이를 차지했다. ▶A4면에 관련기사

김 위원장의 후계자로는 처남 김 정철(27)이 유력하다는 것과이 더 수상쩍다 승계를 위한 권력기반은 장남 김정남(37) 대비 장성택이이 더 탄탄한것으로 분석됐다.

다만 정부는 이런 내용을 핵심

으로 하는 보고서를 이달 14일 국국무원들이 볼 수 있는 공개자료센터(Open Source Center) 웹사이트에 게재한 것으로 해석됐다.

이 보고서는 북 문제 해결을 통한 북·미관계가 납북살을 타는가 온데 미국 정부가 북한의 국제 문제를 집단지도체제에 시작해야는 숨겨 해석됐다.

'누가 후계자' 김정철 36·김정남 31·장성택 22%
美 북핵 급진전 속 北권력구도 면밀 분석 나선 듯

보고서는 북한 후계 전체의 거의 승요성분 변수들 스김정일 생존 여부와 사망이 행태 스권력구도로 보고 6가지 심화 유형을 제시했다. 국방연구원 박사 22명의 45.5% 가 10%로 '김정일의 자연사한 뒤 집단지도체제가 들어설 것이라고 전망했다. 27.2%이 6명은 '김정일 생존에 집단지도체제가 들어설 것으로 전망하는 듯 전망적으로

1인 독재체제가 끝날 것이라는 응답이 77%(17명)나 됐다.

누가 후계자가 될지에 대해서는 36.3%(8명)가 김정철을 꼽았고 31.8%(7명)는 김정남, 22.7% 15명)는 장성택을 점쳤다.

그러나 보고서는 "김정철이 아버지 김일성 주석의 귀여움 을 독차지한 환경에 비추면 김정철보다는 장래의 기반과 정치 능력 있으 김정남이 앞선다"고 분석, 현 실적 후계 위험이 있으 김정남의 완전 승계 가능성이 더 높다"고 분석했다.

또 승계가 5년 내에 이뤄지면 장성택 또는 김정남이, 5년 뒤에 이뤄지면 김정철, 정운(35·3남 김정철)이 유리하다는 전망이 기초도 나왔다.

신석호 기자 kyle@donga.com
워싱턴=하태원 특파원 taewon@donga.com

동아일보/2008.05.26./1면

A4 2008년 5월 26일 월요일 美정부發 '김정일 후계전망' 보고서 제27007호 동아일보

5년 내 승계땐 장성택 - 김정남 5년 지나면 김정철 - 정운 유리

한국 '햇볕' 10년간 손놓은 연구영역
김정일의 권력승계 과정에 비춰 전망

김정철의 승계 가능성 높게 나왔지만
'아버지 신뢰'와 정치적 능력 검증 안돼
장성택-김정남 권력기반 공유 가능성

"누가 집권하든 대미관계엔 긍정적"

김정남		도피기간에 中은신 경험
김정철		스위스서 공부·휴서방
장성택		한국붕괴 對北개선 합도

동생 김경희 남편 장성택과 함께 원로들 지지 확보
비서 김 옥 김정일 유고 땐 초기에 결정적 영향력

동아일보/2008.05.26./4면

이론의 핵심을 파악하고 요약하라

영어로 된 보고서는 재미난 내용과 방법론을 많이 포함하고 있었지만 단연 눈길을 끈 것은 논문의 이론적 자원으로 활용된 레슬리 홈스 박사의 '3Ps+X' 이론이란 것이었다. 요약하면, 사회주의 독재국가에서 최고지도자의 유고나 국내외 비상상황 등 지도부 교체상황(X)이 도래할 경우 세 가지 능력인 3P, 즉 권력기반(power base)을 확보하고 인격적 자질(personal qualification)과 정책능력(policy making ability)을 입증한 새 지도자가 권력을 잡아 자신의 체제를 공고화한다는 것이다. 위 세 가지 요소를 백 박사 논문에 쓰인 그대로 전달하면 다음과 같다.

● 권력기반 확보

승계준비과정에서 승계자는 국가의 중요한 권력기관의 최고지위를 직접 차지하는 동시에 자신의 추종자들로 하여금 주요한 권력기관을 장악하도록 하는 조치를 말한다.(The factor connected with securing a power base refers to the measure that enables the successor to personally assume the highest position at the important power organs of the state and also allows the successor's followers to seize control of important power organs in the process of preparing for the succession).

● 지도자의 인격적 자질

지도자와 인민들에게 투영되는 지도자적 자질을 의미한다.(The

personality qualifications of the leader refer to the leadership qualifications that are projected onto the leader and the people)

● 정책능력

대내적으로는 다른 지도자를 설득하고 인민의 정치적 지지를 끌어낼 수 있는 정책의 개발, 수행능력을 말하며 국제관계에서 국익추구를 극대화할 수 있는 외교능력을 뜻한다.(the policy making ability signifies the ability to develop and implement the policies that are capable of winning over other leaders at home and drawing political support from the people, as well as the diplomatic ability of maximizing the pursuit of national interests in international relations).

백 박사는 이 이론과 국방연구원 박사 22명의 집단설문조사결과를 바탕으로 승계가 5년 내에 이뤄지면 장성택의 후원을 업은 장남 김정남이 승계할 가능성이 높고 5년 뒤에 승계가 이뤄지면 고영희의 아들인 차남 김정철과 삼남 김정은의 승계 가능성이 높다고 봤다.

보고서가 김정남에게 좋은 점수를 준 이유는 '3Ps+X' 이론의 첫 번째 조건인 권력기반 확보 때문이다. 김정남은 나이 어린 동생들보다 빨리 10대 중반에 북한컴퓨터위원회 위원장을 맡아 공직생활을 시작했다. 1980년대 후반 국가안전보위부와 당 선전선동부에서도 일했다. 김정남은 1996년 이모인 성혜랑의 변절로 김정일의 신뢰를 잃었지만 장성택의 정치적 후견을 받아 권력기반을 공유할 수 있다는 점에서 상대적으로 유리한 위치에 있다고 보고서는 전망했다. 보고서는 또 김정일이 사망한 뒤 북한에는 집단지도 체제가 들어설 것이라는 관측도 담았다.

이론이란 프리즘으로 각국 사례 비추기

2008년 9월 9일 당 창건기념일을 계기로 김정일 건강 이상설이 알려지고 북한의 후계 문제가 전 세계인의 관심사가 되면서 논문은 진가를 발휘했다. 김정일이 당 창건기념일 열병식에 나타나지 않은 뒤 한 보름 동안 북한에서 곧 권력승계가 일어날 것처럼 기사를 써 댔던 한국의 '분단저널리스트'들은 백 박사의 논문을 귀중하게 활용했다. 백 박사의 논문을 처음 소개했던 나는 말할 나위도 없었다. 백 박사는 김정일 건강 이상설이 이후 나와의 인터뷰에서 '3Ps+X' 이론을 토대로 김정남의 승계를 점쳤다(동아일보 2008년 9월 13일 5면). 백 박사는 자신의 박사학위 주제였던 중국의 사례를 들어 과거 마오쩌둥(毛澤東)과 덩샤오핑(鄧小平) 등의 권력승계 과정은 북한에서 앞으로 일어날 일을 전망하는 데 시사점을 주고 있다고 귀띔했다.

김정일이 병상에 누워 통치하는 동안에는 가까운 거리에서 건강을 관리하고 비서 업무를 하는 이른바 '문고리 권력'이 득세할 것으로 보이며 덩샤오핑이 1997년 사망하기 전까지 그의 셋째 딸인 덩룽(鄧榕)이 아버지의 비서 역할을 하며 실질적인 권한을 행사한 것이 대표적인 사례로 들었다. 그는 김 위원장의 비서이자 사실상의 넷째 부인인 김옥의 역할에 주목했고 호위 업무 등을 관장하는 호위사령부 등도 건강상태에 대한 정보 유포 등 음성적인 형태로 권력을 행사할 수 있다고 전망했다. 실제로 김옥이 어떤 역할을 했었는지는 아직 확실하지 않지만 이후 김정일 주변을 밀착호위하며 3대 세습을 성공시킨 장성택과 김경희, 최룡해 등은 문고리 권력의 전형이었다고 평가할 수 있다.

이후 김정일에서 김정은으로 북한의 3대 세습 드라마를 보면서 '3Ps+X' 이론을 여러 번 더 활용했다. 후계자 낙점이 확실해진 다음 김정은의 권력기반을 다져줄 엘리트 그룹은 누구인지를 전망해 볼 수 있었다(동아일보 2009년 6월 22일 8면). 또 김정은이 후계자로서 모습을 드러냈을 때에는 그의 승계가 사회주의 독재권력 승계의 일반 원칙에 맞지 않는다고 지적할 때(동아일보 2010년 9월 29일 5면)에도 이 이론을 활용했다. 당시까지 김정은은 권력기반, 인격적 자질, 정책능력 등 어느 조건도 증명해 보이지 못한 상태였기 때문이다.

이론은 설명을 돕지만 예측은 틀리기 쉽다

그러나 '3Ps+X' 이론은 역설적이게도 이론으로 북한을 분석하고 전망한다는 게 얼마나 어려운 일인지 실감케 해 주었다. 이 이론을 활용해 5년 내에 승계가 이뤄질 경우 장성택이 후원하는 김정남이 승계할 것이며 유일지도체제가 아닌 집단지도체제가 시작될 것이라는 백 박사의 예측은 2012년 10월 현재까지의 결과만으로는 들어맞지 않은 상황이다. 2008년 8월 건강 이상을 겪은 김정일은 2009년 1월 8일 매제 장성택을 후견인으로 삼남 김정은을 3대 세습 후계자로 지명했다. 김정은은 2010년 9월 제4차 당 대표자회에 얼굴을 공개하며 공식 활동을 시작했고 2011년 12월 아버지 김정일의 사망에 따라 그의 유일지도체제를 시작됐기 때문이다.

다른 근거들을 활용한 예측들도 결과가 다르긴 마찬가지였다. 2008년 9월 김정일 건강 이상 당시 정성장 세종문제연구소 남북한 관계연구실장은 장성택과 김정남의 권력기반과 능력이 과대평가됐다고 반박하면서 오히려 각각 군사와 당을 담당하고 있는 이용철, 이제강 당 조직지도부 제1부부장이 김 위원장 유고 때 권력을 잡을 가능성이 높다고 봤다. 그는 "이들은 직접 최고지도자의 자리를 노리기보다 현재 명목상의 국가 주석이며 2인자인 김영남 최고인민회의 상임위원장이나 차남 정철 씨를 '얼굴 마담'으로 내세울 가능성이 크다"고 내다봤다. 하지만 이제강 이용철은 정철이 아닌 정은의 후계자 지명 이후 의문의 교통사고와 지병으로 사망보도가 나왔다.

당시 후계 문제의 새로운 대안으로 제기됐던 '상징 수령제'도 현재로서는 맞아 떨어진 가설은 아닌 셈이다. 김 위원장 개인이 절대적인 정치 경제적 권력을 행사하는 '수령 절대주의'와 권력 엘리트들이 권력을 나눠 갖는 '집단지도체제'를 절충한 형태로 김 위원장의 아들이 상징적인 수령을 맡고 당-정-군의 엘리트들이 실권을 장악하는 구도였다. 정광민 당시 국가안보전략연구소 선임연구위원은 "여러 면에서 능력이 떨어지는 김 위원장의 아들들이 현재의 수령 역할을 하기 어렵고 오랫동안 독재에 길든 엘리트들이 갑자기 집단지도체제를 운영하기도 어렵다"며 이런 가설을 제기했다.

김정일이 아버지 김일성 주석의 권력을 넘겨받으며 체계화한 북한 후계자론을 토대로 3대 세습의 불가능성을 피력한 이승열 이화여대 통일학연구원 연구위원의 주장(동아일보 2009년 2월 20일자 8면)도 그렇다. '북한 수령체제의 변화와 수령 승계방식의 한계에 관한 연구'라는 논문으로 북한대학원대 박사학위를 받는 이승열 박사는 1970년대 김정일의 후계자 승계 과정과 2009년 초 상황을 비교할 때 3대 세습은 현실적 어려움이 많고 명분도 없다고 지적했다.

그는 논문에서 "북한 후계체제는 아들 중 한 명이 후계자로 지명되면서 끝나는 것이 아니라 그가 자신의 유일 지도체계를 만들었을 때 비로소 완성된다"며 김정일이 아들 중 하나를 후계자로 키우기에는 시간이 없다고 강조했다. 실제로 김정일은 1974년 후계자로 내정된 뒤 20년 동안 자신의 조직과 사람, 규율을 만든 뒤 1994년 아버지의 죽음과 동시에 최고지도자 자리에 올랐다. 김 주석은 이 기간 아들에게 철저한 후계자 수업을 시켰다. 그러나 당뇨병과 혈관질환 등을 앓고 있는 김정일은 그리 남은 생명이 길어 보이지 않는다는 것이 그의 평가였다.

그는 인민도 김 부자의 편이 아니라고 봤다. 1990년대 '고난의 행군'이라는 경제난 속에서 최대 350만 명의 인민이 굶어 죽어간 비극의 책임이 인민의 아버지와 어머니를 자처해온 무능한 '수령'과 '당'에 있다는 사실을 알기 때문이다. 특히 그는 김정일이 구축한 개인 독재의 구조적 한계도 지적했다. 그는 김정일이 스스로 수령체제의 제도적 기반을 무너뜨려 3대 세습을 어렵게 만들었다고 주장했다. 김정일은 1998년 헌법을 개정해 주석직을 폐지하고 권력을 당과 국방위원회, 최고인민회의와 내각 등으로 분산시켰다. 헌법 서문에서 아버지 김 주석이 '영원한 수령'임을 명백히 해 자신은 수령의 후계자일 뿐이라는 점을 분명히 밝혔다. 따라서 자신이 수령임을 전제로 한 3대 세습은 모순이라는 논리에 이른다는 것이다.

그러나 보라. 김정일은 건강 이상 후 사망할 때까지 3년 4개월이라는 짧은 시간 동안 3대 세습 준비를 보란 듯이 끝냈다. 인민은 김정은을 못마땅하게 생각할지는 모르지만 2012년 10월 현재까지는 이렇다 할 조직적인 반발을 하지 못하고 있다. 아들을 후계자로 앉혀야겠다는 김정일의 본능적인 권력 승계 욕구는 수령제의 제도적 기반 등 일체의 논리적인 장벽을 개의치 않았다. 한마디로 북한은 김정일이 하고 싶으면 무엇이든 거기에 맞추면 되는 그런 사회였던 것이다.

위험 감수한 '학문적 추측'은 논의 풍성하게 해

'3Ps+X' 이론도, 상징수령제론도, 북한 스스로의 후계자론도 북한 3대 세습을 정확하게 예측하지 못했다면, 그럼 이론으로 북한을 보는 시도는 불가능하고 불필요한 것인가. 전혀 그렇지 않다. 오히려 나름의 근거를 가진 학문적인 추측(academic guessing)은 정보도 논리도 없이 첩보와 풍설이 기정사실화 되는 척박한 분단 저널리즘의 세계에서 그래도 뭔가 논리를 바탕으로 북한을 보고 또 예측하도록 해준다. 비록 북한 독재정치의 자의성 때문에 그 결과가 다소 빗나갈 지라도 이론을 바탕으로 한 논의는 북한에 대한 공적 담론을 한층 우아하고 풍성하게 해 준다. 이론에 근거한 전망은 나중에 검증도 가능하다.

이 자리를 빌려 개인적인 위험을 무릅쓰고 이론적인 가설을 제기하고 북한 3대 세습에 대한 공적 논의 활성화에 기여해 준 백승주 박사, 정성장 박사, 정광민 박사, 이승열 박사에게 감사를 드린다. 네 분의 연구자는 내가 북한 3대 세습을 추적하는 과정에 가장 큰 도움을 받은 분들임을 밝힌다.

◆관련 칼럼◆

해외 유학파 '김정은 대장'의 앞날

젊은 시절 외국에 나가 공부하는 것은 개인의 지적인 성장을 이루고 국제적인 안목을 갖추는 좋은 기회다. 그러나 잠시 모국을 비운 공백은 향후 성공의 걸림돌이 될 수도 있다. 특히 해외유학생이 나중에 모국을 이끄는 정치지도자가 될 경우에 말이다.

이명박 정부 출범 이후 기용된 일부 해외유학파 엘리트들이 국민 정서와 거리가 있는 정책과 발언을 내놓아 빈축을 산 경우가 그 대표적인 사례다. 특히 1980년 5·18민주화운동과 1987년 6월항쟁, 1997년 국제통화기금(IMF) 구제금융 신청 등 한반도 변혁의 시기를 해외에서 보냈던 이들은 역사가 각인한 집단적인 경험을 공유하지 못하는 '기억의 공백'을 감수해야 한다.

지난달 열린 노동당 대표자회에서 북한의 3대 세습 후계자로 얼굴을 내민 김정은 노동당 중앙군사위원회 부위원장도 어린 시절 해외유학의 경험이 정치적 부담으로 작용할 소지가 다분하다. 정성장 세종연구소 수석연구위원에 따르면 김정은은 1996년 여름부터 2001년 1월까지 스위스 베른에 체류하면서 고교 저학년까지를 이수했다.

그가 북한을 떠난 1996년은 사회주의 계획경제와 아버지가 만든 '수령경제'의 누적된 폐해에 홍수 등 자연재해가 겹쳐 발생한 '고난의 행군' 경제난의 한복판이었다. 10일 작고한 황장엽 전 북한 노동당 비서는 생전 "1995년 50만 명, 1996년 100만 명, 1997년 100만 명 등이 굶어 죽었을 것"이라고 주장했다.

굶어 죽어가는 주민들을 뒤로하고 관광의 나라에서 6년을 지내고 온 후계자는 당장 두 가지 문제에 직면할 가능성이 높다.

먼저 통치 능력의 문제다. 그는 주민 대부분이 가족과 친구가 굶어 죽어 가는 모습을 눈 뜨고 지켜본 집단적 충격을 이해할 수 없을 것이다. 주민들이 왜 공장과 기업소에 가지 않고 자본주의적 '황색 바람'이 부는 시장에서 생계를 유지하는지 이해 못할 수도 있다. 통치당하는 자를 이해하지 못하고 어떻게 제대로 통치할 수 있을까.

다음은 후계자로서의 정당성 문제다. 북한 주민들은 국가적 위기의 시기에 혼자 외유를 즐긴 그를 진정한 지도자로 받아들이지 않을 것이다. 그가 유학 시절 7개 외국어를 배우는 등 지도자로서의 능력을 쌓았다고 아무리 선전해도 온 국민이 함께 사선을 넘은 '고난의 행군' 대열에서 혼자 이탈한 전력이 세탁되지는 않을 것이다.

물론 꼭 부정적으로만 볼 필요는 없다. 백승주 국방연구원 안보전략연구센터장은 "김정은이 어려서 개방된 서구사회를 경험했기 때문에 자신의 권력기반이 든든해지면 북한을 좀 더 열린사회로 이끌고 갈 수 있다"고 기대했다.

덩샤오핑(鄧小平) 중국 중앙군사위원회 주석도 1920년부터 1926년까지 프랑스에 유학했다. 황 전 비서도 1949년부터 1953년까지 소련에서 공부했다. 둘은 그곳에서 공산주의를 배웠지만 당시 접한 서구적 합리성 덕분에 끝까지는 안 갔다. 덩샤오핑은 개혁개방을 이끌었고 황 전 비서는 인간중심철학을 위해 한국행을 택했다.

김정은이 능력과 정당성의 문제를 해결하고 할아버지와 아버지보다 좋은 지도자가 되려면 주민들에게 성과를 보여줘야 한다. 무엇보다 주민들을 잘 먹여야 하고 그러려면 대외관계를 개선해 경제적 지원을 받아야 한다. 스위스 학교에서 해외 여러 나라에서 온 학생들과 잘 지냈던 경험을 최대한 살리는 수밖에 없는 것 같다.

_ 동아일보/'광화문에서'/2010.10.13.

대북 당국자의 박사학위 논문은 내공 덩어리

서훈 전 국가정보원 3차장(북한 담당)이 체계화 한 북한의 선군외교 사이클 역시 북한의 대미 핵 외교를 분석하고 전망할 수 있게 해준 유용한 이론적 자원을 제공했다. 서 차장은 2008년 1월 동국대 대학원 북한학과에 '북한의 선군 외교 연구—약소국의 대미 강압외교 관점에서'라는 제목의 박사학위 논문을 제출했다. 두 차례의 남북 정상회담을 막후에서 조율한 북한 전문가가 박사학위 논문을 쓴다는 정보를 미리 입수하고 있던 나는 그가 학위기를 받기를 기다려 논문의 내용을 동아일보 2008년 3월 3일자 10면에 가장 먼저 보도했다.

그는 논문을 통해 북한이 1993년과 2002년에 시작된 1, 2차 핵위기에 대응하는 데 사용한 외교 및 협상 전략을 '선군(先軍) 외교'로 개념화할 수 있으며 북한은 6가지의 대응 전략과 4가지 협상

방식을 거의 유사하게 반복해 왔다고 주장했다.

논문은 북한이 1989년 이후 소련 등 동유럽 사회주의 국가들이 붕괴하자 세계 유일의 초강대국인 미국과 대치해야 하는 비대칭적인 안보 불안에 대응하기 위해 대미 협상과 핵을 수단으로 한 선군 외교를 발전시켜 왔다고 주장했다. 약소국이 강대국을 압박하는 '강압 외교'의 드문 사례라는 것. 북한은 악명(惡名) 유지→모호성 유지→벼랑 끝 대치→맞대응→위기관리→협상이라는 여섯 가지 전략을 반복적으로 사용해 왔다. 협상에서는 북–미 양자협상→포괄적 일괄타결→근본문제 카드 활용→단계별 동시 행동 등 네 가지 방식을 되풀이했다.

서 차장은 "북한은 1차 핵 위기 해결을 위해 위 과정을 두 차례, 2차 위기에서는 세 차례 되풀이했다"고 설명했다. 예를 들어 북한은 2005년 9·19합의 후 미국이 방코델타아시아(BDA) 은행사건을 들고 나오자 '악의 축'이라는 악명과 핵 보유 여부 등에 대한 모호성을 유지하다 2006년 미사일 발사(7월)와 핵 실험 강행(10월)으로 벼랑 끝 대치를 했다. 국제사회의 압력에 대해 '연이은 물리적 조치' 등 성명으로 맞대응했다. 그러나 같은 해 중국 및 러시아 방문 외교(10월) 및 북–미 베를린 양자 접촉(12월)을 통해 위기관리에 나서 6자회담에 복귀했고 2007년 2·13합의에 이르렀다.

기사를 본 서 차장은 퇴임 후 논문을 책으로 펴낸 '북한의 선군외교'를 한 권 보내 왔다. 나는 그 책을 기자실 책상 제일 좋은 자리에 꽂아 놓고 북한의 대미 외교를 읽고 분석하는 교과서처럼 삼았다. 이명박 정부 시절 북미 핵 협상 역시 극과 극을 오갔다. 2008년 북한은 영변 냉각탑을 폭파하고 미국은 북한을 테러지원국 명단에서 해제하는 등 밀월관계를 갖는 듯했다. 하지만 과거 핵활동의 검증절차 합의에 실패했다. 2009년 버락 오바마 행정부가 등장하자 북한은 4월 장거리 로켓 발사와 5월 2차 핵실험이라는 초강수를 들고 나왔다.

이후는 아는 대로다. 당선 전 적대국들과 '터프하고 직접적인 대화를 하겠다'고 밝혔던 오바마 행정부는 취임 선서식에 맞춰 장거리 미사일을 꺼내 정찰위성 앞에 내놓은 북한의 당돌한 행위에 자세를 바꿨다. 이후 '같은 말을 세 번 사지 않겠다'는 말이 워싱턴에서 흘러 나왔고 이어 북한에 대한 '의도적 무시' 전략이 나왔다. 결국 최악의 상황으로 떨어진 북미관계는 몇 차례의 대화 시도에도 나아지지 않았다. 겨우 2012년 2월 29일 북미간 합의가 이뤄졌지만 북한의 새 지도자 김정은은 2012년 4월 13일 장거리 로켓 발사로 산통을 깼다.

한국과 미국에 새로운 정권이 들어서는 2013년 이후 북한의 대미 핵 외교는 어떨까. 서훈의 선군외교 쳇바퀴를 언급하지 않더라도 대화를 제의했다 돌연 공세로 돌아서는 구태를 다시 재현할 가능성은 명백해 보인다. 대화는 대화일 것이고 도발은 과연 어디까지 가능할까. 서 차장은 논문을 낼 당시인 2008년 초를 기준으로 북한이 향후 사용할 수 있는 핵 카드를 모두 여섯 가지로 정리했다. ① 핵시설, 핵물질, 핵무기의 증설 및 증대 ② 핵무기(폭발 장치) 실물 공개 ③ 우라늄 농축 관련 기술, 장치, 물질 시위 ④ 핵탄두(미사일) 공개 및 실험 ⑤ 핵무기 실전 배치 ⑥ 핵무기, 핵물질, 핵 기술 이전 위협이 그것이다.

이 가운데 북한은 2009년 5월 25일 2차 핵실험을 통해 ①번 카드를 사용했다. 직후인 2009년 6월 13일 우라늄농축프로그램(UEP)의 존재를 밝힌 것은 ③번 카드다. 북한은 2011년 11월 세계적인 핵물리학자 시그프리드 헤커 미국 스탠퍼드대 국제안보협력센터 소장을 초대해 핵무기제조용 우라늄농축공장 시설을 공개했고 2012년 4월 장거리 로켓 발사 이후에도 계속 핵실험 카드를 꺼냈다 넣었다 하며 만지작거렸다. 현재까지 북한이 꺼내든 카드는 ①번과 ③번 두 가지인 것이다.

나머지 카드 4가지는 모두 실전 핵무기와 핵물질, 핵 기술 이전과 관련된 것으로 미국 등 국제사회가 도저히 용납할 수 없는 것들이다. 북한이 정말 끝까지 가려고 하는 경우 추가 3차 핵실험 이후 △핵무기(폭발 장치) 실물 공개 △핵탄두(미사일) 공개 및 실험 △핵무기 실전배치 카드를 들고 나올 수 있다. 특히 '핵 능력 부풀리기'를 위해 조작된 사진 등을 이용한 핵무기 공개라는 속임수 카드를 먼저 사용할 수도 있다.

그러나 과거 핵무기나 핵물질, 핵 기술을 이전한 사실을 시인하거나 미래에 이를 이전하겠다고 협박하는 ⑥번 카드는 북한이 최후 카드로 사용할 가능성이 높다. 미국 등 국제사회는 북한의 핵 보유를 사실상 묵인하는 상황이 되더라도 북한이 다른 불량국가나 테러세력에 핵이 확산되는 것만은 막겠다는 의지가 확고하기 때문이다.

1990년대 초 몰아친 탈(脫)냉전의 바람은 북한에 '생존의 위기'였다. 자본주의 체제로 돌아선 러시아는 사회주의 소련이 북한에 제공했던 막대한 원조와 차관, 청산결제 제도 등 다양한 혜택을 중단했다. 시장경제 메커니즘을 강화하던 중국도 원유를 국제시세의 3분의 1에 퍼 줬던 우호무역을 중단했다. 붕괴 직전의 소련과 돈벌이가 더 중요했던 중국이 한국과 수교하면서 북한은 사실상 부모 잃은 고아 신세로 전락했다.

북한은 살아남기 위해 미국의 문을 두드릴 수밖에 없었다. 소련 제국을 누르고 세계의 경찰관으로 우뚝 선 유일 초강대국, 달러가 흘러넘치는 세계자본주의 체제에 들어갈 입장(入場) 허가권을 쥔 나라. 좋건 싫건 북한은 미국의 관심을 끌어야 했다. 그래야 원조를 얻고 미국을 싫어하는 이웃 나라의 동정을 살 수 있었다. 같은 처지에 놓인 쿠바와는 달리 북한은 군부 주도의 핵과 미사일 개발이라는 강수를 들고 나섰다.

서훈 전 국가정보원 3차장은 북한 국방위원장 김정일이 도발과 대화를 번갈아 하며 강대국 미국을 끌고 다녔던 외교 행태를 '선군(先軍)외교'라고 명명했다. 김정일은 핵과 미사일 개발 카드로 미국을 대화의 테이블로 끌어낸 뒤 경제 지원을 얻어 냈다. 빌 클린턴 행정부도, 조지 W 부시 행정부도 그의 교묘한 외교술에 춤을 췄다. 미 의회 조사국에 따르면 1996년부터 2009년까지 미국은 북한에 225만5500t의 식량을 인도적 지원 형식으로 퍼 줬다.

하지만 2000년대 후반으로 접어들면서 선군외교의 약발이 시들해지기 시작했다. 2006년과 2009년 두 차례의 핵 실험과 네 차례의 장거리 미사일 발사 장면을 지켜보면서 미국은 북한과 대화하고 먹을 것을 줘 핵과 미사일 개발을 막을 수 있다는 생각이 순진한 '희망적 사고(思考)'임을 깨닫게 됐다. 버락 오바마 행정부는 전임 부시와 클린턴 대통령의 실패 경험을 빗대 "같은 말(horse)을 세 번 사지 않겠다"며

'전략적 인내'라는 이름으로 북한을 아예 무시했고 골치 아픈 대북정
책의 주도권을 서울로 넘겼다.

이런 상황에서 지난해 12월 김정일이 죽은 뒤 홀로서기를 한 아들
김정은이 어떤 외교정책을 펼지는 북한 연구자들의 흥미로운 관찰
포인트였다. 최근 북한 정권 2인자 장성택의 떠들썩한 중국 방문은
북한 외교정책 '패러다임 변화'의 전주곡 같다. 20여 년 동안 미국에
초점을 맞춘 '단극체제 패러다임'에서 미국과 중국, 제3세계를 두루
포괄하는 '양극체제 패러다임'으로의 변화다.

우선 주요 2개국(G2)으로 떠오른 중국이 바로 곁에 있는데, 힘이
빠져 가는 미국에 다걸기(올인)할 필요가 없다. 일부 외신이 보도한
김정은의 이란 비동맹회의(NAM) 참석설은 일단 해프닝으로 끝나는
것 같지만 할아버지 김일성이 과거 제3세계 국가들을 규합해 소련과
중국 사이에서 양다리 외교를 펼친 것처럼 손자 김정은은 변두리
외교를 바탕으로 미국과 중국 사이에서 줄타기를 시도할 가능성이
크다. 외교도 '할아버지 따라하기'를 하는 셈이다.

물론 북한은 핵과 미사일 개발을 멈추지 않을 것이다. 미국의 경제
지원과 관계 정상화를 요구할 것이다. 하지만 중국이 용인하는 범위
내에서, 중국이 한눈을 팔며 자신을 섭섭하게 할 경우에 써먹는 '동맹
강화용'일 가능성이 크다. 그 전략이 성공할지는 알 수 없으나 미국의
쇠퇴와 중국의 부상이라는 국제체제 변화 속에서 김정일 표 북한 생존
전략인 '대미 선군외교'가 종언을 고하고 있는 것만은 분명해 보인다.
_ 동아일보/'광화문에서'/2012.08.23.

비교사회주의 방법론의 저널리즘적 활용

마지막으로 북한의 경제 개혁과 개방에 대한 '나의 이론'을 이야
기하려고 한다. 2002년 9월 1일 늦은 대학원 석사과정을 시작할

당시 나의 관심 영역은 경제 개혁과 개방이었다. 북한의 개혁에 희망을 품고 그것을 지지하는 마음으로 2004년 석사학위 논문 '북한의 경제 개혁: 7·1종합조치와 종합시장을 중심으로'를 썼다. 2005년 박사학위 과정을 시작해서는 쿠바와 북한을 비교했고 그 결과 2008년 '북한과 쿠바의 경제개혁'이라는 논문으로 박사학위를 받았다. 쿠바와 북한을 비교하는 동안 나는 쉽게 말해 보수적이 됐다.

경제의 개혁과 개방은 단순한 경제정책이 아니다. 특히 북한과 같은 독재 사회주의 국가에서 그것은 정치의 핵심이라고 할 수 있다. 북한과 쿠바를 비교하면서 또 정치와 경제교직하는 정치경제의 관점에서 북한학 박사 신석호가 내린 박사학위 논문의 결론은 비관적이었다. 적어도 2008년 당시까지의 북한은 중국과 베트남, 심지어 가장 소극적인 쿠바라도 흉내를 내기 위해 꼭 필요한 정치적 조건 두 가지를 결여하고 있었다. 바로 원활할 정치적 소통과 사회주의적 평등이었다.

북한과 쿠바의 20년 역사를 비교하고 그것을 나름대로 이론으로 그려본 학자의 입장에서 나는 북한 경제에 대해 비판적일 수밖에 없었다. 박사학위 논문을 집필하고 2008년 1월 1일 취재 현장에 다시 돌아온 나는 그 첫날 북한이 내놓은 신년 공동사설을 보고 제자리걸음을 걷고 있는 북한에 좌절했다. 그래서 동아일보 2008년 1월 3일자에 이렇게 썼다.

북한이 새해 첫날 발표하는 신년 공동사실에는 북한 경제의 실상을 파악할 수 있는 귀중한 정보들이 담긴다. 1일 발표된 2008년

사설에도 열악한 경제 상황이 드러났다.

동유럽 사회주의 국가들이 체제 전환을 시작한 1989년 이후 북한 신년사의 키워드를 모아 보면 '경제 몰락 20년 약사(略史)'라고 해도 과언이 아니다.

북한은 올해 공동사설에서 김일성 주석 출생 100년이 되는 2012년에는 "기어이 강성대국의 대문을 활짝 열어 놓으려는 것이 우리 당의 결심이고 의지"라고 밝혔다. 5년 뒤에는 강성대국이 된다는 말이다. 북한은 또 '인민생활 제일주의'와 '먹는 문제 우선 해결'을 강조함으로써 마치 인민경제의 회복에 전념할 것처럼 선전했다. 그러나 이는 이미 해묵은 구호의 '후퇴' 내지는 '재탕'에 불과하다. 북한이 공동사설에서 강성대국 구호를 처음 내건 것은 1999년. 당시 북한은 '이미 사상, 정치, 군사 강국이므로 경제 강국이 될 일만 남았다'고 대내외에 선전했다.

'먹는 문제 우선 해결'도 김 주석 사망 이후 3년 동안의 유훈(遺訓) 통치를 마친 김정일 국방위원장이 1997년 10월 조선노동당 총비서에 취임하면서 내세운 구호다. 외부 추산에 따르면 이미 20만~350만 명이 굶어 죽은 뒤였다.

김 주석 생전에 나온 '인민생활의 향상'이라는 오래된 구호도 '제일주의'를 달고 다시 새로운 것인 양 등장했다.

결국 올해 공동사설은 '10년을 노력했지만 강성대국은커녕 먹는 문제조차 해결하지 못했다'고 자인한 것이라고 볼 수 있다.

실제로 북한 경제는 1998년 이후 처음으로 2006년에 다시 마이너스 성장을 나타냈다.

과거 신년 공동사설에는 왜 이렇게 됐는지에 대한 답도 있다. 고위 탈북자들에 따르면 북한 경제는 이미 1989년 세계 청년학생 축전 개최를 고비로 급격하게 무너지고 있었다.

그러나 북한이 공동사설에서 경제정책에 문제가 있었음을 시인한 것은 1994년이다. 위기에 대한 인식이 늦어졌기 때문에 대응이 빠를 수 없었다.

북한은 베트남이나 쿠바와 같이 1980년대 말~1990년대 초 과감하고 유연한 개혁개방 정책을 단행하지 못했다. 1996년 공동사설을 통해 '고난의 행군'이라는 위기 인정 및 극복의 담론을 내세웠지만 때를 놓친 처방이었다.

북한대학원대 양문수 교수는 "2000년대 단행된 북한의 경제 개혁 정책이 큰 성과를 내지 못한 원인 중 하나는 1990년대 위기에 대한 국가의 대응이 늦어지면서 제조업 등 '계획경제의 물적 기반'이 붕괴됐기 때문"이라고 말했다.

그 해 동아일보 2월 21일자에는 박사학위 논문의 핵심적인 내용을 기사로 만들어 대중 독자들에게 처음 선보였다.

지난해 11월 기자가 쿠바의 수도 아바나 시를 방문했을 때 혁명광장 주변에서는 쿠바인들의 외국인 상대 달러벌이가 한창이었다. 한쪽에서는 요란한 그림이 그려진 1950, 60년대 승용차의 주인들이 외국인들을 상대로 택시 영업을 했다. 다른 쪽에서는 신형 중국제 관광버스들이 단체 관광객을 쏟아냈다. 광장 어디에도 독재자 피델 카스트로의 얼굴이나 동상은 없었다. 다만 내무부 건물에 설치된 유명한 체 게바라의 얼굴 구조물만 눈에 들어왔다. 꼭 한 주 전 평양을 일곱 번째 방문했을 때 북측 안내원은 늘 그랬듯이 일행을 만수대 위 김일성 주석 동상 앞으로 안내했다. 과거처럼 일행이 경건하게 머리를 숙이기 원하는 북측과 이를 거부하는 남측 인사 사이에 실랑이가 벌어졌다.

사회주의 쿠바를 49년 동안 철권 통치한 피델 카스트로가 24일 권좌에서 물러날 예정이다. 그러나 북한 최고지도자인 김정일 국방위원장은 아직 그에게 보고 배울 점이 많다. 최고지도자를 우상처럼 숭배하지 않도록 한 점도 그중 한 가지다.

북한과 쿠바는 1990년 소련 등 소비에트 블록 국가들이 붕괴하자 똑같은 경제위기에 처했다. 카스트로는 과감한 개혁과 개방을 통해 역설적으로 사회주의를 지켜냈지만 김 위원장은 미숙한 대응으로 일관하다 수십만, 수백만 명이 굶어죽는 아사(餓死)를 초래했다.

무엇이 이런 차이를 가져왔는지를 보면 두 지도자와 두 체제의 차이가 뚜렷하게 드러난다. 2008년의 북한은 과거로부터 어떤 교훈을 얻어야 하는가.

▽1990년대 경제위기와 쿠바 북한의 엇갈린 대응

소련의 지원이 줄어들자 1990년 이후 두 나라의 연간 경제성장률은 마이너스를 나타내기 시작했다.

카스트로는 경제가 위기임을 국민에게 솔직히 시인했다. 그는

1989년부터 경제가 어려워질 가능성을 공개적으로 언급했고 위기를 '특별한 시기'로 명명했다. 1991년에는 대소 경제의존 실태를 국민에게 상세하게 발표하고 함께 대응책을 마련했다.

최고지도자의 고백 덕분에 쿠바는 권력 엘리트 및 인민 대중의 동의 아래 과감한 개혁과 개방을 단행할 수 있었다. 쿠바는 1991년부터 외국인 관광과 투자를 대폭 확대했다. 1993년과 1994년에는 시장의 재도입과 자영업 허용, 내국인 달러 보유 허용 등의 개혁조치를 단행했다. 쿠바 경제는 1994년부터 다시 성장하기 시작했다.

북한은 쿠바와 다른 길을 갔다. 실권자인 김 위원장은 1992년까지 미국, 일본, 한국 등과의 관계 개선 및 제1차 핵 위기를 통해 경제난을 해소하려 했다. 이에 실패한 북한 지도부가 경제위기를 간접적으로 시인한 것은 1993년 12월이었다.

북한도 나진선봉경제특구 도입과 무역자유화 등 부분적인 개방 조치를 취했다. 그러나 쿠바와 같은 시장 지향적 개혁 조치를 단행하지 못했다. 1994년 김일성 주석이 사망하고 자연재해가 겹치자 북한은 '고난의 행군'이라는 사상 초유의 경제위기로 빠져들었다. 북한은 더욱 심해진 경제난을 타개하기 위해 아직 핵과 씨름하고 있다.

북한이 왜 1990년대 초반 쿠바처럼 과감한 개혁을 단행하지 못했는지에 대해서는 '안보딜레마' 가설이 가장 일반적이다. 쿠바와 달리 북한은 남한과 대치하고 있어 개혁에 따른 체제 붕괴의 불안감이 더 컸다는 것이다.

▽소통 늘리고 불평등 해소해야

쿠바 지식인들의 증언을 종합하면 쿠바와 북한의 가장 큰 차이는 정치적 소통과 권력에 따른 불평등의 정도다.

카스트로는 혁명 후 대중 연설과 집회 등을 통한 최고지도자−권력 엘리트−인민 대중의 활발한 정치적 의사소통을 통치에 적극적으로 활용해 왔다. 1990년대에 경제가 위기라는 사실을 전 국민이 공유하고 대안을 마련하는 과정도 마찬가지였다.

반면 북한 김 위원장은 폐쇄적인 '측근정치'에 의존했다. 최고지도자는 국가 중대사를 인민에게 알리지 않았고 인민들은 현장의 목소리를 '수령'에게 전달할 수 없었다. 또 스스로 신격화한 아버지와 자신의 경제정책 실패를 시인하기 어려웠다.

한편 김 위원장은 1970년대 초반부터 당과 군의 권력 엘리트들을 위한 특권적인 '수령경제'를 운영해 왔다. 경제위기가 왔지만 최고지도자와 권력 엘리트들은 체제 위협을 무릅쓰고 개혁을 해야 할 정도로 배가 고프지 않았던 것이다.

2005년 부임해 현지에서 활동하고 있는 KOTRA 조영수 아바나무역관장은 "쿠바도 어쩔 수 없는 사회주의 국가이고 카스트로는 독재자라는 점에서 유사하지만 상대적으로 원활한 소통과 평등은 북한과 김 위원장이 본받아야 할 점"이라고 말했다.

북한을 쿠바와 비교하는 방식으로 북한의 경제 개혁에 대해 다른 기자들보다 더 많은 이야기를 할 수 있었다. 비교사회주의라는 학문적 배경을 분단 저널리즘 뛰어넘기에 십분 활용한 것이다.

더 폼이 나게, 더 설득력이 있게. 5년 동안 다양한 글에 북한과 쿠바 비교방법을 활용했다. 동아일보 2012년 7월 27일자 칼럼 '광화문에서'가 대표적인 사례다.

2007년 11월 방문한 쿠바는 천혜의 관광지였다. 감색 카리브 해와 늦가을에도 더운 열대 기후, 스페인 제국주의가 남긴 유럽풍의 아바나 도심과 말레콘 방파제 위에서 사랑을 나누는 정열적인 연인들. 1990년대 초 소련의 체제 전환으로 경제위기를 맞은 쿠바의 피델 카스트로 당시 국가평의회 의장이 가장 먼저 외국인 관광 개방을 확대해 부족한 달러를 수혈할 수 있었던 비결이 바로 이해됐다.

아바나 도심 거리에는 외국인 관광객을 태운 고급 외제 관광버스들이 쉴 새 없이 오갔다. 가이드는 '가비오타(GAVIOTA)'라는 파란색 상호가 붙은 관광버스를 가리키며 "군부가 운영하는 대표적인 외국인 상대 관광회사"라고 소개했다. 유명 관광지의 호텔과 휴양시설, 관광용품 제조업체와 여행사 등을 거느린 '쿠바식 재벌'인 셈이었다.

카스트로는 스스로 '특별한 시기'라고 명명한 경제위기를 벗어나기 위해 군의 경제활동을 장려했다. 동생인 라울 카스트로 현 국가평의회 의장도 국방장관이던 1993년 "콩이 대포보다 중요하다"고 강조했다. 경제위기 전부터 우수한 인력과 합리적 경영시스템을 개발해 온 쿠바 군부는 최고지도자의 독려를 받으며 '기술관료형'에서 '기업가형'으로 변신했다. 지금도 쿠바 국영기업 간부의 다수는 군 출신이다.

군이 돈벌이를 한다는 점은 북한도 다르지 않다. 2010년 갑자기 나타나 몇 년 안에 100억 달러의 외자를 유치하겠다고 공수표를 날렸던 '조선대풍국제투자그룹'은 2006년 군부가 홍콩에 설립한 외화벌이 회사였다. 남한 관광객을 상대로 영업했던 금강산 관광지구 내 옥류관 식당이나 서커스단 등은 군부 외화벌이 회사인 백호무역 소속이었다.

하지만 쿠바와 북한 군부의 돈벌이는 배경부터 좀 다르다. 좀 거칠게 말해 쿠바 군부가 국가와 국민을 위해 돈을 번다면, 북한 군부는 '김일성 왕조 일가(一家)'와 군부 자신을 위해 달러를 모은다. 북한의 '군(軍) 경제'는 '당 경제'와 함께 김정일이 아버지 김일성의 후계자로 등장한 1970년대 초반부터 개발하고 운영해 온 북한 '수령경제'의 중핵을 이룬다.

최고지도자는 최측근 군인과 그의 군대에 무기 개발과 수출권, 광산 개발권, 송이버섯 채취권, 서해 꽃게 어획권 등 돈이 되는 사업권을 하사한다. 군인과 군대는 사업으로 번 달러의 상당량을 '충성의 통치자금'으로 상납한다. 이런 '호혜와 상납'의 관계를 통해 최고지도자는 군부의 충성을 유지하고 군부는 경제적 이해관계를 챙긴다. 시대착오적인 군정(軍政) 유착 시스템은 북한 유일 독재체제의 경제적 기반이면서, 내각이 운영하는 국가경제를 빈껍데기로 만들고 경제위기를 심화시킨 주요 원인이다.

아내를 전격 공개하고 "세계가 조선 속에 있는 것이 아니라 조선이 세계 속에 있다"고 말하면서 '쿨(cool)한' 행보를 이어가고 있는 김정은은 부친인 김정일이 물려준 수령경제를 어떻게 할 생각일까. 김정은이 이영호 인민군 총참모장을 전격 해임한 이유가 '군부 호주머니 털기'라는 가설을 세운 뒤 계속 머리를 맴도는 질문이다.

그가 낡은 수령경제를 해체하고 내각이 운영하는 국가경제를 정상화한다면 그야말로 '쿨한 지도자'라는 평가를 받을 것이다. 하지만 수령경제에 올라타 손쉽게 통치자금을 조달하고 1인 독재체제를 강화한 아버지의 길을 답습한다면 최근 관심을 모으는 북한의 개혁과 개방 움직임은 공염불에 불과할 것이다.

북한은 이명박 정권 시절에도 '통제된 개방'을 통해 후계자금을 조달하려는 부단한 노력을 했다. 하지만 필자의 평가는 부정적일 수밖에 없었다. 아래 소개하는 두 편의 칼럼은 보수 진영의 시각을 반영하는 대표적인 '북한 개혁개방 비관론'이라고 할 수 있다. 2010년 3월 16일자 동아일보 기자의 눈에 쓴 '북 나선특구법 5번 개정하면 뭐 하나'이다.

김일성 북한 주석은 사망 20여 일 전인 1994년 6월 17일 나진-선봉 자유경제무역지대 개발 일꾼들에게 "나진-선봉 자유경제무역지대에서 버는 돈만 가지고도 우리 인민들이 잘살 수 있다"고 말했다. 1991년 12월 27일 문을 연 나선경제특구를 잘 개발하라는 유훈(遺訓)을 남긴 것이다. 그는 특구 개발의 비전도 제시했다. "나진항과 선봉항, 청진항을 잘 운영하여 중국과 로씨야(러시아),

몽골에서 나오는 물동을 중계하여 주면 숱한 돈을 벌 수 있습니다. 아마 그 나라들이 짐을 우리나라 경내에 실어 나르는 값과 항에서 싣고 부리는 데 드는 노력값(노임)만 받아도 굉장할 것입니다. 여관업을 비롯한 봉사업(서비스업)을 통해서도 많은 돈을 벌 수 있습니다."

그로부터 15년이 흐른 지난해 12월 아들 김정일 국방위원장은 나선시(2001년 나진과 선봉을 하나로 통합해 직할시로 승격)를 처음으로 방문하고, 올해 1월 4일에는 특별시로 지정해 개발에 열을 올리고 있다. 이는 아버지의 유훈을 따르겠다는 뜻이지만 역설적으로는 이제까지 아버지의 유훈을 제대로 받들지 못했다는 것을 자인하는 것이기도 하다.

북한 지도부는 1997년까지 나선특구에 외자를 끌어오려고 노력했다. 그러나 나선특구는 김 위원장이 3년간의 '유훈통치'를 끝내고 1998년 실질적인 최고지도자의 자리에 오른 뒤 북한 지도부의 관심에서 멀어져 갔다. 새 최고지도자는 외자 유치보다는 내부 단속이 더 급했다.

김 위원장이 '선군정치'를 외치며 장거리 로켓 발사와 핵실험을 통해 국제사회와 군사·외교적 갈등을 초래하자 외국인투자가들은 하나둘 발걸음을 돌렸다. 북한 체제의 근본적이고 구조적인 문제들도 외국인투자가들의 투자의욕을 떨어뜨렸다. 중국과 베트남, 심지어 쿠바마저도 개혁과 개방을 통해 외국인투자가들을 유혹했지만 북한은 1인 독재와 폐쇄경제를 특징으로 하는 '우리식 사회주의'를 고수했다.

14일 공개된 북한의 새 나선경제무역지대법(올해 1월 27일 다섯 번째 개정)에는 '투자'라는 단어가 무려 61차례(제목과 연관단어 포함)나 등장한다. 북한 지도부가 2차 핵실험 이후 국제사회의 금융제재 속에서 한 푼의 외자라도 더 유치해야 하는 다급한 심경을 내비친 것이다.

그러나 해외자본의 대(對)북한 투자를 주저하게 만드는 안팎의 조건들은 과거와 크게 달라지지 않았다. 전문가들은 북한이 진정 김 주석의 유훈을 이루려면 '선군정치'와 '우리식 사회주의'라는 작은 알을 깨고 나와 국제사회의 일원이 되도록 개혁과 개방에 나서야 한다고 입을 모은다.

다음은 역시 '북 10개년 경제계획이 또 실패할 3가지 이유'라는 제목을 달아 본 2011년 1월 17일자 '기자의 눈'이다.

북한 조선중앙통신은 15일 A4용지 한 장짜리 보도문을 내놨다. 이 보도문은 "조선에서 '국가경제개발 10개년 전략계획'에 관한 내각결정을 채택하고 국가경제개발총국을 설립하기로 했다"며 국가경제개발총국을 "국가경제개발 전략 대상들을 실행하는 데서 나오는 문제들을 총괄하는 정부적 기구"라고 소개했다. 또 "내각은 국가경제개발 전략계획에 속하는 주요 대상들을 전적으로 맡아 실행하는 것을 조선대풍국제투자그룹에 위임했다"고 밝혔다.

그러나 이 내용은 신년 벽두에 내놓은 국가의 중요 경제정책이라고 하기에는 내용이 너무 빈약했다. '10년 계획'은 지난해 이미 공개된 내용이다. '대풍그룹'을 앞세워 국제사회에서 외자를 유치한 뒤 국가 전략산업에 투자한다는 그림도 똑같다.

새로운 내용이라곤 국가경제개발총국이라는 부처가 생겼다는 것, 지난해 북한이 대대적으로 띄운 '국가개발은행'에 대한 얘기가 사라졌다는 것 정도다.

이번 북한 경제계획은 여러 모로 비현실적이다.

첫째, 국제사회의 제재를 받으면서도 우라늄 농축을 위해 원심분리기를 돌리고 세 번째 핵 실험을 준비하고 있는 북한에 달러를 투자할 국가와 기업이 없다는 것은 이미 증명됐다. 지난해 북한의 국가 최고기관인 국방위원회가 대대적으로 지원한 대풍그룹은 단 한 푼의 달러도 유치하지 못했다고 11일 미국 자유아시아방송(RFA)이 보도했다.

둘째, 북한이 국방위 대신 내각을 내세운 것은 군이 아니라 민간 행정부가 국제사회의 투자금을 만진다는 선전으로 보인다. 그러나 권력기관인 당과 군이 '수령경제'라는 이름으로 자원을 싹쓸이하고 있는 상황이다. 권력과 자원이 거의 없는 기술관료(테크노크라트) 집단인 내각이 뭔가를 할 수 있는 분위기가 아니다.

셋째, 1970년대 중반 이후 북한의 경제계획은 늘 실패했다. 사회주의 계획경제 자체의 모순을 김일성 김정일 부자의 정치적 독재가 증폭시켜 국가경제의 생산성과 효율성이 심각하게 떨어졌기 때문이다. 현재 시스템으로는 '건설과 농업, 전력, 석탄, 연유, 금속 등 기초공업, 지역개발' 등에 대한 10개년 계획은 성공하기 어렵다.

이런데도 조선중앙통신은 "2012년에 강성대국의 대문으로 들어설 기틀이 마련되고 2020년에는 앞선 나라들의 수준에 당당하게 올라설 수 있는 확고한 전망이 펼쳐졌다"고 말잔치를 했다. 정말 그러려면 '수령경제'를 해체하고 '계획보다는 시장'을 우선시하도록 경제를 개혁 개방하라는 외부 전문가들의 조언과 거꾸로 가면서도 말이다.

미스터 김정일에게 보내는 편지

'은둔의 나라'로만 알았던 당신의 공화국이 인도적 지원단체 회원 자격으로 남한 기자의 입국을 허락했을 때, 나는 작은 변화의 조짐을 느꼈습니다. 2002년 6월 29일이었지요. 서해에서는 제2차 연평해전이 일어나고 있을 때였습니다. 그런 줄도 모르고 나는 고려항공에 몸을 싣고 당신의 공화국에 도착했습니다. 여름이 막 찾아오는 평양은 아름다웠습니다. 고려호텔 옆 창광거리의 밤을 수놓은 청사초롱과 흑맥주의 맛을 지금도 기억합니다.

이틀 뒤 능라도 5월1일경기장에서 아리랑축전의 규모에 놀라고 있을 때 당신은 '7 · 1경제관리 개선조치'라는, 제한적이지만 이전보다는 과감한 경제 개혁 조치를 단행했습니다. 나는 그 사실을 한국으로 돌아온 뒤 일본 언론을 통해 알았습니다. 특종을 현장에서 놓친 아쉬움과 부끄러움은 뒤늦게 당신과 북한을 공부하게 만든 계기였습니다.

3년 뒤인 2005년까지 나는 당신의 이름으로 진행된 경제 개혁을 쫓아 4차례 더 방북했습니다. 당신의 부하들은 많은 것을 보여주고 들려주었습니다. 인민과 공장, 기업소, 농장 등 각 경제주체에 생산의 권한을 더 주고 시장 유통을 허용한 조치는 그런대로 괜찮은 아이디어였습니다. 1990년대 '고난의 행군' 경제난 때 당신의 인민들이 터득한 삶의 지혜를 당신의 이름으로 인정해 준 것이죠.

하지만 거기까지였습니다. 2005년 가을부터 당신은 돌변했습니다. 개혁으로 알량한 기득권을 빼앗길지 몰라 두려워한 측근 권력자들의 손을 들어준 것이죠. 당신은 경제주체들의 자율성을 빼앗고 시장을 통제하고 국제사회와의 대화를 끊었습니다. 그러곤 다음 해인 2006년 첫 번째 핵실험을 했지요. 당신의 공화국을 도와주면 당신이 고마워하고 지원받은 종잣돈을 잘 불려 주민 생활을 살찌우고 국제사회의 건전한 일원이 될 것이라는 기대를 버린 것은 그 무렵이었습니다.

이명박 정부와 버락 오바마 정부 출범 후 당신이 장거리 로켓과 핵으로 국제사회를 위협하는 것을 보면서, 건강 이상 이후 끝내 전대미문의 3대 세습을 단행하는 것을 보면서 나는 당신과 당신의 공화국이 얼마나 좁고 낡은 과거에 갇혀 살고 있는지를 깨닫게 됐습니다. 조선중앙TV를 통해 방송되는 당신의 빈소 표정이 17년 전 당신 아버지가 운명했을 때와 하나도 다름이 없는 것처럼.

오늘은 당신의 영결식이 열리는 날입니다. 나는 서울 광화문 스튜디오에서 금수산기념궁전을 떠나 평양 시내를 마지막으로 둘러보는 당신의 모습을 지켜보고 시청자들에게 보도하는 일로 바쁠 것 같습니다. 당신의 아들과 부하들도 영결식을 마치고 3대 세습 권력체제를 다지는 앞날의 일로 몸과 마음이 바쁠 것 같군요.

당신의 아들과 부하들은 당신이 살았을 때 하던 그대로 변함없이 나라를 운영하겠다는 유훈통치를 소리 높여 다짐하고 있습니다. 당신이 경제난 속에서도 당신의 공화국을 지켜낸 것은 사실입니다. 하지만 그 과정에서 국제적 고립과 정치적 독재, 경제적 파탄이 낳은 피해가 너무나 컸다는 사실은 당신도 아실 테지요.

혹시 가능하다면, 구천에서라도 아들에게 유훈 하나만 더 내려주면 어떨까요. '나는 못했지만 너는 공화국의 덩샤오핑이 되어 보라'라고요. 한때 당신의 개혁에 관심을 가졌고 앞으로 당신의 공화국을 계속 지켜보고 기록으로 남겨야 할 사람의 마지막 부탁입니다.

_ 동아일보/'광화문에서'/2011.12.28.

5장

역사 속 진실 찾기

하루살이 같은 기자들은 너무 지금 이 순간, 현재에 매몰되는 경향이 있다. 하지만 북한과 남북관계의 현대사에는 아직 공개되지 않은 비밀들이 너무 많이 있다. 옛날 자료를 뒤지고 사람을 만나서 메워야 할 진실의 빈틈들이 아직 많은 것이다. 진실은 바로 모습을 드러내지 않는다. 과거의 진실을 파헤친 중요한 뉴스, 의미와 보람을 기사들이 널려 있다고 해도 과언이 아니다. 문제는 어떤 자료를 뒤지고 어떤 사람을 만날 것인지에 있다. 기자로서의 특권을 발휘한다면 역사 속 진실을 찾기 위해 자료를 뒤지고 사람을 만나는 바로 그 사람을 취재하면 된다.

"신기자, 옛날 북한이 동유럽 국가들과 주고받은 외교문서에서 재미난 내용들이 나왔다는데⋯."

2009년 9월 어느 날 북한학계 선배 한 분이 전화를 걸어와 기사 거리를 제보를 했다. 모교인 한국의 북한대학원대학교가 미국의 저명한 국제냉전사 연구 싱크탱크인 우드로윌슨센터(Woodrow Wilson International Center for Scholars)와 2006년부터 '북한 국제문서 조사사업(NKIDP, North Korea International Documentation Project)'을 진행해 왔는데 1971~72년의 북한 관련 문서 39건(총 164쪽)을 입수해 영어로 번역한 결과 그럴싸한 내용들이 나왔다는 것이었다.

나는 말을 듣자마자 모교로 찾아갔다. 이 사업에 관련된 교수님들은 당초 문건을 기자회견 형식으로 공개할 계획인 것 같았다. 나는 "언론사들은 풀(pool) 된 기사는 크게 안 써요. 북한학을 공부한 제가 제대로 잘 검토해 크게 써 볼 테니 그냥 저한테 주세요"라고 떼를 썼다. 북한대학원대 개교 이후 첫 박사학위를 줘 내보낸 기자 학생에게 학교는 기회를 줬다.

우드로윌슨센터와 북한대학원대가 NKIDP 사업을 진행한 것은 북한의 정치체제나 외교관계에 대한 신뢰할 수 있는 정보가 필요하다는 판단 때문이다. 이를 위해 우드로윌슨센터는 평양에 상주 대사관을 설치했던 옛 공산권 국가들의 외교문서 중 최근 비밀이 해제된 1차 자료를 발굴해 영어로 번역한 뒤 이를 통해 북한의 정책결정 과정과 배경을 연구해 왔다.

며칠 뒤 이 프로젝트를 미국 현지에서 직접 이끈 제임스 퍼슨 박사를 한국에서 만났다. 그는 "우드로윌슨센터에는 현재 옛 공산권 국가에서 수집한 자료가 6만 쪽 이상 보관돼 있다"고 말했다. 러시아 유학 중 외교정책을 연구하다 북한 근대사에 매력을 느끼게 됐다는 퍼슨 박사는 미국 조지워싱턴대에서 북한역사 연구로 박사학위를 받은 뒤 2007년부터 우드로윌슨센터에 합류했다. 그는 "올해 동독과 폴란드에서 1만 쪽에 이르는 북한 관련 문서를 수집했다"며 "김일성 주석과 북한 간부들의 대화록 및 북한 내부 자료들은 대북정책 결정에도 도움이 될 것"이라고 말했다.

북한 외교문서는 역사의 보물창고

당시 입수된 외교문서 39건은 1971~72년 남북한의 상황을 기록한 것이다. 내용별로는 △미국과 중국의 데탕트에 대한 남북한의 고민 △북한의 대남 평화공세 △김일성 당시 내각 수상과 이후락 중앙정보부장의 평양 비밀회담 △7·4남북공동성명 발표 △남한의 10월유신 등에 관한 귀중한 사료들을 포함하고 있다.

문서 39건 중 21건은 당시 동독과 루마니아, 불가리아 등 동유럽 국가들이 보관하고 있던 문서를 입수해 번역한 것이다. 1971년 6월 10일 니콜라에 차우셰스쿠 루마니아 대통령이 이끄는 대표단이 평양을 방문해 김일성 수상과 대화한 내용처럼 주요 인사들이 직접 만나 나눈 대화록의 형태도 있고, 북한 외교당국이 평양 주재 동유럽 국가 외교관들에게 전달한 정보를 각국 대사관이 본국 등에 보고한 문서도 있다. 북한이 담화문 등의 형태로 전달한 것을 자국어로 번역해 본국에 보고한 문서들도 있다.

나머지 18건은 한국의 문서보관소에서 나온 남북대화 문서들이다. 1972년 5월 4일과 11월 3일 각각 평양에서 진행된 이 부장과 김 수상의˙평양 대화록을 비롯해 1971년부터 시작된 남북 적십자 회담과 7·4남북공동성명 이후 진행된 남북조절위원회 회의록 등이 포함됐다. 이 내용은 국내에 이미 소개된 것이지만 남북대화 관련 국내 문서가 영어로 번역돼 해외의 북한 연구자들에게 제공되는 것은 의미가 크다.

9월 20일 경 학교에서 A4용지에 인쇄된 전문 원문을 통째로 들고 회사로 들어왔다. 함께 일하던 김영식 윤완준 기자와 함께 이들을 꼬박 번역한 끝에 북한 현대사와 남북관계사에 기록될 만한 진실을 재구성하는데 성공했다. 세 기자는 각자 번역을 분담해 취합한 뒤 그 결과를 토대로 동아일보 9월 24일자 A1, 4, 5면을 장식했다. 우드로윌슨센터는 동아일보의 보도 직후 자료들을 홈페이지(www.wilsoncenter.org)에 공개했다.

박정희 정권시절, 남북 밀월기

문서에서는 박정희 정부가 1972년 10월 17일 오후 7시를 기해 계엄 선포와 헌법 폐지, 국회 해산, 대통령 간선제 도입 등을 골자로 하는 '유신(維新) 체제'를 선포하기 전에 두 차례 북한 당국에 이를 예고하고 배경을 설명했다는 사실이 확인됐다. 남측은 10월유신 선포 다음 날인 18일에도 북측과 다시 접촉해 "남북대화의 목적에 부응하는 체제를 만들 것"이라고 헌법 개정의 불가피성을 설명했다.

북한은 같은 해 7월 4일 자주, 평화, 민족대단결 등 3원칙에 따라 남북통일을 이룬다는 7·4남북공동성명을 발표한 뒤 동유럽 사회주의 우방국들에 "한반도에서 미국과 일본을 몰아내 박정희 정권을 고립시키고 내부 혁명역량을 강화해 남북연방제 통일을 이루기 위한 것"이라고 선전한 것으로 드러났다.

문서들에 따르면 김재봉 당시 북한 외교부 부부장은 1972년 10월 19일 동유럽 6개국 외교관들을 만나 "16일 판문점 남북 접촉에서 남측은 박정희 대통령이 17일 북한이 주의해서 들어야 할 중요한 선언을 발표할 것이라고 밝혔고, 17일 (10월유신) 발표 1시간 전에도 남측이 전화를 걸어 라디오를 주의 깊게 들으라고 알려왔다"고 전했다.

당시 남측 대표는 북측 대표를 만나 이후락 중앙정보부장이 김영주 남북조절위원회 북측 위원장(김일성의 동생)에게 보내는 메시지를 전달했다. 이 부장은 메시지에서 "박정희 대통령과 김일성 내각 수상이 권력을 갖고 있는 동안 어떤 대가를 치르더라도 통일을 이룰 것"이라며 "하지만 남측 다수가 통일을 반대하고 있어 (통일을 위한) 질서를 구축하기 위한 중요한 선언을 발표할 것"이라고 전했다. 박정희 정부는 미국 측에는 발표 하루 전에 필립 하비브 주한 미국대사를 통해 발표할 성명 사본을 미리 전달했다. 나머지 주한 외교사절에게는 발표 3시간 전에 알렸다. 당시 남한 언론엔 유신 선포 사실이 사전에 보도되지 않았다.

북한은 남한의 10월유신 선포(1972년 10월 17일) 이틀 뒤인 19일 오후 5시 평양에 주재하는 공산권 대사들을 외교부로 불러 2시간 동안 남북 간 접촉 내용을 구체적으로 설명했다. 이를 통해 남측이 북측에 10월유신 발표를 사전에 설명하고 이해를 구했다는 사실이 드러났다. 남측이 북측에 전달한 10월유신 선포 배경 설명을 모두 진실로 볼 수는 없으나 당시 남북 간에 흥미로운 접촉이 있었음을 잘 보여준다.

　문서들에는 북한이 10월유신을 어떻게 받아들였는지도 드러나 있다. 공개된 북한-동유럽 외교문서에 따르면 북한은 박정희 대통령이 1972년 7·4남북공동성명 이후 남북대화의 주도권을 독점하기 위해 유신을 선포했을 것이라고 분석했다.

　당시 평양 주재 동독대사관과 불가리아대사관이 본국에 보고한 문서에 따르면 김재봉 북한 외교부 부부장은 남측으로부터 10월유신에 대한 자세한 설명을 들은 다음 날인 10월 19일 공산권 대사들을 불러 이 같은 사실을 설명했다.

　김재봉은 "박 대통령은 야당이 남북대화에 참여하면 박 대통령과 북한의 1대 1 대화가 아니라 북한에 유리한 2대 1 대화가 될 것이라고 생각했을 것"이라는 북한 조선노동당의 분석을 소개했다. 박 대통령이 남북대화를 독점하기 위해 야당세력과 언론의 자유를 없애고 1인 독재 체제를 구축했다는 것이다. 그는 박 대통령이 "10월유신을 국민투표에 부쳐 새 헌법이 통과되지 않으면 남한 국민이 남북대화를 원하지 않는다는 의미이며 통일을 위한 새로운 수단을 찾아야 할 것"이라고 말한 것에 주목하기도 했다.

　김재봉에 따르면 당시 북한 노동당은 박 대통령이 군사적 충돌을 두려워하기 때문에 통일문제를 평화적으로 해결하기를 원하며 이를 위한 체제를 만들려고 10월유신을 선포했다고 분석했다.

그러나 박 대통령이 '자주'를 표방했지만 실제 실행 여부는 알수 없으며 미국과 일본의 원조나 차관을 얻기 위한 것으로 보인다고 노동당은 판단했다. 북한은 자신들이 가만히 있으면 남한이 반공주의 사회가 될 것이라며 북한 신문과 정당, 학생 명의로 '평화 통일을 구실로 남한 인민을 억압하는 것은 잘못됐다'는 성명을 발표할 것이라고 동유럽 국가들에 알렸다.

공개된 외교문서 중 1972년 7 · 4남북공동성명을 전후해 2차례 만난 김일성 당시 내각 수상과 이후락 중앙정보부장의 비밀회담 대화록은 그동안 국내 잡지 등에 간헐적으로 소개된 적이 있지만 당시에 처음 영어로 번역됐다.

1972년 5월 4일의 첫 회담에서 김 수상은 통일 3원칙(자주, 평화, 민족대단결)을 강조했고 이 부장은 이에 전적으로 동의한다며 맞 장구쳤다. 이 부장은 박 대통령과 자신이 자주적으로 통일해야 한다고 믿고 있다고 말했다. 김 수상은 박 대통령과 자신이 공통의 기초를 갖고 있다고 화답했다. 이 부장은 11월 3일 두 번째 회담 말미에 "박 대통령과 김 수상의 철학이 거의 비슷하다. 생각의 주제가 거의 같다"고 말했다.

김 수상은 2차 회담에서 남북은 분단돼서는 안 되며 한쪽이 벗어 나면 배신자로 낙인찍힐 것이라면서 남북은 유엔에 따로 가입하지 않을 것이고 남한 단독으로 가입하려 하면 북한이 거부권을 행사 할 것이라고 말하기도 했다.

김 수상은 회담에서 남북 합작사업에 집착을 보였다. 2차 회담에서는 경제합작으로 시작해 문화, 스포츠, 정치합작으로 확대해야 한다고 수차례 강조했다. 이에 대해 이 부장은 차근차근 풀어가야 한다고 답했다. 이 부장이 '합작'이라는 단어에 거부감을 보였기 때문이다. 대화록에는 이 부장이 "남한에는 합작이라는 단어가 없습니다"라고 말했다고만 돼 있다. 하지만 이번에 공개된 평양 주재 동독대사관의 보고서(1972년 11월 9일자)에 따르면 이 부장은 '합작'이라는 용어가 중국 공산당과 국민당 사이에 이뤄졌던 합작과 용어가 같고 결과적으로 중국이 공산화됐기 때문에 합의서에 포함시키지 말 것을 요구했다.

두 사람은 2차 회담에서 '대결'이라는 용어를 두고 논쟁을 하기도 했다. 김 수상이 대결은 서로 경쟁하는 것이고 경쟁은 승자와 패자를 낳는 것이지만 남북은 누가 이기고 질 수 없는 관계라고 지적하자, 이 부장은 남한에서 대결은 승패와 관련돼 있는 것만이 아니고 최선을 다해 성공적인 결과를 내는 것을 뜻하기 때문에 부정적인 의미가 아니라고 설명했다.

회담에서 김 수상은 이 부장을 "용기 있는 사람" "진정한 영웅"이라고 치켜세웠다. 당시 회담 분위기를 상징적으로 반영하는 대목이다. 이 부장은 자신이 공산주의자를 체포하는 일을 했다고 소개한 뒤 "남북 화해가 공산주의자 체포만큼 중요하다고 생각해 평양을 찾았다"고 말했다. 김 수상은 "이 부장이 조국의 통일과 미래에 대한 책임감을 갖고 있다고 생각해 더욱 신뢰한다. 훈장을 주고 싶다"고 말하기도 했다.

회담 대화록에는 분명히 드러나지 않았지만 동독대사관 보고서에 따르면 이 부장은 김 수상에게 최고위급 회담을 제안했다. 보고서는 양측이 그해 회담을 열자고 하지는 않았으나 장래에 회담이 실현될 것으로 봤으며 최고위급 회담은 박 대통령과 김 수상의 만남을 가리키는 것이라고 주석을 달았다.

◆관련 기사◆

○ 10월 16일 접촉, 17일 발표 직전 통보

김재봉 북한 외교부 부부장은 "10월 15일 남측에서 16일에 남북 연락대표 접촉을 제안하는 전화가 걸려왔다"고 말했다.

남측 대표는 16일 판문점에서 북측 대표에게 김영주 남북조절위원회 북측 위원장(노동당 조직지도부장·김일성의 동생)에게 보내는 이후락 중앙정보부장의 메시지를 전달했다. 북측이 7·4남북공동성명 이후 약 3개월 만에 열린 남북조절위원회 위원장회의에서 "남측이 성명을 이행하지 않고 반공 캠페인을 지속한다"고 비판한 지 4일 만이었다. 김재봉은 준비된 문서를 갖고 이후락이 김영주 앞으로 전달한 메시지를 (대사들에게) 읽어줬다.

"박정희 대통령과 김일성 내각 수상이 권력을 갖고 있는 동안 어떤 대가를 치르더라도 통일을 이룰 것이다. 1970년대가 될 것이다. 지난번 남북조절위원회 회의에서 북측 발언을 제대로 이해하지 못했다. (북측의) 비판적 목소리가 정당하니 우리 측에서 새로운 조치를 취하는 것이 필요하다.

북측 질문: 무슨 조치냐?

남측 응답: 박정희 대통령과 이후락 부장은 통일을 원한다. 그러나 남측 다수가 반대하고 있다. 따라서 질서가 먼저 구축돼야 한다. 박 대통령은 17일 북한이 주의해서 들어야 할 중요한 선언을 발표할 것이다."

김재봉은 또 "17일 박정희의 발표가 있기 1시간 전 남측에서 전화 메시지가 왔다"며 "오후 7시에 비상사태를 공표할 것이니 18일 (남북) 접촉을 하자고 제안했다"고 말했다.

○ 18일 남북접촉 결과 설명

김재봉은 남측 대표가 18일 김영주 앞으로 보낸 이후락 부장의 메시지 내용도 소개했다.

"아시아에서의 상황은 1970년대 들어 급격히 변했다. 특히 미-소 양극체제에 변화가 있었다. 또 미-소-중-일 4강 관계에도 변화가 있었다. 이런 상황에서 우리는 국가적 과제들을 미국이나 일본에 의지하지 않고 우리 수단을 통해 해결해야 한다는 견해를 갖게 됐다. 7·4공동성명이 발표되고 남북대화가 시작된 것도 바로 이런 이유 때문이다. 성명이 공개된 뒤 남한에서 많은 세력이 이에 반대했다. 남한 헌법에 위배된다는 비난도 제기됐다. 현행 헌법은 (냉전으로) 양극화된 상황에서 만들어져 반공 원칙을 담고 있기 때문에 타협의 기회가 없다. 미국과 일본은 이런 의도에 반대하지만 우리는 남북대화의 목적에 부응하는 체제를 만들 것이다. 이런 헌법 수정 움직임의 중심에는 대통령이 서 있다.

북측 질문: 왜 전시국가비상사태가 선언됐나. 새로운 체제는 어떤 형태가 되는 것인가?

남측 답변: 우리가 헌법 초안을 만들면 그 어떤 새로운 오해도 생기지 않을 것이다. 만약 귀측에서 의문점이 있다면 대답할 준비가 돼 있다. 현재 남한에는 많은 여론이 있다. 일부는 17일 발표가 남한을 어디로 이끌지 모르겠다고 한다. 이 선언이 친공산주의 방향으로 전환해 (북측과) 대화를 포기하지 않으려는 것인지에 대한 의문이 있다. 국회는 평화적인 남북대화를 보장할 것이다. 헌법 수정을 통한 대화의 법적 근거를 만들 것이다. 헌법 수정은 대화를 포기하는 것이 아니라 이를 강화한다는 의미다."

○ 북한의 남측 정세 평가

김재봉은 남측의 17일 국가비상사태 선포 이후 남한 정세에 대한 북측 나름의 평가를 소개했다.

"노동당 중앙위원회 정치위원회는 남한의 상황에 대해 조사하고 분석했다. 우리 정보에 따르면 7·4공동성명 발표 이후 90명에 이르는 진보인사들이 체포됐다. 반공 캠페인도 여전하다. 남한 경제는 현재 중대한 문제를 맞이하고 있다. 현재 박정희는 새마을운동을 추진하고 있다. 농민들은 이에 반대한다. 농업개혁은 부패와 수많은 지주를 양산하는 결과로 이어지고 있다. 현재 남측 상황은 장제스(蔣介石) 치하의 옛 중국과 유사하다. 사회주의 희망이 남한 주민들 사이에 고조되고 있다. 7·4공동성명 발표까지는 학생운동이 정체된 상황이었다. 7·4공동성명 이후 운동이 되살아나고 있다. 박정희는 야당, 대중, 학생을 매우 두려워하고 있다."

_ 동아일보/2009.09.23./4면

외교문서는 북한 당국자들의 고백록

한편 북한은 1971년 6월 이후 대남 평화공세(peace offensive)를 취했으며 1972년 7·4남북공동성명 발표 직후 다양한 외교 채널을 통해 그 배경과 목적을 동유럽 사회주의 국가들에 설명했다. 당시 북한이 남한에 대해 '자주·평화·민족대단결 3원칙에 의한 통일'을 추구한다는 명분을 내세운 것과는 달리 우방국에는 남한 정부를 국내외적으로 고립시키고 내부 혁명역량을 키워 적화통일을 꾀하고 있음을 설명했다는 사실이 밝혀졌다.

김일성 내각 수상은 1972년 9월 22일 정준택 부수상을 루마니아에 보내 니콜라에 차우셰스쿠 대통령에게 대남 평화공세의 목적과 배경을 설명했다. 정 부수상은 "남한과 전쟁을 할 수 없는 상황에서 남한 내부의 혁명역량을 강화할 수 있는 길을 고민한 끝에 '평화공세'를 시작했다"고 밝혔다.

당시 대남 평화공세에 대한 북한의 의도가 드러난 것은 북한이 표면적으로는 대화를 주장하지만 궁극적으로는 한반도의 적화를 노렸다는 보수진영의 시각을 확인해주는 것이다. 선준영 북한대학원대 석좌교수(전 유엔대사)는 "이들 문건은 최근 북한의 대외 유화 공세의 본질을 파악하는 데 중요한 시사점을 제공하고 있다"고 말했다.

◆관련 기사◆

ㅇ 김일성 내각 수상이 1972년 9월 22일 정준택 내각 부수상을 루마니아로 보내 니콜라에 차우셰스쿠 대통령에게 설명한 내용(자료: 루마니아 외교문서)

정 부수상은 (차우셰스쿠 대통령에게) "나는 당신에게 전할 김일성 수상의 메시지를 가지고 왔다"고 말했다. 정 부수상은 잠시 환담을 나눈 뒤 김 수상의 지시에 따라 한반도 통일에 대한 상세한 문제들을 설명하겠다며 루마니아어로 번역해 온 문서를 읽어 내려갔다. 두 사람의 대화는 오전 11시 반부터 오후 1시 40분까지 진행됐다.

"김일성 동지는 대남 평화공세의 목적을 세 가지로 요약했다. 첫째, 남한을 민주화하고 분단 상황을 극복하기 위해서는 (남한 내) 혁명역량이 빨리 커져야 한다. 둘째, 남한 정권이 우리가 남한을 침공하기를 원한다고 날조 모략하는 것을 폭로하는 것이다. 셋째, 한반도의 영구 분단을 획책하는 미 제국주의의 '닉슨독트린'을 폭로하는 것이다.

우리가 잘 싸운다면 박정희가 남북 연방제(북한의 통일방안)를 받아들이도록 할 수 있다. 다음 남한 대통령선거에서 박정희를 축출하고 신민당 후보(1971년 후보는 김대중)를 당선시킬 수도 있다. 가장 중요한 것은 사람들이 박정희를 무시하도록 해 그를 더 큰 어려움에 빠뜨리는 것이다. 사회주의 우방 국가들도 남한의 교류 제의를 거부하고 위협해야 한다. 남한이 민주화되면 남한 내 모든 정치 사회 단체들의 활동이 합법화되고 통일혁명당과 혁명역량이 강화돼 남북한 총선거에 의한 통일 정부를 관철시킬 수 있다.

사회주의 국가들은 단합해 남한 땅에서 유엔과 미군을 몰아내야 한다. 한반도 통일에 관한 문제가 유엔에서 공개적으로 논의될 수 있도록 해야 한다. 우리는 (통일을 향한 투쟁을) 사회주의와 자본주의, 혁명과 반혁명, 애국자와 배신자, 자본가와 노동자 사이의 투쟁과 같은 격렬한 계급투쟁의 연장선이라고 생각하고 있다."

정 부수상은 통일혁명당의 생성과 몰락 등 분단 이후 남한 내부에 생성됐던 혁명역량이 스스로의 혁명을 이룰 만큼 충분하지 못했다고 설명하면서 1971년 대선에 출마한 김대중 신민당 후보가 "좋은 표어들(mottos)을 만들어냈다"고 긍정적으로 평가했다. 정 부수상은 그 예로 △남북한 평화통일 △국군과 미군의 감축 △베트남 철군 △사회주의권 국가들과 외교관계 확대 등 김대중 후보의 공약을 열거했다. 이어 그는 "그가 선거에서 이길 것으로 생각하지는 않았으나 그의 출마는 남한 내에서 누가 얼마만큼 평화통일을 원하는지 측정하는 기회가 됐다"고 평가했다.

ㅇ 이만석 북한 외교부 부부장이 1972년 6월 17일 소련과 동독 등 8개국 동유럽 외교관들에게 7·4남북공동성명 등 대남 평화공세에 대해 설명한 내용(자료: 동독 외교문서)

"우리의 평화공세는 한반도에 대한 미국의 분단 정책과 일본의 군국주의 침투를 막고 남한이 미국과 일본의 원조를 받지 못하게 할 것이다. 남한 주민들이 7·4남북공동성명에 환호하면서 '김일성 만세'를 외치고 있으며 세계 여론도 김일성의 노선과 공동성명에 대해 긍정적인 반응을 나타내고 있다.

조선노동당은 남한의 위정자들이 핑계를 대고 빠져나가지 못하도록 투쟁하고 대화와 협상에 나서도록 강제할 것이다. 남한이 미국과 일본에서 그 어떤 것이든 도움을 받지 못하도록 해나갈 것이며 미국과 일본이 남한의 내정에 간섭하지 못하도록 할 것이다.

사회주의 형제 나라들도 남한 정부를 고립시키기 위해 적극적으로 기여해줄 것을 기대한다. 남한 당국자들을 만나지도 말고 남한을 방문하지도 말고 남한 당국자들이 당신네 나라에 들어오지도 못하게 해 달라. 또 사회주의 우방국들이 국제기구에서 남한과 북한을 동등하게 대해 우리의 투쟁을 지지해 줄 것을 바란다."

_ 동아일보/2009.09.23./5면

문서에서는 1972년 9월 13일 서울에서 열린 제2차 남북 적십자 회담 본회담의 북한 측 뒷이야기도 새롭게 들어났다. 이 회담은 그해 8월 처음 열린 남북 적십자회담에 이어 인도주의 정신에 입각해 이산가족의 아픔을 덜어주기 위한 것이었다. 그러나 이번에 공개된 평양 주재 동독대사관의 외교문서(1972년 10월 12일)에 따르면 북한의 평가는 완전히 달랐다. 김재숙 당시 외교부 부부장은 10월 3일 동독대사에게 남측 대표단이 오로지 인도주의 문제에만 신경을 쏟아 회담에서 남북이 격렬히 대립했다고 설명했다.

김 부부장은 당시 회담이 북측 대표단에 자주·평화통일의 기초를 닦기 위해 정치적으로 매우 중요했지만 통일을 원하지 않는 남측은 오로지 기술적인 문제와 인도주의 문제에만 집중했기 때문에 남측과 격렬하게 대립했다고 말했다.

북한은 회담 장소부터 바꿔 달라고 시비를 걸었다. "남측이 적절하게 준비하지 않았다. 회담장이 새로 지은 건물인데도 매우 원시적이었다"는 게 이유였다. 당시 회담이 열린 곳은 서울 중구 소공동 웨스틴조선호텔이었다. 또 "평양 회담 때 남측 대표단에 승용차를 제공한 반면 서울 회담에서는 북측 대표단에 문이 항상 닫혀 있고 창문에 빛가림이 된 버스를 제공했다"고 불만을 털어놨다.

김 부부장은 특히 남측이 주권에 대한 관념이 없다고 말했다. 회담장 입구에 미국과 일본, 대만의 국기가 걸려 있었다는 것. 그는 "북측 대표단이 그 국기들을 철거하지 않으면 회담장에 들어가지 않겠다고 말했고 이 광경을 보던 남측 사람들이 이에 동조해 결국 국기가 철거됐다"고 말했다. 남측이 회담을 판문점 연락사무소에서 열자고 한 것에 대해선 남측이 평양에는 자유민주주의를 퍼뜨리기 어렵고 서울에서 눈물을 흘리며 열렬히 환영하는 사람들을 막을 수 없음을 깨달았기 때문이라고 아전인수 격으로 해석했다.

자료에 굶주린 학계가 주목하도록 만들라

박정희 정부가 1972년 10월유신을 선포하기 전 두 차례에 걸쳐 이를 북한에 예고했다는 내용 등을 담은 동유럽 외교문서들은 남북 관계사의 이면을 규명하는 중요한 사료(史料)라고 전문가들은 평가했다. 학계는 당시 남북한이 모종의 사전 교감을 가졌을 것으로 짐작해 왔지만 구체적인 증거를 발견하지 못하고 있었다. 이번에 발굴된 문서들은 남북관계뿐만 아니라 1970년대 초반 북한 및 남한 현대사의 서술 작업에도 상당한 도움이 될 것으로 전망된다.

1971년 이후 대화를 진전시켜온 남북한 정권은 당시 은밀한 교감을 통해 분단 이후 가장 가까운 관계에 이르렀던 것으로 보인다. 그 바탕 위에서 남한은 통일과 남북관계를 명분으로 박정희 대통령의 독재정치를 강화하는 새로운 역사를 시작했다.

동아일보/2009.09.24./A4면

문서들은 우선 1970년대 초 남북한이 대화에 나설 수밖에 없었던 원인에 대한 국제정치나 국내정치 차원의 규명 작업에 훌륭한 자료를 제공한다고 전문가들은 평가했다. 류길재 북한대학원대 교수는 "1970년대 초반 급변하는 국제정세(동서양 진영 간 데탕

트) 속에서 북한은 중국을, 남한은 미국을 절대적으로 믿지 못하는 비슷한 처지에 처했다"며 "두 나라는 남북대화와 독재 권력의 공고화라는 비슷한 형태로 대응했다는 사실이 문서를 통해 확연하게 드러났다"고 말했다. 강규형 명지대 교수는 "문서들은 서로 대립하면서도 서로를 이용해 자신의 권력을 강화했던 김일성, 박정희 정권의 '적대적 공존관계'를 입증하는 귀중한 자료"라고 평가했다.

실제로 남북한 당국은 국제정치 환경의 변화에 따른 남북대화와 통일논의를 각자 자신의 권력 강화에 최대한 활용했다. 이후락 중앙정보부장은 10월유신 선포 하루 전인 16일 김영주 노동당 조직지도부장에게 보낸 메시지에서 "질서가 먼저 구축돼야 한다"고 말했다. 그가 말한 '질서'란 박 대통령이 선거와 야당, 언론에 휘둘리지 않고 정책을 추진할 수 있는 강력한 독재구조였다. 북한도 두 달 뒤인 같은 해 12월 새 헌법을 만들어 김일성 당시 내각수상을 주석으로 추대하고 '수령 절대주의 체제'를 강화했다는 점에서 남북은 같은 길을 걸었다.

홍석률 성신여대 교수는 "당시 박정희 정권은 유신체제 수립의 명분으로 남북대화와 통일을 제시했기 때문에 북한의 오해로 남북대화가 끊어지는 것을 우려했던 것"이라며 "박정희 정권에 남북대화의 유지는 유신체제를 안착시키는 수단이었다는 점이 이 문서들을 통해 드러났다"고 평가했다.

남한이 북한에 10월유신을 예고한 것은 박 대통령의 재가를 받은 이후락 부장의 행위가 분명하다는 점에서 문서들은 1970년대 남북대화에서 이 부장 개인의 역할을 더욱 부각하는 사료라는 평가도 나온다. 우드로윌슨센터와의 문서발굴사업에 참여하고 있는 신종대 북한대학원대 교수는 "개인적인 위험을 감수하고 북한을 방문해 7·4 공동성명을 이끌어낸 이 부장이 10월유신에 대한 북한의 오해로 남북대화가 끊어질 것을 우려해 사전에 알려준 것으로 보인다"고 해석했다. 이 부장이 스스로 박 대통령의 2인자라고 생각했으며 남북대화라는 업적을 통해 정치적 야망을 키웠던 것이 아니냐는 것이다.

당시 평양 주재 동독과 불가리아대사관이 본국에 보고한 문서에 따르면 이 부장은 북측과의 대화에서 북측을 자극하지 않기 위해 종종 과감한 양보도 했던 것으로 보인다. 1972년 10월 12일 판문점에서 열린 남북조절위원회 위원장회의에서 남측 위원장이던 이 부장은 박 대통령이 "자유민주주의에 기초한 통일"을 언급한 것을 북측이 따져 묻자 "그 표현은 언론인들이 넣은 것"이라면서 남측의 실수임을 인정한 것으로 나타났다.

북한이 1971년부터 겉으로는 대남 평화공세를 폈지만 속으로는 남한 정권의 국내외적 고립과 내부의 혁명역량 강화를 통한 적화통일을 노렸다는 사실도 북한의 진술을 통해 확인했다. 신 교수는 "당시 박 대통령과 정책결정 라인에 있었던 정부 당국자들이 북한 평화공세의 의도와 배경 등에 대해 비교적 정확하게 꿰뚫고 있었다는 점이 확인됐다"고 평가했다. 서재진 통일연구원장은 "북한은 국내외 정세가 불리하다고 판단할 때 과감하게 평화공세를 펴 왔다"며 "최근 북한이 미국과 한국을 비롯한 국제사회에 유화 공세를 펴는 것도 당시 상황과 비슷하다"고 지적했다.

북한이 대외 정세를 오판 또는 왜곡했던 흔적도 이번 문서에 드러났다. 서 원장은 "남한 주민들이 7·4공동성명에 환호하면서 '김일성 만세'를 외치고 있다는 대목과 남측이 적십자회담을 판문점에서 열자고 한 것이 서울에서는 눈물을 흘리며 (북측 대표단을) 환영하는 사람들을 막을 수 없기 때문이라고 해석한 부분 등은 남한 정세에 대한 무지 또는 의도적 왜곡"이라며 "김일성 수상을 기분 좋게 하려는 사실 왜곡이 역설적으로 지도자의 판단을 흐렸고 지금도 북한 지도부 내에서는 같은 상황이 계속되는 것으로 보인다"고 지적했다.

이렇게 인연을 맺은 동아일보 통일외교안보팀과 북한대학원대, 우드로윌슨센터는 다음해까지 두 차례 더 북한 외교문서 공개작업을 함께 했다.

북한도 남한을 끊임없이 공부한다

동아일보 2009년 10월 16일자, A1면과 6면에는 북한이 1962년 5·16군사정변 발생 이전부터 남한에서 군사정변이 발생할 것을 예측하고 상황을 예의 주시해 왔던 사실을 밝혀냈다. 북한은 특히 쿠데타 발생 직후 쿠데타 주도세력을 진보세력으로 보고 당일 지지 성명까지 준비했지만 이틀 뒤인 18일 "극심한 반동에 의한 쿠데타이며 쿠데타 세력은 반동적인 친미(親美) 군인들"이라고 평가했던 것으로 드러났다. 북한 등 4개국 주재 중국대사관이 자국에 보낸 외교 전문(電文) 8건(1961년 2월 27일~5월 26일)을 분석한 결과였다.

4개국이 본국에 보낸 5월 16일자 오후 11시 전문에 따르면 당시 김일 부수상은 김일성 수상의 지시에 따라 평양 주재 중국대사에게 남한의 군사쿠데타를 설명하는 자리에서 "북한은 아직 어떤 조치를 취할지 숙고 중이며 이번 쿠데타를 지지하는 성명을 발표하는 것을 고려하고 있다"고 말했다. 김 부수상은 "이번 쿠데타는 진보세력의 조직적 행동일 가능성과 당시 정부에 불만을 품은 소장파 군인세력일 가능성 등 2가지가 있다"고 전했다. 그 근거로 주도자인 박정희가 한때 남로당원이었다는 점을 제시하며 "미국 제국주의의 막후 사주를 받은 쿠데타가 아닐 가능성은 90%"라고 평가했다.

하지만 절대비밀로 분류된 이틀 뒤 18일 북한 노동당 중앙위원회 상임위원회 회의에서는 이번 쿠데타를 반동적인 시도로 명확히 규정했다. 이날 회의록을 바탕으로 중국대사관이 본국에 보고한 21일자 전문은 "북한은 이번 쿠데타가 남한 주민들의 투쟁을 억누르고 파시스트 지배를 강화할 목적으로 미국에 의해 기획된 것"이라는 평가와 함께 "쿠데타는 미국과 직접 연결된 것"이라고 적었다.

5·16군사정변은 북한에도 적지 않은 파장을 불러일으켰다. 북한은 남한에서 5·16군사정변이 발생한 이틀 뒤인 18일 조선노동당 중앙위 상임위원회를 개최해 대책을 논의했다. 그 결과 민간경제부문을 희생하더라도 국방력 강화에 주력하는 이른바 '국방−경제 병진노선'을 채택하고 인민경제 향상을 위한 1차 7개년 계획의 시작을 1963년까지 2년 미루는 결정을 내린다. 다음은 당시 북한 당국이 중국 외교관에게 전한 회의 결정 내용의 요지다.

"우리는 경계를 강화하고 국방 강화에 힘을 집중해야 한다. 1차 7개년 계획을 1963년까지 연기해야 한다. 올해부터 1963년까지

우리는 인민경제 계획의 발전을 늦추고 국방과 방어 요새 강화에
집중해야 한다. 우리는 군인을 징집하고 젊은이들을 군대에 동원
하는 데 큰 노력을 기울여야 한다. 사업부문의 노동자 수를 줄이고
그들을 국방산업과 방어 요새들에 재배치해야 한다. 우리는 더욱
경계심을 가져야 하고 검소하게 살고 생산을 증대해야 하며 사치
스럽게 먹고 마시지 말아야 한다. 오늘내일 전쟁이 일어난다는
뜻은 아니다. 인민들의 근심과 유언비어를 막아야 한다."

명분과 속내 다른 문서 속 김일성

공동작업의 마지막으로 "7·4공동성명 화해 제스처 뒤엔 北 '주
한미군 철수' 노림수 있었다"는 기사가 2010년 7월 3일자 동아일보
에 실렸다. 옛 동독 외교문서 4건에는 북한 김일성 주석이 1972년
7월 4일 7·4남북공동성명에 합의한 뒤 평화공세를 펴다 1년 만에
남북대화를 중단한 이유가 고스란히 드러나 있다. 남북관계는
7·4남북공동성명 다음 해인 1973년 3월 평양에서 열린 제2차 남
북조절위원회를 기점으로 교착 국면에 들어섰다. 북한은 8월 8일
발생한 김대중 납치 사건을 명분으로 남북 대화를 단절했다.

김 주석은 1973년 7월 16일 주북한 헝가리대사와의 대화에서
"박정희는 남북대화를 오직 자유사상과 자신의 이데올로기를 북
에 전파하는 데 이용하려고 했다"고 말했다. 또 1975년 6월 2~5일
불가리아 토도르 지프코프 당시 총리에게는 "남조선 측이 두 개의
조선을 고집하기 때문에 그들과의 평화적 대화를 중단할 수밖에

없었다"고 말했다.

그러나 이는 명분에 불과했다. 김 주석은 지프코프 총리에게 "미국은 북측이 남측을 침략하지 않겠다고 공식 선언하면 남조선에서 미군을 철수할 것이라고 선언했다"며 "북측이 그와 같은 선언을 여러 번 했지만 여전히 남조선에 미군이 주둔하고 있다"고 불평했다. 신종대 북한대학원대 교수는 "(1970년대 초) 미중 데탕트 국면에서 남북대화를 통해 한반도 긴장을 완화시킨 뒤 주한미군을 철수시키고자 했던 기대감이 사라진 것이 대화를 중단한 주요 원인"이라고 말했다.

김 주석은 또 평화공세를 펴면 남한 내 반(反)박정희 세력이 힘을 얻어 자체 혁명역량이 강화될 것이라는 당초의 믿음에도 회의를 표시했다. 그는 지프코프 총리에게 "남한 민주통일당과 조국전선을 결성했지만 노동자, 농민과의 연대가 부족하고 통일혁명당 역시 당원이 3,000명에 불과하다"고 토로했다.

한편 김 주석은 1975년 4월 30일 베트남 패망을 전후해 중국과 소련에 남침 의지를 밝히고 남한에 대한 무력 공세를 폈지만 그 이면에선 베트남 주둔 미군의 남한 이동을 우려하고 남침이 현실적으로 성공하기 어렵다고 말한 사실이 문서를 통해 확인됐다.

김 주석은 월남 패망 직후인 1975년 6월 2~5일 불가리아를 방문해 토도르 지프코프 당시 총리와 대화를 나누면서 "서방 언론들은 베트남에서의 승리에 고무되어 북이 남조선을 공격할 것이라고 악의적으로 보도하겠지만 이는 미제와 남조선 괴뢰도당이 남조선의 민주화와 조국 통일을 위해 투쟁하는 애국 민주세력에 대한 억압을 강화하기 위해 획책한 것"이라고 주장했다.

그는 "인도차이나에서의 미군 패퇴 이후 세계의 이목이 한반도 문제에 쏠리고 있다"며 "절대로 우리가 먼저 (남한을) 공격하지는 않을 것이며 군사적 방식으로 통일문제를 풀 수 있다고 생각하지 않는다"고 말했다. 이와 관련해 김 주석은 "남조선에는 베트남 인근의 라오스, 캄보디아 등과 같은 인접 지역이 없고 삼면이 바다로 둘러싸여 있어 인민군대가 남조선에 진입할 경우 함정에 빠지고 포위되는 대단히 위험한 상황에 처하게 된다"며 "남조선에는 게릴라전을 지속할 수 있는 비옥한 땅이 없다"고 설명했다.

또 "76만 명인 남조선 군대는 50만 명인 우리 군대보다 강력하다. 주한미군은 4,000명이 증원돼 4만 2,000명에 이르고 있다"며 "인구 1,600만 명에 노동인력이 부족한 북에서 젊은이들을 군에 신병으로 보충하고 동원하기도 점점 어려워지고 있다. 장비 면에서도 미군은 우리에 비해 우세하다"고 토로했다. 특히 기대했던 미군 철수가 이뤄지지 않은 것에 대해 "미국은 남조선에서 인도차이나와 같은 사태를 용인하지 않을 것이며 남조선과의 공약을 준수할 것이라고 떠들고 있다. 그리고 남조선에 추가 병력을 배치했다"고 불평했다.

신종대 북한대학원대 교수는 "김 주석은 베트남전에서 패한 미군이 남한으로 재배치되는 상황을 우려했던 것으로 보인다"며 "당시 북한이 남침의지를 밝히며 남한에 대해 호전적인 행동을 취한 이유는 우방국의 관심을 계속 끌며 군사 경제적인 지원을 받으려는 '계산된 모험주의'로 보인다"고 해석했다.

실제로 김 주석은 두 달 전인 같은 해 4월 18일 중국 베이징(北京)에서 오진우 인민군 참모총장을 대동하고 마오쩌둥(毛澤東) 주석을 만나 "지금이야말로 (한반도를) 무력통일을 할 수 있는 최고의 적기"라고 주장했다. 이에 대해 마오 주석은 "현재 상황은 무력으로 한반도를 통일할 수 있는 시기가 아니다"라고 만류했다.

미국의 한반도문제 연구자인 돈 오버도퍼 존스홉킨스대 교수도 2001년도 판 〈두개의 한국〉에서 "김일성은 사이공의 몰락을 지켜보면서 남한을 상대로 전면전을 재개할 생각이었지만 중국은 협력을 거부했고 심지어 소련은 김일성이 상황 설명을 위해 모스크바로 가겠다는 것마저 거절했다"고 기술했다.

비단 언론인들이 '분단 저널리즘'을 극복하기 위한 방책에서 나아가 한국 현대사의 자료를 우리 힘으로 찾아 분석해야 한다는 지극히 민족주의적인 필요성에서인 것이다. 분단 저널리즘을 극복하려 노력하는 과정에 학자로서, 언론인으로서 더 큰 문제의식을 갖게 해준 우드로윌슨센터와 모교 교수님들에게 이 자리를 통해 감사드리며 머리 숙인다.

◆관련 칼럼◆

외국선 '남북사료' 찾는데 우린 구경만 하나

"과거 북한의 공산주의 동맹국들이 새롭게 비밀문서에서 해제한 자료들을 널리 전파함으로써 북한의 정치체제와 국제관계에 대한 정보를 필요로 하는 학자와 정책결정자들의 요구에 부응하고자 한다."

미국의 싱크탱크인 우드로윌슨센터는 팸플릿을 통해 2006년부터 한국의 북한대학원대와 진행하고 있는 '북한 국제문서 조사 사업

(NKIDP)'의 목적을 이렇게 설명하고 있다. 이 센터는 현재 소련과 동독, 루마니아 등 옛 동유럽 사회주의 국가들이 보관하고 있던 북한 관련 외교문서를 입수해 분석하고 있다.

동아일보는 이 센터를 통해 1971~72년 동서 진영 간 데탕트 기간 의 남북관계를 보여주는 비밀문서 39개를 입수해 보도했다. 당시 박정희 정부가 10월유신 직전 두 차례에 걸쳐 이를 북한에 예고한 사실 은 이번에 처음 밝혀졌다.

영어로 번역된 동유럽 국가들의 외교문서를 통해 남북관계의 한 장면을 재구성하는 작업은 매우 색다른 경험이었다. 북한은 38~39년 전 남한과 주고받은 대화, 남한에 대한 자신들의 생각 등을 비교적 소상히 동유럽 우방들에 브리핑했다. 얼마나 많은 남북관계사의 비밀 이 외교문서로 동유럽 국가에 보관되고 있을지를 생각하면 우드로윌 슨센터의 프로젝트가 갖는 의미를 실감할 수 있었다.

전문가들은 이번 보도의 의미를 높이 평가하면서 한국 정부와 연구기 관들도 독자적으로 'NKIDP의 한국판'을 운영해야 한다고 입을 모았다.

강규형 명지대 기록정보과학전문대학원 교수는 "옛 동독 정보기관 인 '슈타지'의 비밀문서를 비롯해 동유럽 국가들의 외교문서는 한국 현대사와 남북관계사의 비밀 보관 창고"라고 말했다. 그는 "1986년 서울 아시아경기가 열리기 전 김포공항에서 벌어진 폭파 사건이 북한 의 소행이라는 것도 비밀이 해제된 슈타지 문서를 통해 밝혀진 적이 있다"고 소개했다.

한국 정부도 국사편찬위원회 등을 통해 독립운동사를 고증할 해외 자료들을 수집해 왔지만 북한현대사와 남북관계사 전반으로 확대하 기엔 갈 길이 멀다는 게 전문가들의 지적이다. 민간의 동유럽 외교문 서 수집 활동도 일부 연구자의 개인적인 노력 수준에 머물고 있다.

신종대 북한대학원대 교수는 "우리의 문제를 외국의 문서나 시각 으로 계속 재단당하지 않기 위해서도 우리 스스로의 활발한 문서 발굴과 번역 소개, 그리고 정부 차원의 지원이 긴요하다"고 지적했다. 그동안 베일에 가려졌던 남북관계사의 이면을 이젠 우리의 힘으로 평가할 때가 됐다는 생각이다.

_ 동아일보/'기자의 눈'/2009.09.26.

6장

남한 사람들에 귀 대기

집단지성이라고 했던가. 같은 고민을 하는 여러 사람들의 생각을 모으면 반드시 각자의 생각보다 더 나은 새로운 지식이 생산된다. 많은 북한 연구자들이 학회를 구성하고 철마다 공개 세미나를 열어 토론하고 논쟁하는 이유다. 당장 오늘 하루꺼리가 안되더라도 가능한 많은 토론장에 몸을 놓으라. 내가 쫓는 진실은 나와 함께 진실을 쫓는 그 사람들 사이 어딘가에 있을 것이라는 겸허한 생각으로 투자하라. 전문가들의 통찰을 잘 듣고 이해하기만 하면 다음 주 쓸 기획기사의 주제가 된다. 그리고 그렇게 만난 사람들이 분단 저널리스트의 유일한 재산임을 깨닫게 된다.

이명박 정권 4년차인 2011년이 밝아오면서 중동과 북아프리카에서는 '재스민 혁명'이 일어났다. 절대로 무너질 것 같지 않았던 이집트와 리비아 등의 철권 독재정권이 잇달아 무너진 세기적 사건은 북한 변화의 새로운 가능성을 제기했다. 3대 세습의 문제를 그럭저럭 해결한 북한은 세계적 민주화 흐름에 동참할 수 있을까, 북한은 갑작스런 외부 변화에 어떻게 대응할 것인가. 이런 커다란 질문으로 생각이 번잡하던 2011년 4월 15~16일, 민주평통이 주최한 토론회에 참여하게 됐다.

같은 고민하는 지식공동체에 뛰어들라

민주평통과 북한연구학회가 강원 양양군 솔비치호텔에서 공동주최한 토론회의 주제는 '북한의 변화 전망과 우리 사회 통일준비 자세' 였다. 보수와 진보 진영을 아우르는 학계와 언론계, 정계 인사 30여 명이 참석해 허심탄회하고 생산적인 토론을 진행했다.

민주평통 주최 세미나(2011.04.15~16.)

토론자로 참석한 나는 3개 세션에 걸쳐 진행된 발표와 토론 내용을 요약해 민주평통 기관지인 〈통일시대〉에 기고했다. 요약은 창작이다. 아래는 모든 참석자들의 현장 육성 발언 가운데 '북한의 변화'와 관련해 의미가 있다고 생각하는 핵심 내용을 필자 자의로 발췌한 것이다.

●토론을 시작하며-이상직 민주평통 사무처장

안녕하십니까?

이번으로 6번째를 맞게 된 '전문가 대 토론회'는 그동안 북한문제 전문가들의 정책참여 통로로서 또 소통과 화합의 장으로서 튼튼히 자리를 잡았다는 평가입니다. 현실적인 정책 대안을 활발히 제시해 정부의 정책 추진에도 크게 기여해 왔습니다.

오늘 우리는 중동 아프리카지역에서 현재도 진행 중인 민주화혁명이 과연 북한에서도 가능할지, 가능하다면 언제 어떤 양상에서 일어날 수 있는지를 전망해보고 그 변화를 촉진시키는 방안은 무엇인지를 모색해보기 위해서 이 자리에 모였습니다.

이틀 전인 4월 13일자 신문에 따르면 이명박 대통령께서 "이집트나 리비아나 대를 이어서 권력을 잡고 탄탄한 기반을 갖고 있었지만 때가 되니까 무너지는 걸 보면서 여러 가지 의미가 있다고 생각한다"는 말씀을 했다고 합니다.

저도 같은 생각입니다. 소련 등 동구권의 변화를 예측하거나 이번 중동 시민혁명을 예측한 전문가는 거의 없었다고 해도 과언이 아닙니다. 북한의 경우도 마찬가지가 아닐까 합니다. 이제 우리는 언제 어떻게 이루어질지 모르는 북한의 변화에 대비해 현실적인 통일준비를 차근차근 해나가야 할 때입니다. 그런 면에서 오늘 토론회의 의미는 매우 크다고 생각합니다. 진지하고 활발한 토론을 통해 창의적인 정책대안을 주시길 바랍니다.

　1세션에서는 이우영 북한대학원대 교수의 사회로 박형중 통일연구원 선임연구위원과 박병광 국가안보전략연구소 연구위원이 '뉴미디어혁명, 중국 북한에서도 가능할 것인가?'에 대해 발표했다. 박 선임연구위원은 사회적 미디어 서비스(SNS)가 북한 변화에 미치는 영향을 적을 것으로 보고 군부와 지도자의 경제적 이해관계 대립이 변화의 요인이 될 수 있다는 점을 이집트 사례를 들어 설명했다. 박 연구위원은 중장기적으로 중국도 변화가 불가피하며 북한에 영향을 미칠 것이라고 전망했다.

●박형중 통일연구원 선임연구위원
"이집트는 군사독재 국가다. 군부가 내세운 지도자는 군부의 이익을 관철하는 대리인에 불과하다. 이집트 경제는 군부가 장악하는데 무바라크는 아들 가말과 새로운 경제전문가들을 내세워 새롭게 등장하는 자산가들을 육성하는 경제개혁 정책을 폈다. 군부는 이를 자신들에 대한 도전으로 생각했다. 군부가 가말의 세습을 저지하던 차에 무바라크를 반대하는 시민들이 시위를 시작했다. 시위대는 정권을 위협할만한 규모가 되지 않았지만 군부는 이를 방치했다. 군부가 반정부 시위를 빌미로 무바라크를 몰아낸 것이라는 시나리오다. 독재국가에서 후계자가 나오고 자기 세력을 만드는 과정에서 기존 정권 세력과 간격이 벌어지면서 새로운 후계자가 제거되는 현상이 발생한 것이다. 북한에서도 동요가 발생하면 절대지도자인 김정일과 김정은이 원성의 핵심 목표가 될 가능성이 높으며 기득권세력은 이들만을 제거해 기득권 전반은 살아남는 꼬리자르기 수법을 활용할 가능성이 있다."

●박병광 국가안보전략연구소 연구위원

"중국의 변화는 북한에도 상당한 영향을 미칠 것이다. 중국도 민주화가 진전을 이루면 독재국가인 북한을 일방적으로 편들기 어렵다. 양국은 사회주의 이데올로기에 기초한 '당 대 당' 관계에서 정상국가 관계, 즉 '국가 대 국가' 관계로 변할 것이다. 우리가 직접 중국을 변화시키는 어렵다. 우리는 (중국 변화에 대한) 서구 특히 미국의 요구나 시도에 편승하거나 긍정적으로 동조할 수 있도록 공감대가 확산돼야 한다. 북중 접경은 중국의 변화상이 북한에 영향을 주는 통로가 되기 때문에 전략적으로 압록강 벨트를 따라 중국과 서구의 변화상을 전파할 기술적 방법 찾아야 한다. 그러나 중국은 중동 및 북아프리카 민주화 사태를 맞아 북한과 체제안정 및 정권안보를 위한 연계와 협력을 강화해 나갈 것이다. 두 나라가 공안 및 군사 부분에서 연계와 협력을 강화해 나갈 가능성에 주목해야 한다."

▽구본학 한림국제대학원대 교수 = 북한이 (중동과 북아프리카

민주화의) 영향을 받을 가능성이 적다. 절대적 박탈감은 있지만 상대적 박탈감은 약하다. 엘리트와 군의 충성도도 높다. 북한의 변화를 기대할 수는 있지만 실제는 다르다. 변화 가능성이 없는 것은 아니다. 후계 구축 과정에서 내부 갈등이 일어날 소지는 충분하다.

▽이석 한국개발연구원 연구위원 = 북한의 변화를 이끌 수 있는 '베이비 붐' 세대와 25세 미만 세대(10세 미만일 때 기근을 경험했고 현재 북한 군대의 80%를 이루고 있음)들이 어떻게 소통하는지 공부해야 한다. 삐라를 뿌려 '김정일 이 나쁘다'고 하는 것보다 소녀시대와 카라를 보여주는 것이 훨씬 파괴력이 있을 듯하다.

▽도희윤 행복한 통일로 대표 = 북한 변화는 중국과 동시에 이뤄질 수밖에 없다. 중국이 김정은 체제 등장 이후에도 김정남을 보호하는 것은 김정은이 불안하면 김정남 카드를 쓰겠다는 것이다. 북한의 변화가 와도 중국 힘과 영향 때문에 통일 한반도가 요원해 질 수 있다.

▽손광주 경기개발연구원 연구위원 = 북한에서는 민주화 혁명보다는 군주화(軍主化) 혁명이 일어날 가능성이 더 높다. 한국과 미국 등은 북한이 자연발생적으로 민주화 되도록 내버려두는 것이 아니라 능동적 공세적 적극적인 유도를 해야 한다.

▽전경만 한국국방연구원 연구위원 = 북한에서도 시민혁명을 일으키는 촉발요인이 있어야 한다. 팽배한 사회적 불만에 불을 댕길 수 있도록 댕겨야 한다. 휴대전화 같은 것이라도 더 전달해야 한다. 중앙집권에 대한 불만과 동조를 활용해야 한다.

▽제성호 중앙대 교수 = 정부는 인도적 지원이나 대북정책에서 큰 틀을 봐야 한다. 조중 국경을 통해 중국의 변화상을 전파하자는 아이디어는 타당하고 지지할 수 있다. 정교하고 치밀한 전략을 짜서 북한의 대응을 뛰어넘어야 한다.

▽홍현익 세종연구소 연구위원 = 북한이 급변한다면 민중혁명이 아니라 친위 궁정쿠데타 때문일 것이다. 그럴 때 과연 북한 영토를 우리가 흡수하는 것이 국제적으로 기정사실화 돼 있는가. 아니다. 북한을 우리가 관리하고 있다는 것을 중국에 인정받아야 한다. 남의 나라처럼 하고 있는 지금 정부 정책으로는 부족하다.

▽남궁영 한국외대 교수 = 북한은 중동보다 변화로 향하는 구조적 요인이 훨씬 심각하다. 중동과 북아프리카 사태가 단기적으로는 북한에 영향을 주지 못하더라도 어느 순간 촉발 요인이 왔을 때 변화를 촉진하는 심리적 영향을 줄 것이다. 그 때까지 북한 민주화와 개방을 요구해야 한다.

▽김학성 충남대 = 북한의 변화에 엘리트와 시민들의 연계, 외부로부터의 영향이 어떻게 작용할 것인가 등에 초점을 맞춰 논의하면 좋겠다.

▽정낙근 여의도연구소 정책실장 = 우리가 북한의 현재 상황을 잘 분석하고 있는지 고민해야지 미래의 뜬구름 같은 이야기를 하면 안 된다. 손광주 위원의 말처럼 북한을 군주화의 측면에서 봐야 한다. 민주화 권력투쟁 쿠데타 등은 장기적으로는 몰라도 현재로서는...

▽김수암 통일연구원 연구위원 = 중국이 사회주의 식 민주화로

갈 것인지, 서구식으로 갈 것인지에 따라 북한에 미치는 영향이 달라질 수밖에 없다. 시민의 능력을 봐야 한다. 이들이 중동처럼 아래로부터의 소요를 이끌 수 있는 정치 권리의식을 가진 것인가?

▽한기홍 북한민주화네트워크 대표 = 중국의 민주화는 어렵고 북한에 미치는 영향도 제한적이다. 우리도 진보나 보수나 우리의 전략전술에 북한이 큰 영향 받는 것으로 생각하는데 오히려 북한의 내부가 더 중요하다. 권력 이양 시기에 변화의 촉발 요인이 무엇이 될 것인가, 그것을 관리 강화시킬 정책이 무엇일까 등을 고민해야 한다.

▽박병광 = 북한 민주화의 촉발과 관련해 엘리트와 민중 둘 다 가능성이 있다. 엘리트가 가진 소유권 재산권, 민중의 재산권 소유권에 대해 최고지도부가 가하는 물질적 박탈이 촉발요인일 가능성이 크다.

▽박형중 = 중동의 경우를 보면 엘리트 집단 균열과 주민 저항이 균열돼 있지 않다. 이집트의 무바라크 쫓겨난 것은 아래 주민의 동요를 핑계로 군부가 쳐 버린 것이다. 박정희 시해도 사회적 분열이 있기 때문에 지도부(김재규 등)가 행동하게 된 것이다.

2세션에서는 유호열 고려대 교수의 사회로 현인애 NK지식인연대 부대표(북한이탈주민)와 전영선 건국대 교수가 '북한의 변화 지원과 통일준비, 제대로 하고 있나'를 주제로 발표하고 토론이 진행됐다. 북한 변화를 위한 대안들이 개진됐다.

● 현인애 NK지식인연대 부대표

"외부의 원조나 압박은 북한 변화를 위한 수단이 안 된다. 지난 정권의 지원은 생각 없는 퍼주기였다. 북한이 체제를 유지하는데 상당한 도움을 주었다. (현 정부가 추진한) 압박도 지나치면 득보다 손해가 된다. 북한 내부에서 각성이 이뤄져야 한다. 이를 위해 정보 유입의 필수적이다. 외부정보가 들어가면 지도부가 제일 불안해 할 것이다. 북한 주민 사상이 그렇게 투철한 것은 아니다. 집단주의 애국심 등이 있는데 중국에 나와서 두 달에서 여섯 달이면 변화된다고 한다. 북한에 식량만이 아니라 정신도 지원해야 한다. 그것을 위해 북한인권법을 채택하자고 하는 것이다."

● 전영선 건국대 교수

"북한 상황에 대한 냉정한 평가가 필요하다. 위기의 고조가 아닌 위기의 만성화라고 보는 것이 옳다. 위기 상황이 계속되면서 사회적 불안정성은 그 자체로 일상적 상황이라고 볼 수 있다. 북한의 변화 자체가 아닌 방향과 속도의 문제를 고민해야 한다. 변화는 투입한다고 즉시적으로 반응이 오는 자판기의 커피가 아니다. 따라서 북한의 비상 징후에 대한 과도한 의존을 버려야 한다. 변화의 조건을 조성하기 위해서 남북교류를 통해 남한에 대한 것을 자주 접하게 해야 한다."

▽김영수 서강대 교수 = 외부에서 안전망을 구축해주고 내부에서 배터지게 먹고 살게 해주면 북한이 변화하지 않을까? 북한을

변화시키고 통일하자는 이분법이 아니라 우리 국력이 언제쯤이고 북한이 언제쯤 일 때 통일하면 좋다는 통일의 속도와 시기를 논의하자.

▽안찬일 세계북한연구센터 소장 = SNS가 아니라 RNS(탈북자 네트워크 서비스)를 활용해서 북한을 변화시키자. 탈북자 가운데 1,000명 정도가 대학을 나왔는데 이북5도청 같은 곳에 공무원으로 채용해 활용하자.

▽경규상 한나라당 외통위 수석전문위원 = 북한 주민의 신념체계를 변화시키는 요인들을 찾아내자. 북북갈등은 없는지 고민하고 살펴보자. 열(햇볕정책)로 안 되면 바늘이 필요하다. 북한의 어디를 정확히 짚어서 찔러야 하는지 정부와 민간의 역할을 잘 정하자.

▽신석호 동아일보 차장 = 북한의 3대 세습 과정이 안정적일 것으로 보지 않는다. 아버지 김정일이 구축한 강고한 정치적 독재와 복잡한 수령경제 시스템을 아들 김정일이 제대로 운영하기 힘들 것이다. '아버지의 성공이 아들의 실패를 부르는' 역설에서 기회를 찾을 수 있을 것이다.

▽정성임 육군사관학교 교수 = 대북정책과 통일정책의 연관성을 명확히 하자. 우리 국민들이 통일에 대해 합의를 했나? 젊은이들에게 왜 통일을 해야 하는가를 정확하게 설명해 줘야 할 것 같다.

▽박영자 이화여대 통일학연구원 교수 = 비용편익의 측면에서 볼 때 북한의 급변보다는 내부에서 신념을 가진 집단들이 나타나서 변화를 추동하는 것이 좋겠다. 한국과 미국이 그런 집단에게

정신적 자원과 신념체계를 주는 정책이 필요하다.

▽윤여상 북한인권기록보존소 소장 = 북한 내부의 지역별 계층별 인식이 어떻게 변하고 있는지에 대한 정보를 수집할 수 있는 체계를 갖추는 것이 필요하다. 모든 북한 전체를 단일한 것으로 바라보지 말고 지역별 차등적 접근을 하는 것이 더 바람직하다.

▽김연철 한남대 교수 = 햇볕과 다른 차원의 햇살정책을 펴자. 북한에 유입되는 한국 드라마는 양지를 비추는 정책이다. 탈북자 송금액이 연간 160억 원이 된다고 하는데 이는 북한의 음지를 비추는 햇살이면서 대북 심리전의 폭탄을 퍼붓는 측면에서 중요하지 않겠는가.

▽송정호 우석대 교수 = 북한 내부에서 일어난 혁명이 반혁명이 되거나 외부의 세력들이 개입해 통일과 다른 방향으로 가는 상황을 우려해야 한다.

3세션에서는 '현 시기 남북관계를 어떻게 풀어갈 것인가'를 주제로 참석자 모두의 종합토론이 진행된다. 전 세션에서 시작된 대안 중심으로 논의가 이어졌다.

▽김근식 경남대 교수 = 수령제와 선군정치 시스템을 약화시키거나 해체하지 않고서는 북한 체제변화가 어렵다. 수령제가 강화되고 재생산 되는 이유는 '피포위의식' 때문이다. 남북관계와 북미관계의 정상화, 상호인정과 교류협력의 정상화 등을 통해 대외관계를 안정시켜야 한다.

▽홍민 동국대 교수 = 북한의 시장이 중요하다. 시장이 활성화되면 당·정·군 엘리트들이 중층적으로 시장에 개입하고 수령제가 약화(엘리트의 균열)된다. 시장을 활성화시키도록 한국 정부가 도덕적 너그러움과 긴 호흡을 가져야 한다.

▽조봉현 기업은행경제연구소 연구위원 = 때에 따라 압박도 하고 지원도 하면서 남북관계를 주도해 나가야 한다. 접촉을 통한 주민들의 변화도 추구해야 한다. 기업인들을 통한 변화를 위해 5·24조치를 차츰 풀어주면서 개성공단 1단계를 마무리 해 나갈 필요가 있다.

▽차두현 한국국제교류재단 정책보좌역 = 뭔가 움직임을 보여줘야 한다는 강박관념이 문제다. 조용히 움직임이면 된다. 변화는 더디게 일어날 것이라는 것에 합의가 이뤄져야 한다. 북한 정권이 가진 정통성의 강박관념을 다른 쪽으로 전환할 수 있는 계기를 한국이 주지 않으면 북한 도발의 악순환은 계속될 것이다.

▽박형중 = 2012년 대선을 앞두고 보수와 진보가 (대북정책의) 간격을 좁힐지, 더 벌릴지 관심이다. 과거의 대답을 또 내놓을 것인지 새로운 것을 내놓을 것인지. 여기 있는 많은 분들이 다음 선거와 정부에 참여하겠지만 2007년과 다른 대답을 2011년에 내놓아야 한다.

▽박병광 = 북한의 변화를 위해서는 축적돼 있는 모순이 임계점에 달하도록 촉매제를 전해야 한다. 촉매제는 전방위(전면)적이고 장기적이고 뿌려져야 한다. 원칙에 의거한 유화정책(지원 등)과 압박이 동시에, 정권을 초월해 장기적으로 이뤄져야 한다.

▽전영선 = 인문학에서 변화를 위해 중요한 것은 내일에 대한 희망이다. 한나라당과 민주당이 이 (한반도의) 미래가 조금이라도 나아질 수 있다는 희망을 줄 것인지가 문제다. 오늘 우리에게 가장 부족한 것은 타인에 대한 고통을 느낄 수 있는 부분들이다.

▽현인애 = 최근 중국으로 팔려오는 여성들이 늘어나고 있다. 팔려온 사람들을 우리가 사 오면 어떨까. 탈북자들은 북한 변화를 위해서 수단과 방법을 가리지 않고 열심히 노력하는 것이 임무라고 생각하고 있다.

▽이지수 명지대 교수 = 가능하면 북한을 '유례없이'가 아니라 '유례 있게' 변화시켜야 할 것이다. 그러나 유례 없이 변화할 가능성을 염두에 두고 대비해야 하면서 우리사회를 더 크게 안정적으로 만들어 해나가야 한다.

▽안성호 충북대 교수 = 반기문 유엔 사무총장이 리비아 가다피 대통령을 물러나라고 하면서 지목한 네 가지 문제점은 모두 북한에도 똑같이 적용된다. 북한 주민을 돕지 말자는 게 아니라 북한의 잘못된 정권을 지원하는 것이 문제다. 그 돈으로 차라리 탈북자를 돕자.

● 토론을 마치며-최대석 북한연구학회장 · 이화여대 교수
오늘 토론회를 통해 러프하게라도 합의 할 수 있는 것은 북한도 변할 수 있다는 것입니다. 재스민 혁명을 보면서 그 변화가 아마도 빠른 시일 안에 올 수도 있다는데 어느 정도 긍정적이라는 생각입니다.

그런데 우리는 어떻게 해야 할 것인가에 대해 차이가 있었습니다. 방법론은 다르지만 앉아서 기다리는 쪽보다 변화를 유도해 나가자는 쪽이 더 많은 것 같습니다.

개인적으로는 요즘 중국과 대만 사례를 보고 있습니다. 대만이 전 세계에서 가장 용감한 나라인 것 같습니다. 그 큰 중국을 상대로 3통을 합니다. 베이징과 타이베이를 비행기가 오가고 대만 사람들이 중국에 투자를 많이 합니다. 대만 사람들에게 그 비결은 물었더니 "우리 국민당 정권은 중국 공산당과 비교했을 때 정통성 있는 정부다. 자유민주주의 체제가 중국 사회주의 체제보다 훨씬 우월한 체제이기 때문"이라고 말했습니다.

대만은 한 때는 중국 전체를 지배했던 나라입니다. 그런 바탕 아래에서 중국과 교류협력을 하고 통일을 추진하고 있습니다. 절대로 앉아서 기다리는 것이 아닙니다. 국내적으로 혼란스럽지만 중국과 교류협력은 해야 한다는 쪽입니다.

중국과 관계에서 정부가 나서기보다는 민간이 나섭니다. 우리는 그동안 대북정책의 일관성도 없었지만 민간에 대해서조차 자율성을 주지 않는 것은 문제라고 봅니다. 정답은 없지만 대만의 예를 참고로 보다 능동적이고 용감한 대북정책을 펴야 하지 않을 까 생각합니다.

2012년 10월 현재 1년 6개월 전의 토론 내용을 돌이켜보면 대체로 북한의 변화와 남한의 역할에 큰 기대를 걸지 않았던 분들의 혜안이 돋보인다. 구본학 교수의 주장대로 북한은 재스민 혁명의 바람을 일단 피해갔다. 우리가 북한을 제대로 알고 있는 것인지에 대한 근본적인 회의를 제기한 정낙근 실장의 지적도 아프지만 적실하다. 역시 중국이든 남한이든 외부의 영향이 북한을 바꾸는 것이 아니라 북한은 내부의 동학대로 움직인다는 한기홍 대표의 관찰도 내공이 돋보인다. 위기가 일상화된 북한 상황을 냉정하게 보자는 전영선 교수의 지적은 지금도 유효하다. 재스민 혁명을 맞은 중국과 북한이 공안 및 군사부문 연계화 협력을 강화할 것이라는 박병광 박사의 전망도 현재 진행형이다.

대체로 북한이 급히 변할 것 같은 '희망적 사고'들은 현재로서는 '글쎄요' 상태다. 아버지의 성공이 아들의 실패를 가져올 것이라는 필자의 전망도 일단 틀렸다. 북한의 제도적 권력을 죄다 차지한 김정은은 고모부 장성택의 후견에 힘입어 보란 듯이 조선민주주의인민공화국을 통치하고 있다.

현장 지키는 당국자들의 현장 체험 들어라

하지만 일희일비 할 일은 아니다. 역사란 것이 언제 보통 사람들의 전망대로 움직이는 것이던가. 아랍의 봄이 1년 넘게 진행된 2012년 3월 4일 채널A 뉴스를 통해 그 처절한 민주화의 현장을 직접 지켜 본 두 외교관을 초대해 이야기를 들어보았다. 그들의 생각도 다르지 않았다. 중동과 북한은 다르다. 하지만 역사는 알 수 없다는 것.

[앵커멘트]

지난해 중동과 북아프리카에서는 민주화의 열풍이 거세게 불었습니다. '아랍의 봄'으로 불리는 세계사적 흐름 속에 튀니지와 이집트, 리비아의 독재정권이 무너졌습니다. 대한민국 외교관들은 역사의 현장을 지켜보면서 북한의 민주화와 통일에 대해 어떤 생각을 했을까요. 신석호 기자가 두 대사를 만났습니다.

[기자 리포트]

중동 북아프리카와 북한은 같은 점보다 다른 점이 더 많습니다. "중동 북아프리카 경우는 (중략) 고립된 담장을 쌓고 살다가 개혁과 개방이라는 방향 설정하고 나름대로 나가는 과정에서 큰 흐름이 이어지고 있었는데 북한의 경우는 지금까지 담장을 더 높이 쌓아올리는 점이 본질적으로 차이가 있다고 생각합니다."(조대식 당시 리비아 대사)

민주화를 촉발한 SNS의 힘도 북한에서는 기대하기 힘듭니다. "북한은 역사적으로 한 번도 자유민주주의와 인권이란 가치에 대해 생각해 본 적이 없다. 그런 경험이 없다. 맹목적인 정말 폐쇄적이고 통제된 그런 사회에서 엄청나게 세뇌교육을 하지 않습니까. 우상화 교육도 받고."(김병기 레바논 대사)

하지만 철권 독재정권을 잇따라 무너뜨린 아랍의 봄은 현지인들조차 예상하지 못했던 기적과 같은 일이었습니다.

"카다피 관저가 우리의 여의도에 해당하는 큰 건물 빌딩이 있습니다. 민주화 혁명 이전에 가보게 되면 담장 높이가 20~30미터쯤 되는 성벽처럼 둘러싸여 있습니다. 그래서 이건 도저히 넘어질

수 없는 철옹성이라고 하나요 튼튼한 느낌을 받았고."(조 대사)

결국 언제 올지 모르는 북한의 변화를 통일의 기회로 만들어야 한다는 게 우리 외교관들이 현장에서 얻은 교훈입니다.

"그렇게 튼튼하게 보이던 정권이 무너지는 것을 보면서 또 한편으로는 우리가 예상하지 못하던 일들이 일어날 수 있기 때문에 여러 가능성에 대해 준비를 해 나가야 하겠다."(조 대사)

"반드시 대한민국이 통일되어야 하겠다. 그런 의지와 그런 준비와 그걸 할 수 있는 능력을 갖춰 놔야 하겠다."(김 대사)

◆관련 칼럼◆

"김정일 위원장, 문제는 휴대전화가 아니고 인플레요"

아프리카의 작은 나라 튀니지에서 시작된 중동과 아프리카의 민주화 혁명이 이집트를 넘어 이란과 리비아, 중국으로 번지자 북한 지도부도 마음이 편하지 않은 것 같다. 국가안전보위부가 주민들의 휴대전화 사용을 엄격히 막고 만일의 사태에 대비해 군부의 탱크가 평양 시내에 주둔하고 있다는 보도도 나왔다.

김정일 국방위원장 등 북한 지도부는 휴대전화를 통한 정보의 유통을 막고 '여차하면 탱크로 밀어버리겠다'고 주민들을 위협하면 지구촌에 들불처럼 번지는 민주화의 물결을 막을 수 있을 것이라고 생각하는 듯하다.

그러나 이는 최근 민주화 사태의 본질을 잘못 판단한 것이다.

외교통상부 당국자는 최근 브리핑에서 "이집트 등의 민주화를 촉발한 근본 원인은 정치가 아닌 경제"라고 말했다. 2008년 11월 미국에서 금융위기가 발생하자 선진국들이 돈을 찍어 내 위기를 모면했지만 그 결과 국제 상품가격이 오르면서 후진국 빈민들이 소비할 빵값이 오른 것이 화근이었다는 설명이다.

김 위원장은 오랜 '독재자 클럽' 친구인 무아마르 카다피 리비아 국가원수나 호스니 무바라크 이집트 대통령의 신세를 면하기 위해 주민들의 휴대전화 사용을 금지할 수 있다. 그러나 국제 물가 상승은 그가 스스로 통제할 수 없는 변수다.

탱크로 주민들을 억누르려면 탱크를 움직일 기름을 넣어야 하고 운전병을 배불리 먹여야 한다. 북한은 중국이 무상으로 지원하는 일부를 제외한 거의 모든 원유와 매년 100만t에 달하는 식량 부족분을 국제시장에서 달러를 주고 사와야 한다.

1990년대 초 동유럽 사회주의 국가의 붕괴 원인이 국가 재정 고갈이었다는 점을 감안하면 국제 인플레이션은 '부패하고 비효율적인 정치경제 체제'의 천적이다. 2009년 2차 핵실험 이후 국제사회의 경제 제재를 받고 있는 북한에는 더더욱 그렇다.

최근 민주화 바람은 북한의 향배에도 영향을 미칠 것으로 보인다. 우선 북한 군부가 더 힘을 얻을 수도 있다. 한 당국자는 "김 위원장이 군부가 등을 돌리는 바람에 쫓겨나는 친구들을 보면서 군부에 힘을 실어주고 대외 강경책으로 돌아설 수 있다"고 우려했다. 그러나 정반대로 북핵 문제를 대화로 관리하려는 미국과 가까워질 수 있는 기회이기도 하다.

지금 북한은 중요한 기로에 서 있다. 핵과 미사일을 안고 고사(枯死)할지, 아니면 미국과 남한 등 외부 세계와의 대화를 통해 경제적 지원을 받고 살아남을지는 오로지 북한 지도부의 정치적 선택에 달렸다.
_ 동아일보/'기자의눈'/2011.02.24.

소외된 이들에게 마이크를 들이대라

북한이 변화해야 한다는 당위, 그리고 변화할 것이라는 기대, 나아가 통일을 준비해야 한다는 현실인식은 한반도 위에 땅을 딛고 사는 우리만의 생각일까. 멀리 타국 땅에서 분단된 조국의 현실을 지켜보는 동포들은 어떤 생각을 하고 있을까. 민주평통과 이화여대 통일학연구원, 그리고 동아일보 화정평화재단 · 21세기 평화연구소는 2011년 초부터 해외 동포들의 목소리를 듣는 공동 기획을 진행했다.

이화여대와 동아일보 팀이 객관식 19개, 주관식 2개 등 총 21개 문항의 질문지를 만들고 민주평통은 전 세계 101개 나라에 퍼져있는 해외 동포 자문위원 2,600여 명에게 질문지를 돌렸다. 2개월 동안 총 48개 나라에서 230명의 동포들이 응답을 해왔다. 거주 국가는 미국이 97명(42.2%)으로 가장 많고 캐나다 15명(6.5%), 독일 브라질 각 8명(각 3.5%), 영국 아르헨티나 호주 각 4명(각 1.7%), 뉴질랜드 말레이시아 베트남 우즈베키스탄 중국 필리핀 홍콩 각 3명(각 1.3%) 등의 순이었다.

당시 조사는 이명박 대통령이 2010년 8·15 광복절 경축사에서 국가적 차원의 통일 준비 필요성을 강조한 이후 정부와 민간 차원에서 활발해진 논의의 장을 해외 동포사회로까지 확대했다는 데 의미가 있었다. 일부 응답자는 "한국의 통일에 관심이 많았는데 해외에 사는 우리에게도 의견을 물어봐 줘 고맙다"는 인사를 전했다. 필자가 〈주간동아〉 2011년 3월 14일자에 모아 보도한 주관식 답변 내용에는 천안함 폭침과 연평도 포격 도발 이후 분단 조국과 변화하지 않는 북한의 현실을 안타깝게 생각하는 동포들의 마음이 한가득 담겨 있었다.

"어이없고 분노가 치밀었습니다. 만약 김정일이 남한과 북한이 한 민족이라고 인정한다면 이런 일을 할 수 없었을 것이란 생각이 들었습니다. 그들의 머릿속엔 우리(남한과 해외 동포)가 오로지적으로만 입력돼 있음을 다시 한 번 깨달았습니다."

필리핀에서 10년 가까이 살고 있는 민주평화통일자문회의(이하 민주평통) 해외협의회 소속 남성 자문위원 A씨는 지난해 3월 26일 발생한 천안함 폭침 사건과 11월 23일 연평도 포격 도발을 보면서 "북한 군부세력에 대한 분노가 앞섰다"며 사건 당시의 느낌을 이렇게 토로했다.

응답자 대부분은 '천안함과 연평도 사건을 봤을 때의 소감'을 묻는 주관식 첫 질문에 대해 북한에 대한 보수적 인식이 강해졌다고 토로했다. 북한 지도부가 김정일의 3남 김정은으로의 3대 세습을 원활히 추진하려고 남한을 희생양으로 삼았다고 거의 공통으로 지적했다.

두 사건을 통해 '나쁜 북한 지도부'와 '불쌍한 북한 주민'을 분리해서 생각하게 됐다는 응답도 거의 공통적이었다. A씨도 "(북한 지도부가 지배하는) 대부분의 북한 주민에게서 연민이 느껴졌다"고 말했다. 분노를 자아낸 지도부는 타도의 대상, 안타까움을 느끼게 한 주민은 감싸 안아야 할 존재라는 생각이 강해졌다는 것이다. 이런 인식에 따라 상당수 응답자는 "북한 지도부의 교체가 필요하다고 생각했다"고 밝혔다. 캐나다에 거주하는 50대 남성 응답자는 "오히려 북한 정권의 끝이 보인다는 희망을 가지게 됐다"고 적었다. 독일에 사는 60대 남성 응답자는 "북한이 (무력도발을 통해) 자멸하는 과오를 범했다"고 지적했다.

번번이 당하기만 한 군에 대한 지적과 함께 다음에는 반드시 보복 응징하라는 주문이 많았다. 브라질에 사는 60대 남성 응답자는

"이스라엘은 아랍 국가가 공격하면 몇 배로 반격해 초토화한다"며 "눈에는 눈, 이에는 이, 확실하게 반격을 해 두 번 다시 도발하지 못하게 박살내야 한다. 확전이 두려워 공격을 못한다면 왜 많은 예산을 들여 최신 무기를 도입하고 군사력을 키우느냐"고 지적했다.

잘잘못을 떠나 남북이 싸우는 현실이 서글프다는 민족주의적 견해도 나왔다.

"그렇게 밖에 할 수 없는 북한의 상황이 안타까웠고, 그런 일을 앉아서 당한 우리 당국도 안타까웠습니다. 천안함 사건 때도 동강난 배 가운데서 절규하며 죽었을 우리 아들들의 모습만 떠오를 뿐, 누가 잘했고 잘못했고 하는 생각은 그 나중이었습니다."

2010년 한국을 방문했던 한 미주지역 자문위원은 이렇게 말하면서 "다시는 이런 비극이 일어나지 않기를 바라며 우리 동족이 함께 사는 길을 모색했으면 좋겠다"고 제안했다.

'남북통일 논의에 대한 건의사항'을 묻는 두 번째 주관식 질문에 응답한 다수는 이명박 정부의 대북정책을 지지하며 북한이 변화하고 통일이 이뤄질 때까지 흔들리지 말고 계속 원칙을 지켜나가야 한다고 건의했다. 20년 전인 1991년 통일을 이룬 독일의 사례를 교훈 삼아야 한다는 지적도 다수였다.

이를 위해 남한 내 '남남갈등'의 치유가 우선 필요하다는 건의도 많았다. 영국에 사는 60대 여성 응답자는 "(북한에 적당히 동조하는) 핑크빛 국회의원, 법률가, 교수 등을 재교육해야 한다"고 주장했다. 필리핀에 사는 남성 응답자는 야당과 여당으로 나뉘어 맹목적으로 대립하는 정치인들을 "당의 이익을 추구하는 듯하면서 개인의 이익을 위해 투쟁하는 어린아이들 같다"고 꼬집었다.

미국에 사는 70대 남성 응답자는 "이산가족 상봉을 보면 악당(북한)이 인질(주민)의 얼굴을 보여주고 돈을 버는 인질극을 보는 것 같다. 차라리 돈을 주고 데려오는 것이 좋겠다"며 독일의 '프라이카우프(서독이 동독에 경제적 이익을 제공하고 정치범 등을 석방시킨 방식)' 도입을 제안하기도 했다.

브라질에 사는 50대 남성 응답자는 현지 대학에 다니는 아들의 일화를 거론하면서 "해외교포 청소년에 대한 통일교육을 더 활성화해 달라"고 요구했다. 그는 또 "해외동포로 글로벌 한민족 네트워크를 구축해 한반도 통일에 우호적인 국제 환경을 만들어가야 한다"고 제안했다.

이명박 정부 출범 이후 남북관계가 단절된 점을 지적하면서 북한 주민을 위해서라도 대화 교류의 끈은 놓지 말아야 한다는 주장도 나왔다. 미국에 거주하는 50대 여성 응답자는 "인도적 차원에서 계속 대북 지원활동을 펼쳐 북한 주민을 어둠에서 일깨워야 한다"고 말했다. 미국에 사는 50대 남성 응답자는 "북한 빈민층엔 가장 기초적인 의식주를 해결해주고, 중산층엔 인생의 즐거움이 무엇인지를 일깨울 수 있는 문화적 콘텐츠 등을 제공해 계층별로 공략하자"고 제안했다.

설문조사는 전문가 네트워크와 함께

동아일보 2011년 3월 9일자 A8면에 소개한 객관식 설문조사 결과는 해외 동포들의 현실 인식과 전망이 어떤 면에서 더욱 급진적이라는 평가를 내릴 만했다. 응답자들은 외국에서 바라보는 분단의 폐해와 원인, 정부 대북정책과 민족공동체 회복 방안 등에 대해 진솔한 응답을 내놓았다.

향후 통일 전망을 묻는 질문에 '10년 내에 통일이 될 것'이라고 전망한 응답자(119명)는 전체 응답자의 51.7%를 차지했다. 설문작업에 참여한 박희진 이화여대 연구교수는 "최근 북한 체제의 불확실성이 커지고 남한의 국력이 높아진 것에 대한 기대감을 반영하고 있다"고 풀이했다. 또 통일이 되면 어떤 점이 좋아질 것으로 보느냐는 질문에 응답자의 31.2%가 '마음의 안정감이 높아질 것'이라고 답했다. 이는 '더 많은 자유'(21.7%)와 '더 많은 풍요'(18.5%)를 누릴 것이라는 응답보다 많았다. 정성임 이화여대 연구위원은 "지난해 북한의 잇단 도발 이후 모국에 대한 동포들의 심리적 불안 상태가 반영된 것"이라고 해석했다. 응답자들은 '통일의 어떤 점에 가장 관심을 가지고 있느냐'는 질문에는 '통일 이후의 미래와 비전'(52.1%)을 통일의 방법(30.1%)이나 시기(4.2%), 주체(11.4%)보다 많이 꼽았다. 이들이 선호하는 가장 바람직한 통일 방식은 '남북한 합의에 의한 통일'(45%)이었다.

통일 한반도가 지향해야 할 가장 중요한 가치로는 '자유'(32%)가 가장 많았고 통일 한반도가 추구할 가장 바람직한 민족공동체는

'정서적, 문화적 동질감에 기반을 둔 문화공동체'(26.4%)가 꼽혔다. 미국에 사는 50대 남성 응답자는 "문화적 통일이 이뤄져야 사회적인 불안을 줄일 수 있다"고 설명했다. 통일 이후 민족통합 완성 과정에서 예상되는 가장 큰 장애요인으로는 '남북한 주민들의 가치관 차이'(38.6%), 사회문화 통합을 위해 추진해야 할 정책과제로는 '남북한 주민들을 대상으로 한 통일 적응교육'(31.6%)이 각각 꼽혔다.

응답자의 절반(50%)이 '우리 사회의 남남갈등이 매우 심각하다'고 답변했다. '심각한 편이다'(39.1%)까지 합하면 90%에 가까워 외국에서 한반도를 바라보는 동포들이 이 문제를 더욱 심각하게 생각하고 있음을 보여줬다. 남북 화해와 통일을 가로막는 가장 큰 장애요인이 무엇이냐는 질문에는 39.5%가 '북한 정권의 폐쇄성과 비민주성'이라고 답했다. 이어 23.5%가 '미국과 중국, 일본, 러시아 등 주변국가의 전략적 이해관계'를 들었다. 홍민 동국대 연구교수는 "해외 동포들이 이 문제를 (북한 내부 문제뿐 아니라) 국제적 관점에서 보고 있다는 것"이라고 평가했다.

이명박 대통령이 지난해 8 · 15 광복절 경축사를 통해 발표한 '3대 공동체 통일구상'에 대해 잘 알고 있다는 응답이 71.3%로 압도적으로 많았다. 하지만 정부 홍보자료를 통해 알게 된 경우가 절반(49.7%)이고 현지 한인사회의 모임이나 친지, 대중매체 등을 통해 알게 된 경우는 많지 않았다. 응답자들은 통일 전 남북한이 가장 먼저 해야 할 인도적 과제로 '이산가족 상봉 및 교류 촉진'(74.1%)을 꼽았고, 교류와 협력을 해야 할 분야로는 경제(51.5%)를 택했다. 동포들은 지난해 천안함 폭침 및 연평도 포격 도발로 큰 충격을 받았다고 토로하고 북한 정권의 변화와 통일을 추동하는 다양한 대안을 제시했다.

한편 응답자들이 생각하는 민족의 개념은 '남북한과 외국에 사는 한민족'(45.1%)이 가장 많았고, 여기에 한국 국적을 취득한 외국인도 포함시켜야 한다는 응답(42.1%)도 많아 해외 동포들의 개방적인 의식을 반영했다. 민족공동체에 대해서는 '같은 언어와 문화를 공유하는 정서적 공동체'(54.7%)라는 응답이 '같은 핏줄을 가진 혈연공동체'(27.9%)보다 많았다. 민족 구성원으로서 소외감을 느낀 경우는 '투표권 등 정치참여가 제한돼 있음을 느낄 때'(26%)가 가장 많아 강한 정치참여 욕구를 드러냈다. 박영자 이화여대 연구교수는 "해외 동포들이 민족 개념에 대해서는 문화적 측면을 강조하고, 자신들의 처우에서는 정치적 측면을 드러냈다"고 분석했다.

<표 6–1> 민주평통 해외동포 설문조사 문항 및 결과

민족공동체 구축방안 마련을 위한
민주평화통일자문회의 해외지부 자문위원 설문조사

이명박 대통령은 2010년 8 · 15경축사를 통해 정부 차원의 통일 준비를 시작하고 자유민주주의와 시장경제에 기반을 둔 남북한 통일을 전후해 한민족의 평화공동체, 경제공동체, 민족공동체를 구축한다는 '3대 공동체 통일 구상'을 발표하였습니다.

이 가운데 민족공동체 회복은 국권 침탈과 분단이라는 20세기의 민족적 상처를 치유하고 미래로 함께 나갈 한민족의 동질성을 회복한다는 가장 궁극적인 목적이자 비전입니다.

민족공동체는 단순히 지리적으로 한반도에 거주하는 남북한 주민뿐만 아니라 해외에 삶의 터전을 마련한 동포 여러분과 한반도에 정착해 살기 시작한 외국 이주민 등을 포함하는 매우 폭넓은 개념입니다.

이에 민주평통 사무처와 동아일보, 그리고 이화여대 통일학연구원은 정부가 의욕적으로 추진하게 될 민족공동체 회복 작업에 해외 동포 여러분들의 귀한 의견을 반영하기 위해 이번 설문조사를 실시하게 되었습니다.

설문 결과는 민주평통을 통해 대통령에게 건의되고 동아일보 지면에 반영될 계획입니다. 또 통일부가 발주하고 이화여대 통일학연구원과 동아일보 부설 21세기평화연구소가 함께 진행하고 있는 정부 통일기반조성 연구 용역에 귀중한 자료로 사용될 예정입니다.

부디 해외동포 여러분들의 솔직하고 기탄없는 의견 개진을 부탁드립니다.

*** 설문지 문항(총 20개) ***

1. 선생님이 생각하시는 '우리 민족의 구성원'은 누구입니까?
   ① 남한에 사는 한민족(1/0.4)
   ② 남북한에 사는 한민족(6/2.6)
   ③ 남북한과 해외에 사는 한민족(106/45.1)
   ④ 남북한과 해외에 사는 한민족과 한국 국적을 취득한 외국인 (99/42.1)
   ⑤ 혈연, 국적에 관계없이 우리 민족의 구성원이 되려는 모든 사람 (23/9.8)

2. 우리 민족 구성원이라고 생각하는 이유는 무엇입니까?
   ① 같은 핏줄을 가진 혈연공동체이기 때문에 (72/27.9)
   ② 같은 언어와 문화를 공유하는 정서적 공동체이기 때문에 (141/54.7)
   ③ 서로에게 경제적 도움을 주는 경제공동체이기 때문에(9/3.5)
   ④ 같은 지역에서 오랫동안 살아온 지연 공동체이기 때문에 (5/1.9)
   ⑤ 무엇이라 정의할 수는 없지만 '우리'라는 생각이 들기 때문에 (20/7.8)
   ⑥ 기타 (11/4.3)

3. 선생님은 어떨 때, 민족 구성원으로서 소외감을 느끼십니까?
   (1, 2, 3 순위로 세 개만 선택해 주세요)
   ① 언어, 관습 등 문화차이로 외국인 취급을 받을 때 (171/15.6)
   ② 여권 및 비자 문제 등 입출국 관련 차별을 받을 때 (163/14.9)
   ③ 직업을 구하거나 월급 등에 있어 내국인과 차별을 받을 때 (68/6.2)
   ④ 투표권 등 정치참여가 제한되어 있음을 느낄 때 (284/26.0)
   ⑤ 국적취득 혹은 국적문제로 어려움을 느낄 때 (95/8.7)
   ⑥ 이국에서 생활하는데 한국 정부로부터 도움을 받지 못할 때 (255/23.3)
   ⑦ 기타 (57/5.2)

4. 통일 한반도와 민족공동체 형성에 가장 중요한 가치는 무엇이라고
   생각하십니까? (1, 2, 3 순위로 세 개만 선택해 주세요)

   ① 자유 (431/32.0)

   ② 민주 (378/28.1)

   ③ 복지 (140/10.4)

   ④ 평등 (176/13.1)

   ⑤ 정의 (203/15.1)

   ⑥ 기타 (17/1.3)

5. 통일 한반도의 바람직한 민족공동체는 무엇이라 생각하십니까?
   (2개를 선택하셔도 괜찮습니다.)

   ① 단일 민족의 순수성이 지켜지는 혈연공동체 (29, 7.0)

   ② 정서적, 문화적 동질감에 기반한 문화공동체 (110, 26.4)

   ③ 새로운 경제도약을 이루는 경제공동체 (70/16.8)

   ④ 자유민주주의에 기반한 정치공동체 (87/20.9)

   ⑤ 모든 구성원이 더불어 잘사는 복지공동체 (73/17.5)

   ⑥ 민족보다는 세계와의 교류를 강조하는 세계시민공동체
      (48/11.5)

   ⑦ 기타

〈분단의 폐해〉

6. 분단 상황이 우리에게 주는 가장 큰 문제점은 무엇이라고 생각하십니
   까? (1, 2, 3 순위로 세 개만 선택해 주세요)

   ① 개인의 사상과 이데올로기 자유의 제약하는 것 (171/12.8)

   ② 분단 상황을 정치적으로 이용하는 것 (240/18.0)

   ③ 사회 전반에 군사 문화가 과잉되는 것 (113/8.5)

   ④ 경제 발전 및 성장을 제약하는 것 (253/19.0)

   ⑤ 다양한 외교관계 및 동맹관계의 자율성이 제약받는 것 (107/8.0)

   ⑥ 한국전쟁 및 남북한 대결로 인한 역사적 상처 및 과거 청산의
      미해결 (175/13.1)

   ⑦ 국가의 위상 및 국력 신장이 제약받는 것 (274/20.6)

7. 우리사회의 이념적 갈등(남남갈등)의 심각성이 어느 정도라고 생각 하십니까?

   ① 매우 심각하다(115/50.0)

   ② 심각한 편이다(90/39.1)

   ③ 보통이다(18/7.8)

   ④ 그렇게 심각하지 않다(5/2.2)

   ⑤ 전혀 심각하지 않다(1/0.4)

   ⑥ 무응답(1/0.4)

8. 지난해 천안함 폭침 사건과 연평도 포격 도발 소식을 듣고 당신은 같은 민족인 북한에 대해 어떤 생각이 들었습니까. 그냥 느끼신 대로 적어 주시면 감사하겠습니다.(주관식)

〈분단 및 냉전의 원인〉

9. 남북한의 화해와 통일을 가로막는 가장 큰 장애요인은 무엇이라고 생각하십니까?

   ① 북한의 대남정책 및 적대적 자세(64/21.8)

   ② 북한 정권의 폐쇄성과 비민주성(116/39.5)

   ③ 남북한이 서로 적대하면서 정치적으로 이용하는 관계(29/9.9)

   ④ 남한의 통일 비전과 대북정책(2/0.4)

   ⑤ 남한 내부의 이념적 갈등-남남갈등(13/4.4)

   ⑥ 미국, 중국, 일본, 러시아 등 주변국가의 전략적 이해관계 (69/23.5)

   ⑦ 무응답(1/0.3)

〈분단극복〉

10. 통일을 위해서 누가 적극적인 역할을 해야 한다고 생각하십니까? (1, 2, 3 순위로 세 개만 선택해 주세요)

   ① 정부 (577/43.8)

   ② 일반 국민 (311/23.6)

   ③ 관련 NGO 및 시민단체 (83/6.3)

   ④ 오피니언 리더 및 학계 전문가 (108/8.2)

⑤ 언론 (161/12.2)

⑥ 해외 동포 (63/4.8)

⑦ 기타 (13/1.0)

11. 남북한이 인도적 문제 가운데 가장 먼저 해야 할 과제는 무엇이라고 생각하십니까?

　① 이산가족 상봉 및 교류 촉진(180/74.1)

　② 국군포로의 생사확인 및 송환, 피해 보상(24/9.9)

　③ 한국전쟁 중 납북된 사람들의 생사확인 및 송환, 피해 보상 (15/6.2)

　④ 한국전쟁 이후 납북된 사람들의 생사확인 및 송환, 피해 보상 (15/6.2)

　⑤ 국가보안법 및 반공 관련 피해자들에 대한 명예 회복 및 보상 (5/2.1)

　⑥ 기타 (4/1.6))

12. 남북한이 가장 먼저 교류와 협력을 해야 하는 분야는 무엇이라고 생각하십니까?

　① 경제 교류협력의 활성화(121/51.5)

　② 북한에 대한 인도주의적 지원(22/9.4)

　③ 역사·문화·예술·체육·종교·학술 등의 교류협력(62/26.4)

　④ 방송 및 언론의 교류(24/10.2)

　⑤ 기타 (6/2.6)

〈통일의 시기와 방식〉

13. 한반도의 통일이 언제쯤 이루어지질 것으로 예상하십니까?

　① 10년 이내(119/51.7)

　② 20년 이내(68/29.6)

　③ 30년 이내(16/7.0)

　④ 30년 이상(8/3.5)

　⑤ 거의 불가능(16/7.0)

　⑥ 무응답(3/1.3)

14. 선생님은 통일의 어떤 점에 가장 관심을 가지고 계십니까?
    ① 통일의 방법 (71/30.1)
    ② 통일의 시기 (10/4.2)
    ③ 통일의 주체 (27/11.4)
    ④ 통일 이후 미래와 비전 (123/52.1)
    ⑤ 기타 (5/2.1)

15. 선생님은 통일 이후 어떤 점이 좋아질 것이라고 생각하십니까?
    (1, 2, 3 순위로 세 개만 선택해 주세요)
    ① 보다 많은 자유를 누릴 것이다 (235/21.7)
    ② 보다 풍요롭게 잘 살 것이다 (200/18.5)
    ③ 보다 상대방에 대한 신뢰감이 높아질 것이다 (220/20.4)
    ④ 보다 마음의 안정감이 높아질 것이다 (337/31.2)
    ⑤ 기타 (89/8.2)

16. 민족공동체 수립을 위한 가장 바람직한 통일의 방식은 어떤 방식이
    라고 생각하십니까?
    ① 북한의 붕괴에 의한 통일 (56/24.5)
    ② 무력충돌로 인한 통일(1/0.4)
    ③ 남북한 합의에 의한 통일 (103/45.0)
    ④ 남한으로의 흡수통일(65/28.4)
    ⑤ 기타 (4/1.7)

〈통일이후 과제〉
17. 통일이후 민족통합의 완성과정에서 가장 큰 장애요인은 무엇이라고
    생각하십니까?
    ① 남북한 주민들 사이 신뢰부족(23/9.2)
    ② 남북한 주민들 사이 경제격차(85/33.9)
    ③ 남북한 주민들 사이 가치관 차이(97/38.6)
    ④ 북한 주민들의 시민사회 부적응(37/14.7)
    ⑤ 기타 (9/3.6)
18. 통일이후 단계에서 사회문화통합을 위해 추진해야할 정책과제는
    무엇이라고 생각하는가? (우선순위로 2개 답변)

① 남북주민들을 대상으로 한 통일적응교육(197/31.6)

② 북한주민들을 대상으로 한 자유민주주의 시민교육(179/28.7)

③ 가치관 통합을 위한 문화프로그램 개발(158/25.3)

④ 북한지역에 사회문화 시설 건설(57/9.1)

⑤ 복지제도의 완비(33/5.3)

〈대북정책 인식〉

19. 선생님은 이명박 정부의 '3대 공동체 통일구상'에 대해 알고 계십니까?

　　① 잘 알고 있다(164/71.3)

　　② 조금 알고 있다(62/27.0)

　　③ 전혀 모른다(2/0.9)

　　④ 무응답(2/0.9)

20. 알고 있으시다면(①, ②에 답한 경우) 어떤 경로를 통해 알게 되었습니까? (복수 응답 가능)

　　① 대한민국 방송이나 언론 (82/25.3)

　　② 대한민국 정부나 기관의 홍보 자료 (161/49.7)

　　③ 인터넷 (38/11.7)

　　④ 현지 방송이나 언론 (18/5.6)

　　⑤ 주변 친구, 친지 (0/0.0)

　　⑥ 한인사회 모임 (13/4.0)

　　⑦ 기 타 (12/3.7)

21. 지난해 이후 한국에서 활발하게 진행되고 있는 남북 통일 논의에 대해 건의사항이 있으면 적어 주십시오.(주관식)

*** 응답자 정보(총 4개) ***

1. 선생님께서 살고 계신 나라명을 적어주세요.
   (국가이름 :   )

2. 선생님의 연령은?
   ① 30대(1/0.4) ② 40대(4/1.7) ③ 50대(35/15.2) ④ 60대(93/40.4)
   ⑤ 70대(72/31.3) ⑥ 기타(10/4.3) ⑦ 무응답(15/6.5)

3. 선생님의 해외 거주 기간은? (여러 나라인 경우 총 연한 합산)
   ① 10년 이내(18/7.8) ② 20년 이내(56/24.3) ③ 30년 이내(72/31.3)
   ④ 40년 이내(46/20.0) ⑤ 40년 이상(22/9.6) ⑥무응답(16/7.0)

4. 선생님의 성별은?
   ① 남(170/73.9) ② 여(45/19.6) ③ 무응답(15/6.5)

7장

세계 사람들에 귀 대기

냉전 시절 북한은 소련과 중국이라는 두 원조 우방국 사이에서 줄타기를 하며 국가이익을 추구했다. 냉전 후 북한은 미국과의 '선군 외교'로 20년 동안 국제정치에서 잊혀지지 않았고 이제는 양극체제의 주인공인 미국과 중국 사이에서 줄타기를 할 태세다. 북한의 국제 정치적 행보를 추적하면 평양의 정치를 이해할 수 있다. 북한을 상대하는 세계 사람들의 이야기를 직접 또는 간접으로 전해 들어야 한다. 북한의 선배 사회주의 국가들, 그리고 분단과 통일을 먼저 경험한 독일 등의 사례를 거울로 삼아 북한이 어디로 가는지, 어떻게 좋은 통일을 해야 할지 고민하는 것도 분단 저널리스트의 책무다.

만 3년 1개월 출입한 통일부를 떠나 외교부 출입을 시작한 2011년 1월 어느 날. 동아일보 통일외교안보팀 신참인 이정은 기자와 함께 만난 한 고위 당국자가 흥미로운 이야기를 전해줬다. 미국이 북한에 대한 정부와 민간 차원의 인도적 식량 지원 재개를 긍정적으로 검토하며 이에 대한 한국 정부의 의견을 타진했다는 것이다.

그는 "북한이 최근 북-미 간 뉴욕채널을 통해 2009년 중단된 연간 50만t의 식량 지원을 재개해 줄 것을 미국 정부에 강하게 요구함에 따라 26일 방한한 제임스 스타인버그 미국 국무부 부장관이 이 문제를 한국 정부에 문의한 것으로 안다"고 말했다. 이 당국자는 "미국은 북한의 요구를 일단 긍정적으로 검토한 것으로 안다"며 "미국은 큰 나라여서 정치적 상황과 관계없이 인도적 지원을 하는 철학을 지키고 있기 때문"이라고 설명했다.

즉시 외교부 2진인 윤완준 기자 등과 계획을 세워 다른 당국자들을 교차 확인하기 시작했다. 북한은 그해 초 남한을 상대로 한 무차별적인 대화 공세에 나서는 동시에 미국을 포함해 100여개 나라를 상대로 전방위적인 식량 지원 요청을 막 시작한 상태였다. 천안함 연평도 사건 이후 한반도의 긴장이 고조되는 것을 우려하던 미국 정부는 일단 북한의 '민원'을 접수하고 검토를 시작한 상황이었다. 미국은 국내 대북 지원단체 등을 상대로 북한의 전년 식량 생산 상황과 2011년 수요 등을 조사한 것으로 전해졌다. 이명박 정부에 대북정책의 주도권을 줬던 오바마 행정부가 한국에 의견을 물어본 것은 당연한 일이었다.

이에 대해 정부는 부정적인 견해를 피력한 것으로 알려졌다.

정부 당국자는 "미국이 식량 지원 재개를 시작하면 정부가 지난해 5월 천안함 폭침사건에 대응해 단행한 5·24 대북 제재 조치의 효력이 그만큼 약화된다"는 우려를 미국 측에 전달한 것으로 확인됐다. 다른 당국자도 "국제사회가 현 시점에서 대북 식량 지원을 재개하면 북한은 이를 3대 세습 후계자 김정은의 치적으로 선전하는 등 정치적으로 악용할 소지가 있다"고 말했다.

미국은 북한과 대화하고 남한 당국자 의견 듣는다

그림이 그려지자 바로 발제를 하고 동아일보 2011년 1월 28일자 1면과 2면에 보도를 했다. 이후 1년 여 뒤인 2012년 2월 29일 미국이 북한에 연간 24만t의 식량 지원에 합의하게 되는 미국과 북한의 식량 정치를 처음으로 세상에 알린 기사였다. 해설기사에서는 양국간 식량정치의 역사와 의미를 자세하게 제시했다.

'식량'을 매개로 한 미국과 북한의 정치적 교감은 오래된 관행과 같은 것이었다. 미국의 대북 식량 지원의 시작은 15년 전인 1996년으로 거슬러 올라간다. '정치적 목적'으로 북한에 처음으로 식량

**'식량 年50만t 대북 지원'
美 재개 검토… 한국 난색**

스타인버그 방한때 타진 - 南·北·美 3자회담도 거론

미국이 북한에 대한 정부의 대한 자율의 인도적 식량지원 재개를 긍정적으로 검토하며 이에 대한 한국 정부의 의견을 타진할 것으로 알려졌다.

▶A2면에 관련기사

제 과정에서 '대화 한국 남북문과 미 국의 참여에는 같 대화 '3자회담'을 여는 방안을 검토 에 에 제시했다고 지는 '스타인버그 부장관의 남북대화 가 우선이라는 우리 정부의 원칙적 입장을 밝히는 한편 남·북·미 3자회담을 여 의해는 반대하지 않겠다는 뜻을 전달했다.

정부 당국자는 "스타인버그 부장관이 26일 방한한 자리에서 제안하기도 했다"고 밝혔다.

이 소식통은 "미국은 북한의 요구를 일단 긍정적으로 검토할 것이고 뜻밖이라고 말할만한 식량지원을 재개할 요구에 대해 반대입장을 표시하지는 않을 것이다"고 말했다.

그러나 정부는 부정적인 경계를 비롯한 것으로 입체진다. 정부 당국자는 "미국이 식량지원 재개를 시작하면 정부가 지난해 5월 단행한 5·24 대북 제재 조치의 효력이 그만큼 약화된다"고 우려했다.

다른 당국자도 "국제사회가 현 시점에서 대북 식량지원을 재개하면 북한은 이를 3대 세습 후계자 김정은의 치적으로 선전하는 등 정치적으로 악용할 소지가 있다"고 말했다.

이후 함께 스타인버그 부장관은 북한의 비핵화 진정성을 확인하기 위

당국자는 "미국의 남북대화가 될 안 될 경우 6자회담을 재개를 위한 2차 김 당 카드를 들고 나올 가능성도 배제할 수 없다"고 말했다.

남·북·미 3자는 2009년 9월 1999에 공식 채택을 끝으로 중국 베이징에서 6자회담이 열리는 중앙에 수차례 회 회담을 한 적이 있지만 6자회담의에 앞서 별도의 3자회담 구성이 나온 것은 이번이 처음이다.

정부 당국자는 스타인버그 부장관에게 "북한이 우리(남측)을 말해지워진 인도적 문제(이산가족 등)이 아니라 유엔 안전보장이사회에 대화의 뜻이 들어가 진정한 주민용 것으로 입체된다. 이 같은 주장에 스타인버그 부장관은 '중요이 반대할 것이 우려된다. 28일 중국도 이 점 좋은 방안이 있는지 논의해 보겠다'고 답한 것으로 전해 졌다.

신석호 기자 kyle@donga.com

美합참의장 "中지도부, 北도발 억제 의지 표명"

마이클 멀린 미국 합참의장은 27일 영국 파이낸셜타임스와의 인터뷰에서 "최근 중국 고위 당국자들로부터 화요 메기로 중국이 진정으로 북한의 공격성을 억제하겠다는 의사를 보였으면 한다고 말했다"면서 평안도동일에 관한 발언을 소개했다.

이유 케이스 국방장관과 힐러리 클린턴 국무장관이 중국 정상회담(18~21일) 이후 중국 지도급 인사

들이 북한을 폭력하는 것에 대한 의도적인 의지를 보여줬다"고 밝혔다.

또 멀린 의장은 "내 관점에서 보면 중국 지도자들에게도 북한의 도발을 억제해준다는 의사가 존재한다고 본다"며 "북한이 핵 개발 전력 비축을 더 이상 위험한다는 것으로는 알 수 있다고 밝혔다.

워싱턴=최세원 특파원 sjwd@donga.com

동아일보/2011.01.28./1면

214

을 지원했던 미국은 그동안 두 차례나 '정치적 이유'로 지원을 중단한 바 있다. 2011년의 북-미 식량정치는 벌써 3라운드였던 셈이다.

그동안 먼저 손을 내민 쪽은 늘 북한이었다. 김정일 국방위원장은 1990년대 초 소련과 동유럽 사회주의권의 붕괴 이후 1994년 김일성 주석 사망과 1995년 수해 등 자연재해가 겹치자 간부들에게 "가만히 있지 말고 미국에 우는 소리를 하라"고 지시한 것으로 알려졌다. 이에 따라 북한 외무성은 '큰물피해대책위원회'를 구성해 미국에 손을 내밀었다.

당시 빌 클린턴 행정부는 1996년 국제식량계획(WFP)을 통해 식량 1만 9,500t을 지원했다. 미국은 지원을 받은 북한이 1994년 제네바합의를 제대로 이행할 것으로 기대했다. 실제로 클린턴 행정부는 지원 규모를 1997년 17만 7,000t에서 1999년 69만 5,000t으로 늘렸고 2000년 북-미 공동 코뮈니케를 성사시켰다.

그러나 북한은 지원 식량을 교묘하게 전용(轉用)하면서 미국과 국제사회의 인도적 지원 원칙을 무시했다. 미국의 북한 전문가인 마커스 놀랜드 피터슨국제경제연구소 선임연구원과 스테판 해거드 샌디에이고 캘리포니아대 교수는 2006년 저서 〈북한의 선택〉을 통해 북한 지도부가 인도적 지원 식량을 빼돌려 권력층 배급용으로 전용하거나 이를 국제시장에 내다 팔아 사치품을 사는 데 사용했다고 지적했다.

이에 대한 미국 내 여론이 악화되자 2001년 출범한 공화당 조지 W 부시 행정부는 식량 지원 규모를 2001년 35만t에서 2003년 4만t으로 삭감했다. 미국 의회는 2004년 북한인권법을 통과시키면서 더 높은 분배 투명성을 요구했다. 그러나 북한은 이를 거부하며 2005년 WFP 상주인력 추방 등으로 맞섰고 미국은 2006년분 원조 중단을 결정했다.

그러자 북한은 2006년 11월 1차 핵실험을 강행하며 실력 행사를 한 뒤 북-미 대화 및 6자회담이 재개된 2007년 다시 미국에 손을 벌렸다. 임기 말 북한 관리에 나선 부시 행정부는 6자회담을 통한 전향적인 대화정책과 함께 2008년 WFP를 통한 50만t 원조를 결정했다. 북한도 분배 모니터링 지역을 확대하고 한국어 사용 요원의 확충 등을 약속해 모두 16만 9,000t을 받았다.

그러나 2008년 말 6자회담이 북핵 검증의정서 채택 실패로 다시 교착상태에 빠지면서 두 번째 파국이 왔다. 북한은 버락 오바마 행정부 출범 직후인 2009년 3월 다시 지원 단체들을 몰아낸 뒤 4월 장거리로켓을 발사하고, 5월 2차 핵실험을 단행했다.

2년 만에 다시 시작된 북-미 식량정치의 배경에 대해 당시 외교 소식통은 "최근 미국이 북한의 식량 지원 요청을 긍정적으로 검토하는 것은 핵 문제 해결을 위한 6자회담 재개 등을 앞두고 대(對)북한 협상력을 높이려는 것으로 풀이된다"고 말했다. 미국이 '불량국가'인 북한과 핵 문제로 대치하는 동안에도 인도적 지원은 유지한다는 국제정치적 위신을 고려한 것이라는 분석도 있다.

2012년 말 대통령선거에서 버락 오바마 대통령의 재선을 위한 국내정치적 고려도 작용한 것으로 보인다. 이란 핵 문제와 아프가니스탄 재건작업 등 주요 국제문제가 제대로 풀리지 않고 있는 상황에서 북한을 관리해 한반도의 긴장을 완화하는 것이 대선 득표

전에 유리할 것이라는 판단이 작용했을 가능성이 크다는 것이었다.

당시 해설기사를 통해 대북 지원의 투명성 확보 문제와 한국 정부의 반대 등으로 2009년 중단된 대북 식량 지원 재개가 말처럼 쉽지는 않을 것으로 보인다고 전망했다. 2009년 당시 북한이 미국의 식량 지원을 거부한 표면적인 이유는 식량 분배를 투명하게 하기 위한 모니터링 약속을 둘러싼 갈등 때문이었다. 로버트 킹 미국 국무부 대북인권특사는 "대북 식량 지원이 재개되려면 2008년에 미국과 북한이 합의한 모니터링 조건을 복원해야 한다"고 강조해 왔다.

당시 한국 정부는 외부에 알려진 북한의 식량난 실태가 실제보다 과장됐을 가능성이 크다고 보고 있었다. 2009년 이후 국제사회의 대북 제재와 식량 지원 중단으로 식량난이 악화되고 있는 것만은 분명해 보이지만 북한이 2012년 '강성대국의 대문을 여는 해'를 앞두고 3대 세습 후계자인 김정은의 후계 체제를 확립하기 위해 식량을 비축하고 있을 가능성에 무게를 두고 미국 측을 집요하게 설득한 것으로 알려졌다.

하지만 미국은 식량 지원을 통해 북한의 태도를 바꾸려는 의도를 감추지 않았다. 북한의 인도적 문제를 담당하는 로버트 킹 미국 국무부 대북인권특사는 방한 중이던 2011년 2월 9일 연합뉴스와의 인터뷰에서 대북 식량 지원의 세 가지 원칙을 밝혔다. 그는 특히 "대북 인도적 지원에 대한 미국의 입장은 수요에 기반해야 하고 어떠한 정치적 고려도 들어가지 않는다는 게 첫 번째 원칙"이라고 말했다. 킹 특사의 이날 발언은 동아일보의 단독 보도로 미국이 북한에 대한 인도적 식량 지원 여부를 검토하고 있다는 사실이 공개된 이래 미국의 '책임 있는' 당국자가 이 문제에 대해 밝힌 가장 구체적인 '워딩'이었다.

킹 특사의 발언 중 가장 흥미로운 내용은 '정치적 고려가 없다'는 것이다. 첫 번째 의미는 읽히는 그대로이나 두 번째 의미는 '북한이 필요로 하고 다른 두 조건(균형성과 투명성)이 맞으면 6자회담 재개와 관련 없이도 식량을 지원할 수 있다'는 뜻으로 해석할 수 있기 때문이다. 특히 북한이 남한과 가진 군사실무회담에서 돌연 "천안함 사건은 우리와 무관하고 미국의 조종 하에 남측의 대북 대결정책을 합리화하려는 특대형 모략극이다. 연평도 사건도 남측이 연평도를 도발의 근원지로 만들었기 때문에 일어난 것이다"라고 주장한 순간에 나온 킹 특사의 발언은 역설적으로 묘한 정치적 뉘앙스를 풍겼다.

킹 특사가 실무회담 결렬 소식을 전해 듣고 이 말을 한 건 아니지만, 북한에 대한 쌀 보따리를 쥐고 있는 그가 '식량을 지원해 줄 테니 우리(미국과 남한)의 말 좀 들어!'라고 조용히 타이르는 듯했다. 북한은 '미국이 6자회담과 식량 지원을 재개하지 않으면 우라늄 폭탄으로 3차 핵실험을 하겠다'고 위협했던 것으로 보인다. 미국은 현재 한 손으로는 '식량 지원 카드'를 보여주면서 다른 손으로는 균형과 투명성의 원칙이라는 두 가지 다른 원칙을 내들고 북한을 다루려는 듯했다. 킹 특사는 연합뉴스와의 인터뷰에서 나머지 두 원칙을 이렇게 설명했다.

"(대북 식량 지원의) 두 번째 고려사항은 균형의 원칙이다. 북한으로부터의 수요나 필요성, 인도적 요청과 함께 다른 지역의 수요도 고려해야 한다. 한정된 재원을 균형 있게 배분해야 하기 때문이다. 세 번째로는 투명성의 원칙을 들 수 있다. 어떤 지원을 했을 때 배분 방식이 투명해야 한다는 것을 의미한다. 가장 필요로 하고 취약한 계층에 인도적 지원이 주어지는지를 모니터링해야 한다."

이렇게 시작된 북한과 미국의 식량 지원 줄다리기는 1년 넘게 이어졌다. 북-미 고위급 회담이 열리고 남북도 두 차례 고위 외교 회담을 열어 대화를 모색했다. 모두 북한이 깔아놓은 식량 지원이라는 판돈이 있었기에 가능한 일이었다. 2011년 12월 19일 김정일 국방위원장의 사망 이후 북한은 더욱 더 급하게 식량 확보에 매달렸다. 그 결과가 바로 2012년 2·29 합의였다. 하지만 허망하게도 미국이 북한과의 약속을 지키기 위해 식량 지원 실무 협상을 벌이고 있던 4월 13일. 최고인민회의를 앞둔 북한 지도부는 평안북도 동창리 미사일 기지에서 괌과 사이판이 있는 남쪽 바다를 향해 장거리 미사일을 쏘아 올려 합의를 단박에 걷어찼다. 미사일은 서해 상공에서 폭발했고 북미 식량 지원 논의도 끝장이 났다. 미국이 주는 첫 식량이 북한에 도착할 때 1년 전 특종으로 상을 신청하려던 필자의 꿈도 사라졌다.

독일 통일 과정은 종합 참고서

독일 통일 20주년이 되는 2010년, 한국에서도 통일 논의가 활발했다. 이명박 대통령이 광복절 경축사에서 통일세를 언급한 것을 시작으로 통일부 등 관계 당국과 각계 전문가들이 독일 통일의 경험을 다시 보자는 움직임이 활발했다. 그 움직임의 선두에 현인택 통일부 장관과 서재진 통일연구원장이 서 있었다.

특히 서 원장은 그해 초 발표한 논문을 통해 독일 통일 20년의 경험이 국내에는 왜곡된 모습으로 전달됐다고 주장했다. 특히 김대중 노무현 정부 10년을 지나면서 독일 통일이 가져온 긍정적인 측면은 무시되고 반대로 부정적인 측면이 부각됐다는 것이다. 통일을 위해 막대한 돈이 들고 통일 이후 독일 경제는 망가졌으며 독일 사회는 동서갈등과 빈부격차로 분열됐다는 것이 통일 부작용의 단골 메뉴였다.

하지만 서 원장은 그 해 두 차례 독일 현지를 방문한 결과 부정적인 효과를 상쇄하는 긍정적인 효과가 더 많았다고 말했다. 물론 통일을 위해 비싼 대가를 치렀지만 분단비용이 사라지고 통일편익이 늘어나면서 독일은 내부 통합과 경제 재건을 넘어 세계 초강대국으로 국제정치 무대에 우뚝 섰다는 것이다. 이에 따라 동아일보는 통독 20년의 정치 경제 사회적 '성공스토리'와 그것이 한반도에 주는 시사점을 4회에 걸쳐 짚어보는 기획을 연재했다. 추석 연휴를 전후한 2010년 9월 20일부터 25일까지 연재된 '통독 20년 경험에서 배운다' 시리즈가 그것이다.

당시 한기흥 정치부장(현 편집국 부국장)에게서 시리즈 기획 지시를 받은 필자는 현장을 두 번째 방문한 서 원장의 기고와 마침 독일 정부의 초청으로 통일 현장 이곳저곳을 둘러보고 온 하종대 당시 국제부 차장(현 국제부장)의 현지 르포를 토대로 분야별 전문가들과 현장 기자들의 기사를 종합해 시리즈를 완성했다. 당시 하차장이 현지에서 보내온 1신(2010년 9월 20일자 1면 톱기사)은 통일 독일의 긍정적인 효과를 상징적으로 보여주도록 기획했다.

"일본인? 한국인?"

독일 통일 20주년을 보름여 앞둔 17일 오후 독일 베를린의 브란덴부르크 문 앞. 60대 할아버지가 구(舊) 소련군 제복을 입은 채 소련 깃발을 들고 서 있다. 이름 밝히기를 거부한 그는 분단 시절의 이데올로기를 재빨리 돈벌이 수단으로 바꿨다. 관광객과 함께 사진을 찍어주는 대가로 0.5~1유로를 받는다. 하루 수입은 10~50유로(약 1만 5,000~7만 6,000원). 그는 기자가 한국인이라고 말해주자 한국어 인사말을 물었다. '안녕'이라고 알려주자 이를 몇 번씩 따라 하며 친밀감을 드러냈다. 관광객 맞춤형 마케팅이다.

독일 통일 이전 '분단의 상징'이던 이곳은 이제 '민주주의와 자본주의의 상징'으로 자리 잡았다. 수백 명의 관광객이 붐비는 가운데 다른 한쪽에서는 소수민족 권익 쟁취를 위한 시위가 열리고 있다. 요즘엔 다양한 생활 관련 시위도 여기서 열린다. 초병의 감시만 가득했던 분단시절의 냉기는 찾기 어렵다.

하루 전인 16일 방문한 서독 바이에른 주와 동독 튀링겐 주 사이의 경계선. 동독인이 서독으로 탈출하는 것을 막기 위해 나무를 모두 베어 황량한 황토선이었던 이곳은 이제 생기 넘치는 연초록 생태 숲으로 바뀌었다. 동서독 양쪽에서 전나무 씨가 날아들어 20년 만에 키가 양옆의 원래 숲과 거의 비슷할 만큼 자랐다. 분단

선은 이제 양쪽의 짙은 초록색 전나무 사이의 연초록 띠처럼 보인다. 통일 이후 독일은 1,393㎞의 경계선 철망과 130만 개에 이르는 지뢰만 제거했을 뿐 나머지는 모두 자연의 복원력을 믿고 그대로 놔뒀다. 20년이 지난 지금 동서독의 자연은 스스로 융합을 이뤄가고 있다.

경제력 격차 해소를 통한 동서독 주민의 융합도 점차 목표치에 가까워지고 있다. 통독 직전 3~4배에 이르렀던 동서독 소득 격차는 최근엔 80% 안팎까지 올라왔다. 서독 기준으로 20~25% 수준이었던 동독 지역의 생산성은 최근 75~80%에 이르고 있다. 2~3배에 이르렀던 실업률 역시 최근엔 격차가 점차 줄고 있다.

"독일은 이제 미국에 '노'라고 말할 수 있다."

17일 독일 외교부에서 만난 카르스텐 포크트 전 독일-소비에트 프렌드십 그룹 의장은 "과거 독일은 미국이 어떤 얘기를 하더라도 '예스'만 했지만 이제는 그렇지 않다"며 이같이 말했다. 이젠 미국이 올바른 일을 할 때만 '예스'를 한다는 것이다. 그는 "독일은 북대서양조약기구(NATO)와 유럽연합(EU), 그리고 국제무대에서 주도적 역할을 하고 있다"고 강조했다. 통일 이후 달라진 독일의 위상이 느껴지는 대목이다. 경제적 성공과 내적 통합을 토대로 몸집을 튼실하게 가꾼 통일 독일은 이제 세계를 향해 웅비하며 자신만의 목소리를 내기 시작한 것이다.

물론 독일 내에서 이런 움직임에 대한 경계의 목소리도 있다. 또 동서독 주민 사이의 심리적 갈등 역시 여전히 존재한다.

베를린, 하종대 기자 orionha@donga.com

"20세기 전반 반세기 독일은 '갈등의 불씨(the Cause of Conflict)'였다. 후반 50년은 '갈등의 중심(the Center of Conflict)'이었다. 통일독일은 이제 세계 평화와 안전의 수호자다."

하 부장을 비롯해 세계 13개국 15명의 기자를 초청한 독일 외교부의 한스 크리스티안 라이브니츠 공보국장은 17일 독일의 외교정책을 설명하며 통일로 한층 강화된 독일의 국제적 위상을 상징적으로 설명했다.

내부의 정치 통합도 상당한 수준으로 진척됐다. 앙겔라 메르켈 총리(2005년 취임)와 볼프강 티어제 독일연방 전 하원의장(재임 1998~2005년)이 동독 출신이라는 점에 대해 '특별한 생각'을 갖는 것이 더 이상하다는 반응이었다. 한 현지 대학 교수는 "이제 출신을 구분하는 것이 의미가 없다. 다 독일사람"이라고 말했다.

옛 동독지역의 고궁들은 제 모습을 찾았고 국영기업 자리에는 다국적기업의 최첨단 생산기지가 들어섰다. 동독 지역이 이처럼 비약적 발전을 한 것은 물론 독일 정부가 막대한 통일 비용을 쏟아부었기 때문이다. 매년 동독 지역에 이전되는 지원금은 전체 독일 GDP의 3~4%에 이른다. 그러나 에르푸르트 주정부의 바이체크 경제노동인구국장은 "동독지역을 재건하는 데 돈이 많이 들어갔지만 동독 주민을 위한 일자리가 생겨 지역경제가 활성화됐다"며 "통일비용을 나중에 수익이 돌아오는 투자 또는 재건비용으로 봐야 한다"고 말했다.

물론 아직 모든 상처가 치유된 것은 아니었다. "통일된 지 올해로 20년. 하지만 동서독 주민 사이엔 무너진 '베를린 장벽' 대신 새로운 '마음의 장벽(Mauer im Kopf)'이 세워지고 있다." 17일 독일 베를린에서 만난 동독 출신 수잔나 팀 씨(30 · 여 · 회사원)는 "조국이 통일돼 매우 기쁘다"고 전제한 뒤 "하지만 올해 축제분위기는 없고 착 가라앉은 느낌"이라며 이같이 말했다.

부작용을 감안해도 아직 통일의 언저리에도 가지 못한 한국의 상황은 안타까웠다. 분단으로 인해 치러야 하는 유무형의 비용을 말하는 분단비용은 한 해 44조원으로 추산됐다. 유형적 측면의 비용에서 가장 중요한 것은 경제적 비용이다. 대규모 국방비, 북한 지역을 활용하지 못하는 기회비용 등이다. 국제 금융시장에서 적용하는 컨트리리스크(country risk)의 상승, 전쟁을 우려한 외국인의 투자 기피가 낳는 기회비용도 크다. 분단으로 인한 끊임없는 전쟁의 위협, 이산가족들이 겪는 정신적 고통, 이념적 질곡과 남남갈등이 낳는 정치 사회 경제적 비용 등 무형의 비용도 심각한 수준이다.

독일의 경우 통일이 이뤄진 1990년 이후 2009년까지 서독지역에서 동독지역으로 이전된 비용은 2조 유로(약 3,060조 원)에 이른다. 이 가운데 동독지역에서 연방재정으로 되돌아가는 세금과 사회보장비 등을 제외한 순이전액은 1조 6,200억 유로(약 2,478조 6,000억 원)가량이다. 독일은 통일기금, 채무청산기금, 연대협약에 의한 연대세 등으로 자금을 조달했다. 한국은 이명박 대통령이 통일세를 언급한 지 2년 뒤인 2012년 광복절 직전에야 남북협력기금법 개정안을 국무회의에서 통과시켜 통일재원 마련을 위한 첫 걸음을 떼었을 뿐이다.

독일 통일 20년의 경험은 향후 한반도 통일 과정에서도 다양한 사회적 갈등이 표출될 가능성을 예고한다. 이 갈등은 장기적으로 치유될 수 있고 또 적극적으로 치유해야 한다는 것이 독일 사례가 주는 교훈이지만 우리 국민들은 아직 통일이 가져올 기회 보다는 비용과 갈등을 두려워하고 있는 것 같다. 무엇보다 북한에 동정적인 일부 정치세력들은 통일 논의 자체에 대해서 부정적이다.

많은 필자들을 동원하고 글을 교직하는 작업이 쉽지는 않다. 하지만 4회의 시리즈를 게재하는 동안 독일 통일에 대해 더 잘 알 수 있는 기회가 됐고, 쿠바와 북한을 비교하면서 북한을 잘 알게 된 것처럼 독일과 한반도를 비교하면서 한반도 통일의 비전을 더 명확하게 가질 수 있게 됐다. 개인적으로는 서독 역대 정부의 대 동독 정책과 통일정책을 총 정리하는 기회가 되기도 했다. 동아일보 2010년 9월 25일자 8면의 기사는 필자가 서울에서 직접 작성한 것이다.

"콘라트 아데나워는 선견지명을 가지고 독일 통일정책의 기초를 마련했습니다. 빌리 브란트가 공헌해 만들어진 '동방정책'의 비전을 통합적으로 구현해 독일을 통일로 이끈 사람은 헬무트 콜이었습니다."

위르겐 클림케 독일연방 하원의원(기민-기사연합)은 8일 서울 중구 서울프라자호텔에서 열린 독일 통일 20주년 기념 심포지엄에서 독일 통일의 아버지라 불릴 만한 지도자 세 명을 언급했다. 실제로 서독의 통일정책은 세 지도자를 거치며 '정반합(正反合)'의 원리에 따라 발전했다고 할 수 있다.

우파 기민당의 아데나워 총리(1949~1963년 재임)는 '힘의 우위 정책'을 폈다. 미소 냉전의 대결구도 속에서 통일보다는 미국 등 서방공동체에 참여해 독일의 주권을 되찾는 것을 우선시했다. 서독만이 전 독일을 대표하는 유일 합법정부임을 천명하고 동독을 승인하는 국가(소련 제외)와는 국교를 수립하지 않는 '할슈타인 원칙'을 고수했다.

이어 집권한 좌파 사민당의 브란트 총리(1969~1974년 재임)는 할슈타인 원칙을 포기하고 '접근을 통한 변화' 원칙에 입각해 동독뿐만 아니라 동유럽 국가들과의 관계 개선에 나섰다. 동독과의 교류협력을 뜻하는 '동방정책'을 시작한 것이다. 1972년 동서독은 상호 통행을 허용한 '통행조약'과 상호 선린관계를 발전시키기로 한 '기본조약'을 체결했다.

실용주의 통일정책을 표방한 사민당 헬무트 슈미트 총리(1974~1982년 재임)에 이어 정권 교체에 성공한 기민당의 콜 총리(1982~1990년 재임)는 사민당의 동방정책을 비판적으로 계승했다. 동독에 경제적 지원은 하되 이에 상응한 인도적 화답을 요구하는 상호주의 정책을 바탕으로 교류협력을 크게 확대했다. 이는 동독의 변화를 촉진하는 한편 통일의 밑거름이 됐다.

"우리는 유럽의 통일을 추구하고 동시에 전체 독일인들에게 자유로운 의사 결정을 통해 독일 통일과 자유를 완성하도록 촉구하고자 한다. 우리는 (기본법의 통일조항이) 독일인들의 소망과 의지, 나아가서는 동경을 나타내는 것이라는 사실을 추호도 의심하지 않는다."

베를린장벽이 무너지기 2년 2개월 전인 1987년 9월. 헬무트 콜 서독 총리는 에리히 호네커 동독 공산당 서기장을 본으로 불러들여 정상회담을 가진 뒤 만찬연설을 통해 통일의 당위성을 역설했다. 이 연설은 서독뿐만 아니라 동독 전체 주민에게도 생중계됐다. 콜은 "우리의 연설이 생중계되지 않는다면 당신의 서독 방문은 아무런 의미가 없다"며 사전에 호네커를 설득했다.

당시 호네커는 서독이 요구하는 '상호주의'에 어쩔 수 없이 끌려가는 상태였기 때문에 연설 생중계 같은 작은 문제를 놓고 콜과 신경전을 벌일 수 있는 상태가 아니었다. 1982년 권좌에 오른 콜은 사민당 정권의 동방정책을 비판적, 창조적으로 수용했다. 박형중 통일연구원 선임연구위원은 "콜은 서방과의 결속 강화, 자유민주 시장경제의 우월성 강조, 그리고 상호주의를 3대 기반으로 우방국과의 공조를 강화하고 국민적 합의를 이끌어 내면서 자신의 보수적 '독일정책'을 확립해 나갔다"며 "그 핵심은 동독에 대해 실용주의적 협력을 계속하는 동시에 규범적 공세를 전개하는 것이었다"고 설명했다.

콜은 서독의 체제 우월성을 부각하면서 교류협력을 대폭 확대해 나갔다. 특히 동독에 대한 대규모 재정 지원은 계속했지만 규모가 크건 작건 이에 상응하는 동독의 인도적 화답을 대가로 얻어냈다. 겉으로 보기에 서독은 조건 없이 지원하고 동독은 자발적으로 조치를 취한 것이었지만 명백한 정치적 거래였다. 사회주의 계획경제의 실패로 재정파탄에 빠진 동독은 '독이 든 사과'임을 알면서도 거래에 응할 수밖에 없었다.

콜 정부는 1983년 국제 자본시장에서 신용도가 떨어진 동독 정부가 외국 은행에서 10만 마르크를 빌리는 데 보증을 서는 것을 시작으로 동독 정부에 각종 경제적 지원을 한 뒤 △동서독 주민의 자유 왕래 △동독 탈출 주민에 대한 자동사격장치 제거 △양국 간 사회 문화 교류 확대 등의 양보를 얻어냈다.

동독 정부가 정치범을 서독에 넘기는 대가로 물품을 지원하는 '프라이카우프'도 콜 시대에 더욱 확대됐다. 이 결과 동독은 1963년부터 1989년까지 모두 3만 3,755명의 정치범을 서독에 넘겼고 서독은 그 대가로 약 35억 마르크를 제공했다.

우에서 좌로, 다시 우로 이어지는 통일정책의 변화 과정에서 치열한 내부 논쟁이 발생한 점은 남한과 유사하다. 아데나워의 정책이 북진통일을 주장한 이승만 정부와 유사하다면 브란트의 정책은 김대중 정부의 햇볕정책과 비슷하다. 이명박 정부는 출범 초기 상호주의를 표방했다는 점에서 콜 정부와 유사한 점이 많다. 그러나 남한의 통일정책은 서독보다 성과가 적다는 평가가 많다. 김대중 노무현 정부는 햇볕정책을 통해 막대한 경제 지원을 하고도 북한의 핵 개발을 막고 인권을 개선하는 구체적인 변화를 이끌어 내지 못했다. 이명박 정부도 임기 절반을 넘긴 현재까지도 대북 상호주의를 정책으로 구현하지 못하고 있다.

이처럼 유사한 통일정책의 성과에 간격이 큰 이유는 두 나라의 역사적 경험과 구조적인 환경의 차이 때문이라 할 수 있다. 독일도 한국도 외세에 의해 분단됐지만 동서독은 서로 싸우지 않았고 남북한은 6·25전쟁의 비극을 겪었다.

북한이 동독과 다른 점도 많다. 동독은 붕괴 직전까지 집단지도체제를 근간으로 하는 '사회주의 당-국가체제'를 유지하는 북한보다 개방적인 사회였다. 1인당 국민소득이 1만 달러를 넘었다. 그러나 북한은 건국 이후 기형적인 1인 독재 국가로 변했고 현재 1인당 국민소득이 500달러 수준에 불과하다.

서재진 통일연구원장은 "북한을 힘으로 제압하겠다는 압박정책도, 북한에 무조건 퍼주자는 온정주의 정책도 우리가 추구할 수 있는 현실적인 대안이 아니다"며 "줄 것은 주고 우리가 원하는 것을 얻어내면서 북한의 변화를 이끌어내는 콜식 상호주의야말로 한반도 통일을 앞당기는 바람직한 방법론"이라고 말했다.

콜의 상호주의가 실현된다면 남한은 북한에 대한 식량 등 경제 지원을 대가로 △이산가족 상봉 정례화 및 상호 고향 방문 확대 △국군포로와 납북자 송환 △휴전선 일대에 배치된 북한 장사정포 제거 △비무장지대의 비무장화(초소 이동 등) △남북한 주민 상호 자유 방문 여행 △임진강과 한강 등 공유하천 공동 관리 등을 얻어낼 수 있다.

그러나 이것을 실현하기까지 넘어야 할 산도 많다. 우선 상호주의에 따른 거래 방식을 북한이 받아들이도록 유도해야 한다. 북한이 지금은 상호주의를 전면적으로 거부하고 있으나 북한으로서도 내부 붕괴를 막고 경제적 실리를 챙기기 위해서는 남한과의 상호주의를 점차적으로 받아들일 수밖에 없는 만큼 인내심을 갖고 설득해야 한다.

남한 내부도 설득해야 한다. 민주당 등 일부 정치세력은 과거 김대중 노무현 정부 때처럼 연간 쌀 40만~50만t, 비료 30만t을 북한에 주자고 정부를 압박하고 있다. 반면 보수 진영은 북한에는 어떤 이유로도 쌀 등 경제 지원을 하면 안 된다고 주장하고 있다. 이런 찬반양론을 아우르는 상호주의적 해법을 찾아야 한다. 아울러 북핵 문제 해결을 우선에 두는 미국과의 이해관계를 고려해 흔들림 없는 한미 공조도 이뤄야 한다.

백문이 불여일견…통독 현장 체험하기

그렇게 독일 통일 20주년 시리즈를 마친 뒤 필자는 실제 기념식에 참석하러 독일을 방문한 현인택 통일부 장관을 취재하기 위해 독일을 방문할 기회를 얻었다. 1996년 고된 수습기간을 마치고 회사의 배려로 2주 배낭여행을 하며 잠시 들린 뒤 14년 만이었다. 현장에서의 견문과 감상을 담은 기사는 동아일보 2010년 10월 4일자 A5면과 10월 12일자 A10면에 실렸다.

3일 오후 독일 브레멘 시 컨벤션센터 1층 강당에서 열린 독일 통일 20주년 기념식은 음악과 합창, 공연과 감사의 말들이 어우러진 한바탕 축제였다. 정오에 맞춰 기념식이 시작되자 흰 옷을 입은 배우들이 흰색 삼각돛배를 타고 식장 여기저기를 이동하는 가운데 웅장하고 경쾌한 관현악단의 연주가 울려 퍼졌다.
'우리는 한배를 탔다'는 제목의 이 퍼포먼스는 꼭 20년 전인 1990년 10월 3일 미처 준비하지 못한 통일을 맞아 갖은 어려움과 갈등을 극복하고 오늘날 유럽통합의 주역이자 글로벌 외교강국, 경제대국이 된 독일의 8,200만 국민이 전 세계에 자신들의 눈부신

성과를 뽐내는 무대처럼 보였다.

옌스 뵈른젠 연방 상원의장 겸 브레멘 주지사는 축사를 통해 "독일 통일 20년은 성공 스토리였다"며 "역사는 만들어가고 변화시킬 수 있는 것"이라고 선언했다. 그는 "통일 이후 우리는 모든 독일인에게 교육과 복지 등에서 동등한 기회를 부여하고 있으며 국제사회와 주변국들 사이에서 마땅한 역할을 하고 있다"고 자랑했다. 이어 등장한 크리스티안 불프 독일 대통령은 통일에 기여한 모든 사람에게 감사를 표시하면서 "특히 동서독이 하나 되기 위해 변화의 의무를 다한 동독 주민들에게 감사한다. 그들은 하루하루의 일상을 바꿔 나가는 고통을 견디고 자유 속에서 새 삶을 건설할 수 있었다"고 찬양했다. 그는 "이제 우리는 하나"라며 "중요한 것은 어디서 왔는지가 아니라 어디로 갈 것이냐"라고 강조했다.

통독 20주년 기념식(2010.10.03.)

이날 기념식에는 독일 통일을 최종 결정한 '2(옛 동독·서독) + 4(미국·영국·프랑스·러시아) 조약'에 참여했던 전승 4개국 대표 외에 한국의 현인택 통일부 장관이 독일 정부의 특별 초청을 받아 참석했다. 현 장관은 기자들과 만나 "독일의 통일은 국가와 민족을 정상화하는 과정이었다"며 "한반도의 통일을 추구하는 것은 우리의 매우 당연한 책무"라고 강조했다.

현 장관은 독일 연방하원이 이날 밤 베를린에서 개최한 기념행사에도 참석했다. 통일부 관계자는 "독일 정부와 의회가 통일 20주년 기념행사에 한국의 통일부 장관을 특별 초청한 것은 같은 분단의 역사를 경험한 국가로서 통일과 통합의 교훈을 공유하고자 하는 의미를 갖고 있다"고 말했다.

브레멘과 수도 베를린 등 전국에서는 2일부터 조촐한 기념 축제와 행사들이 시작됐다. 브레멘에서는 시내 광장에 분단과 통일을 상기시키는 사진과 글로 꾸며진 베를린장벽 모형을 세워 통일 20주년을 축하했다. 1980년대 독일의 팝스타 니나를 비롯한 인기 가수들이 출연하는 콘서트와 행렬, 그리고 폭죽놀이 등을 곁들인 거리 축제도 열렸다. 베를린에서도 통일의 상징 브란덴부르크 문 광장에서 축하 공연이 열렸다.

이날 오전 브레멘 시내에서 만난 교민 한경수 씨(59·여)는 "1973년 간호사로 독일에 와 통독 20년의 전 과정을 지켜봤다"며 "통일 초기에 혼란과 어려움이 있었지만 지금은 동서독 출신 모두 통일하길 잘했다고 이야기한다"고 말했다. 그는 "특히 동독 지역의 아름다운 도시들이 제 모습을 되찾았고 통독 경제도 갈수록 나아지고 있다"고 설명했다.

독일과 한국은 1945년 제2차 세계대전의 종전과 함께 강대국에 의해 분단된, 같은 경험을 가진 나라다. 전쟁을 일으킨 패전국 독일은 통일을 이루고 20년의 성과를 노래하고 있지만 한반도는 여전히 분단 속에 동족 간 갈등을 겪고 있다. 우리는 언제쯤 통일의 기쁨을 노래할 수 있을까. 독일 통일 20년 기념식은 한반도 사람들에게 커다란 질문을 던졌다.

"1986년 북한을 방문했을 때는 김일성 주석의 후계자 김정일이 공개된 상태였어요. 최근 김정은의 등장을 보면서 김정일이 꼭꼭 숨겨놓았던 막내아들을 꺼내놓은 느낌이 들어요. 북한 군부가 김정은을 후계자로 받아들일지, 성공적으로 승계가 될지 의심스럽군요."

4일(현지 시간) 독일 수도 베를린에서 만난 한스 모드로 전 동독 총리(82·사진)는 북한의 3대 세습에 대한 질문에 이같이 말했다. 그는 1989년 11월 베를린 장벽이 무너질 당시 동독 총리로 재직하면서 통일을 막으려 했던 동독 구체제(1990년 3월 자유총선거 실시 이전)의 마지막 총리로 불린다. 그는 통일 이후 동독 공산당의 후신인 좌파정당 결성에 참여하고 지금도 원로로 활동하고 있다. 그는 북한의 비대한 군대 조직도 후계 문제와 연관이 있다고 설명했다. 그는 "과거 소련 중국 등 사회주의 국가들에서 후계자는 당에서 나왔지 군에서 나온 것이 아니었다"며 "북한 군대의 경제적 역할과 정치적 비중은 그 어떤 나라보다 크다"고 지적했다. 그는 "북한 노동당도 근본적인 변화가 없는 것으로 보인다"며

"김정일로 권력이 넘어갈 때처럼 김정은 등장 이후 북한에 일어날 변화가 의심스럽다"고 말했다.

'같은 사회주의 국가의 전임 지도자로서 현재의 북한에 어떤 조언을 하겠느냐'는 질문을 던졌다. 그는 "(북한에) 조언을 할 수도 없고 (북한이) 조언을 듣지도 않을 것"이라며 "북한 정권은 외부의 조언에 거부감을 나타내 왔다"고 말했다. 그러나 "한반도의 통일 과정에서 가장 큰 역할을 할 중국에 관심을 가져야 할 것"이라고 말했다.

그는 1986년 김일성 주석이 동독을 방문했을 당시 드레스덴 당 책임자로 영접을 맡았던 일을 회상했다. "당시 김 주석은 엄청나게 긴 기차에 모든 필요한 물품을 싣고 왔어요. 또 정권 내 모든 거물급 인사들이 동행했지요. 그래서 동독 공산당 간부들이 '평양에 남은 김정일이 안전하도록 반대파까지 다 데리고 왔다'는 우스갯소리를 하기도 했죠."

그는 "김 주석이 아침에 산책을 할 때 모든 수행자가 수첩을 들고 그의 한마디 한마디를 다 받아 적었던 것도 기억난다"며 "당시 산악지대를 방문한 김 주석에게 금강산을 보고 싶다고 요청해 같은 해 북한을 방문할 기회를 얻었다"고 회고했다.

대부분의 독일 당국자와 시민들이 통일 20주년을 맞아 통일의 긍정적인 성과를 이야기했지만 모드로 전 총리는 이에 동의하지 않았다. 그는 통일 이후 동독지역 출신들이 느끼는 소외감과 높은 실업률 등을 조목조목 언급하며 "희망보다는 실망이 크다"고 토로했다.

8장

북한 영상에서 진실 캐기

　김일성 김정일 부자는 미디어를 통한 이미지 정치를 즐겼다. 적절히 가공된 영상을 적절히 노출하면서 통치에 활용했다. 3대 세습 후계자 김정은은 더하다. 아버지 김정일의 사망 이후 조선중앙TV를 통해 다양한 영상을 쏟아내기 시작했다. 할아버지를 따라 아버지가 하지 않던 공개연설의 정치도 시작했다. 조선중앙TV를 통해 쏟아지는 영상에서 현대 북한의 흐름을 읽어낼 수 있다. 그들이 의도한 이미지도 중요하지만 그들이 의도하지 않은 이면의 진실을 읽어내는 것이 좋은 기자다. 북한이 내놓는 글과 영상에서 기사꺼리를 발굴할 수 있다면 당신은 분단 저널리즘을 뛰어 넘을 수 있다.

2011년 12월 19일은 밤을 꼬박 새는 야근이 걸린 날이었다. 신생 종편사인 채널A에서는 야근을 하는 기자는 당일 오전에 집에서 쉬고 오후 2시경에 출근한다. 개국 19일째. 오랜만에 해가 하늘에 떠 있을 때 아내와 만나 그동안 밀린 아이들 이야기를 나누고 회사 선배와의 점심 약속을 위해 오전 11시경 집을 막 나서려던 참이었다. 통일부를 출입하는 후배 박창규가 다급하게 전화를 걸어왔다. "선배, 북한 '조선중앙TV'가 정오에 특별보도를 한다고 합니다."[7)]

그 전 주 중국 베이징에서 식량 지원을 주제로 접촉을 마친 북한과 미국은 23일쯤 제3국에서 만나 비핵화 사전조치에 대한 협의를 할 예정이었다. 북한이 우라늄 농축 중단 등 미국과 합의한 비핵화 사전조치를 발표하고 국제사회와의 대화에 적극적으로 나설 심산인 듯했다. 나는 생각했다. '북한이 급하긴 급한가 보다. 미국에게 영양지원을 받으려 비핵화 사전조치를 특별보도 형식으로 보도한다니…. 어쨌건 점심 약속은 틀렸군.'

택시를 잡아타고 광화문 회사로 가는 길에 몇몇 취재원에게 전화를 했다. 다들 나와 비슷한 생각이었다. 하지만 일본 아사히신문 서울지국에서 오래 근무한 최재웅 기자는 달랐다. 그는 채널A가 위성으로 수신하는 조선중앙TV를 볼 수 있게 해 달라면서 "특별보도는 과거 김일성 주석이 죽었을 때나 한 것인데요, 우라늄 농축 중단을 발표하는 것이 맞을까요?"라고 물었다. 그럴 듯했다. 운전사를 재촉해 오전 11시 50분쯤 회사에 도착했다.

---

7) 신문기자인 필자가 방송기자로 정착해 가는 과정은 한국언론진흥재단이 발행하는 〈신문과 방송〉 2012년 4월호에 기고했던 글이다. 이 장은 이 글을 뼈대로 하고 필자와 후배들이 제작한 방송 리포트들을 삽입해 수정 보완했다.

동아일보와 채널A의 정치부가 나란히 들어선 동아미디어센터 통합뉴스룸 13층은 어수선했다. 채널A 보도본부 정치부도, 그 옆의 동아일보 편집국 정치부도 모든 간부가 점심 식사를 하러 가지 못하고 조선중앙TV의 특별보도를 기다렸다. 정오가 되자 5층 주조정실에서 조선중앙TV를 보던 박 기자와 역시 통일부를 출입하는 신문 정치부 조승호 기자가 동시에 보고를 해왔다. "김정일이 죽었답니다."

긴급 상황은 전문기자의 무대… 아는 만큼 말할 수 있다

13층은 한순간에 아비규환이 됐다. 1974년에 아버지 김일성 주석의 후계자로 내정된 뒤 37년 동안 북한을 철권통치 해온 김정일의 죽음은 한반도 현대사, 그리고 이를 기록해야 하는 우리 기자에게 대형사건임이 분명했다. 박성원 정치부장은 당황해하는 나에게 12시 10분 낮 뉴스에 전화연결을 하라고 지시했다. 원고 쓸 시간도 없는 상황에서 전화로 무슨 말을 할지 암담했다. 잠시 후 박 부장이 지시를 수정했다. "빨리 21층 스튜디오로 올라가라."

앵커와 함께 특별보도를 생방송으로 진행하라는 것이었다. 청천벽력이었다. 지난해 5월 채널A 개국팀에 합류해 약 7개월 동안 방송 리포트를 만들면서 교육을 받기는 했지만 생방송은 해본 적이 없었다. 21층 스튜디오도 개국 전 한 번 구경했을 뿐, 녹화방송에도 들어가 보지 못한 상태였다. 조선중앙TV 여자 아나운서가 김정일 사망 발표를 하고 있었지만 무슨 내용인지 통 들리지가 않았다. 하지만 어쩔 수 없었다. 엘리베이터를 타고 21층에 올라가니 김차수 보도본부장이 어깨를 치며 말했다. "틀려도 좋으니까 그냥 떠들어. 전문가들이 올 때까지…."

틀려도 좋다는 격려에 힘이 났다. 어차피 누구도 상황을 잘 모를 터였다. 2002년 북한 경제를 시작으로 북한 문제를 공부한 지 10년째, 2008년에 북한학 박사학위를 받고 만 4년째 3대 세습을 포함한 '북한 문제'를 쫓아다닌 마당이라 그리 쫄 일도 아니었다.

스튜디오에 들어서니 낮 뉴스 앵커인 윤경민 국제부장이 1보를 전하고 있었다. 12시 16분. 윤 부장이 첫 질문을 건넸다. "신 기자, 김정일 국방위원장의 사망은 정말 예상치 못한 일인데, 어떻습니까."

이후 앵커의 질문이 끊임없이 이어졌다. 1994년 김일성 주석 사망 직후와 지금의 유사점과 차이점, 김정은 후계체제의 공고화 가능성, 북한 군부의 향후 예상 움직임, 북한 급변사태 가능성, 한국 경제에 미칠 영향… 나는 생각할 겨를도 없이 머릿속에 떠오르는 생각을 털어놓았다. 도쿄 특파원 출신으로 외교부를 오랫동

2011년 김정일 사망 속보 생방송 화면

안 담당했던 윤 앵커도 시청자가 궁금해 하는 핵심적인 포인트를 짚어 질문하면서 흐름을 이끌었다.

시간이 흐를수록 마음이 편해졌다. 특강이나 토론회에서 발언하는 것처럼, 후배들과 술 한 잔 하고 북한 이야기를 나누는 것처럼 편하게 이야기하려 애썼다. 가끔씩 카메라 렌즈를 쳐다보는 여유도 부릴 수 있게 됐다. 점심도 먹지 못한 채 시각은 오후 1시를 넘어갔다. 후배 정호윤 기자에게 바통을 넘기고 보니 1시간 20분이 흐른 뒤였다. 그날만 두 차례 더 스튜디오 생방송에 출연했다. 신문기자 생활 16년 만에 방송기자 생활을 시작한 나는 이날 모두 3시간 30분을 생방송 카메라 앞에 서며 하루아침에 방송기자로 변신하는 데 성공했다. 김 위원장에게 감사라도 해야 하지 않을까 싶다.

개국 19일째에 여느 방송기자가 10년에 한 번 만날까 말까 한 '특대형 생방송' 상황을 무사히 넘기고 나니 이후 일상적인 방송 제작은 크게 어렵지 않게 느껴졌다. 뉴스 리포트를 만들고 스탠드 업을 하는 일은 가장 쉬운 일과가 됐다. 올해 2월 4일부터는 매주 토요일 오전 8시부터 1시간 동안 방송되는 '신석호의 통일시계'를 기획하고 진행까지 하고 있다. 3월 19일부터는 동아일보와 채널A 차장 이상 에디터가 함께 만드는 시사 토크 프로그램 '생방송 이슈 토크'에 북한 문제 패널로 출연했다.

채널A에서의 7개월은 북한 전문 기자로서 또 북한학 박사로서 영상매체인 조선중앙TV를 통해서 북한 내부를 들여다볼 수 있는 소중한 시간이었다. 그런데 노동신문과 마찬가지로 조선중앙TV 도 그냥 보고 있다고 기사를 얻을 수 있는 것은 아니다. 영상을 보고 기사가치를 빨리 판단해야 다른 매체보다 앞서 시간차 특종을 낚을 수도 있다. 채널A 정치부가 2012년 7월 김정은의 부인 이설주 등장 관련 특종을 한 것이 대표적인 사례다.

신문으로 복귀한 지 7일째 되던 2012년 7월 7일. 신문이 쉬는 토요일 오후를 즐기고 있는데 채널A 보도본부 대학생 인턴기자 자격으로 조선중앙TV 모니터를 하고 있던 북한대학원대 후배 최성원이 문자 메시지를 보내왔다.

'김정은이 새로 조직된 모란봉악단 시범공연을 관람했는데 김정은 왼쪽에 최룡해가 오른쪽에 젊은 여성이 앉아있습니다. 김여정인지 부인인지 모르겠습니다.'

신속 보도가 생명… 불확실하면 추론이라도 전하라

김정은 바로 옆에 젊은 여성이라. 무조건 기사가 될 것 같았다.

김정은 부인 이설주의 공개 석상 등장을 최초 보도한 〈채널A〉의 화면

그런데 시간이 문제였다. 보고가 온 시각은 오후 5시가 넘어서였다. 토요일 채널A 메인뉴스는 7시였다. 바로 채널A 정치부에 전화를 걸었다. 외교부와 통일부를 출입하는 김정안 기자가 받았다. 김 기자에게 대강의 내 생각을 말해주고 기사를 쓰도록 했다. 시간이 없어서 단신으로 쓸까 했는데 역시 당직이던 유종헌 선배가 김여정인지 부인인지 가능성을 담아서 짧게라도 리포트를 하자고 했다. 김정안 기자는 짧은 시간에 아래와 같은 훌륭한 리포트를 했다. 북한이 7월 25일 '김정은의 부인 리설주 여사'라고 공식 확인해 전세계적으로 화제가 됐던 김정은 부인 공개 소동을 국내외 언론 가운데 가장 먼저 보도한 것이다.

[앵커멘트]

북한의 지도자 김정은이 공연을 관람한 바로 옆 자리에 젊은 여성이 앉아있는 모습을 북한 매체들이 오늘 보도했습니다. 그녀는 누구일까요? 김정안 기자가 알아봤습니다.

[리포트]

검은 색 투피스 정장 차림에 짧은 쇼트 컷 스타일의 여성.

다소 마른 듯한 체격에 이 여인은 관람 중인 북한의 김정은 제1위원장 바로 옆 오른 쪽 자리에 앉았습니다.

북한 매체는 최룡해 인민군 총정치국장과 장성택 국방위 부위원장 등 북한 핵심 실세들이 함께 공연을 관람했다고 전했지만 이 여인에 대해서는 언급하지 않았습니다.

일단은 지난 해 김정일 국방위원장 장례식장에 모습을 나타낸 김정은의 여동생 김여정일 가능성이 점쳐지고 있습니다.

아무리 여동생이라지만 공식 석상에서 북한 최고 지도자의 바로 옆 오른 쪽 자리에 앉아 있다는 점은 아직 20대인 김여정의 정치적 입지가 상당함을 시사한다는 점에서 주목됩니다.

일각에서는 김정은이 이미 2010년 봄 결혼했다는 설까지 제기되고 있어 사진 속 주인공이 그의 부인일 가능성도 배제할 수 없습니다.

이번 김정은의 공연 관람 영상은 조만간 공개될 예정이어서 이 여인의 실체도 조만간 들어날 가능성이 클 것으로 보입니다.

채널A 뉴스 김정안입니다.

이렇게 이설주의 얼굴이 처음 공개된 뒤에도 정부 당국자와 전문가, 북한 기자들은 그녀가 누구인지에 대해 위 첫 보도의 테두리 내에서 설왕설래를 했다. 북한 영상에 정통한 정보 당국자들의 분석결과를 토대로 그녀의 정체를 처음 보도한 것도 역시 채널A였다. 다음은 채널A 정치부 홍성규 기자가 취재해 이용환 기자가 읽은 2012년 7월 9일자 보도.

[앵커멘트]

채널 A는 그제, 북한의 새 지도자 김정은 옆에 앉은 젊은 여인이 그의 부인일 수 있다고 단독 보도해 드렸는데요, 우리 정부의 고위 당국자는 이 여성이 실제로 김정은의 부인일 가능성이 크다고 안보 당국이 판단하고 있다고 밝혔습니다. 이용환 기자의 단독 보돕니다.

[리포트]

지난 6일, 검정색 쓰리피스 차림의 단발머리 여성이 모란봉악단 공연장에 김정은과 함께 입장합니다.

절대 권력인 김 노동당 제1비서 쪽으로 몸을 기울인 채 걸터앉은 모습이 눈에 띕니다.

김 제1비서 왼편 최룡해 총정치국장이 다소곳이 두 손을 모으고 있는 모습과는 대조적입니다.

이 여성은 관람을 마치고 퇴장할 때까지 김정은의 곁을 지켰습니다.

김일성 사망 18주기를 맞아 금수산 태양궁전을 참배한 김정은의 옆에도 이 여성은 어김없이 자리를 같이 했습니다.

당과 군 원로들보다 한 걸음 앞에서 절을 합니다.

일부에선 이 여성이 김정은의 동생 김여정으로 추정합니다.

그러나 당국은 김여정과는 얼굴선 자체가 다르다고 분석했습니다.

정부 당국자는 "김정은 체제 최대 수혜자로 꼽히는 최룡해 인민군 총정치국장이 비켜 설 정도의 신분이라면 김정은의 부인일 가능성이 크다"고 말했습니다.

채널A 뉴스 이용환입니다.

영상에 지적인 의미를 부여하라

아는 만큼 보인다고 그냥 지나가는 듯한 영상에 지적인 의미를 부여하면 재미난 기사가 되는 경우도 많다. 이설주 사례에 이어 내가 직접 썼던 기사 세 가지를 소개하기로 한다. 북한을 다루는 방송기자들에게 도움이 되었으면 한다.

김정일 국방위원장의 장례식을 앞두고 북한 조선중앙TV는 그의 치적을 홍보하면서 과거 대미 선군외교 과정을 담을 기록영화를 내보냈다. 우선 나중에 북미회담이 진행되면 자료 화면으로 쓸 귀중한 영상이라는 생각이 들었다. 그런데 왜 이런 시점에 이런 영상을 내보냈을까. 장례를 끝낸 김정은도 아버지처럼 대화와 도발을 번갈아 대미 선군외교를 해보겠다는 의지의 표현은 아닐까. 그런 문제의식을 담으니 훌륭한 기사가 됐다. 2011년 12월 28일 채널A 메인뉴스 기사다.

[앵커멘트]
북한이 김정일 국방위원장 장례식을 앞두고 과거 미국과의 핵협상과 핵 도발 장면을 담은 다큐멘터리를 방영했습니다. 핵을 지렛대 삼은 줄다리기를 계속하겠다는 의도로 풀이됩니다. 신석호 기자가 보도합니다.

[기자]
김정일 국방위원장의 장례식 전날 북한 TV에는 여러 명의 미국 대통령이 등장했습니다.

빌 클린턴과 조지 부시에 이어 버락 오바마까지 나왔습니다. 모두 북한과 핵 협상을 벌였던 대통령들입니다.

1차 핵위기를 해결한 지미 카터 전 대통령의 방북과 김일성 주석 사망 직후 제네바 합의 체결 장면이 조명됐습니다.

2000년 북미 공동선언과 메들린 울브라이트 국무장관의 방북 장면도 소개됐습니다.

북미관계가 절정에 치달았던 시점입니다.

2000년 6·15 공동선언 이후 남북 대화와 관계 개선 내용도 소개했습니다.

북한이 김정일 추모를 명분으로 미국 및 남한과의 관계 개선 희망을 피력했다는 관측이 가능합니다.

정부 당국자들은 북한이 김일성 사망 직후처럼 북미대화에 복귀할 것을 기대하고 있습니다.

하지만 북한은 미국 부시 행정부 등장 이후 핵문제 악화 상황을 전하면서 2009년 4월 장거리 미사일 발사와 2차 핵실험 강행도 홍보했습니다.

미국이 까다롭게 나올 경우 추가 미사일 실험과 3차 핵실험을 할 수 있다고 위협하기 위한 의도로 풀이됩니다.

채널A 뉴스 신석호입니다.

필자가 기획 진행한 〈채널A〉의 '신석호의 통일시계'

2012년 1월 29일 채널A 메인뉴스에 소개한 기사는 김정은의 유치한 현지지도 모습을 모아 '놀이형 현지지도'라는 조어를 붙여 본 것이다.

[앵커멘트]

최근 북한에서는 젊은 최고지도자 김정은의 눈높이에 맞춘 '놀이형 현지지도'가 이어지고 있습니다. 어린 나이에 국정을 책임지며 쌓인 통치 스트레스를 풀기 위한 것으로 보입니다. 신석호 기자가 보도합니다.

[기자]

모형 항공기가 하늘을 납니다.

하늘 위로 치솟아 오르고 녹색 연막으로 수를 놓습니다.

김정은이 지켜보다가 밝은 웃음을 지으며 박수를 보냅니다.

낙하산 전문가들의 낙하 시범도 펼쳐졌습니다.

김정은이 시찰한 곳은 서부지구 항공구락부, 일종의 항공체육단체입니다.

군부대나 경제시설이 아닌 체육단체 방문은 김정은을 즐겁게 하려는 기획된 행사로 보입니다.

"항공구락부 내에 부부가 있다는 보고를 받으시고 이들과 사랑의 기념사진을 찍으셨습니다."(조선중앙TV 싱크)

이에 앞서 김정은은 어린 학생들이 공부하는 만경대혁명학원을 찾았습니다.

"북한 지도자의 현지지도는 주민들과 대화하고 지시하는 직접정

치이지만 건강을 챙기면서 정책을 구상하는 여행이기도 합니다."(양무진 북한대학원대 교수)

김정일 국방위원장도 2008년 8월 뇌혈관계 질환 치료를 받은 뒤 2개월 만에 군부대 축구경기를 관람한 일이 있습니다.

최고지도자의 심기관리와 나들이를 겸한 맞춤형 현지지도도 대를 잇는 모양입니다.

채널A 뉴스 신석호입니다.

얼마 뒤인 2012년 2월 10일 채널A 메인뉴스에는 웃는 모습 일색이다가 버럭 화를 내는 김정은의 표정을 핀포인트 해봤다. 인민들 앞에 엄한 모습도 보여야 하겠다는 미디어 정치가 아닐까 하는 생각에서였다. 이 발견은 그 주에 첫 방송을 한 '신석호의 통일시계'의 아이템이 됐다.

[앵커멘트]

북한 김정은이 벌컥 화를 냈습니다. 그냥 낸 화가 아니었습니다. 신석호 기자의 단독 보돕니다.

[기자 리포트]

지난해 11월 군부대를 방문한 김정은이 나이든 간부 둘을 세워 놓고 소리를 지릅니다.

오른 손으로 허공을 찌르며 분노를 감추지 못합니다.

놀란 간부는 김정은이 악수를 청하자 황급히 거수 경례부터 합니다.

북한 TV가 김정은이 화를 내는 모습을 보도한 것은 이번이 처음

248

입니다.

지금까지는 주민과 군인들을 포옹하고 어린 아이처럼 웃는 모습을 의도적으로 연출했습니다.

"아버지 없이 홀로서기를 해야 하는 김정은이 그동안의 친근한 모습과 아울러 엄한 표정도 지어 지도자로서의 위엄을 세우려는 것으로 보입니다."(변영욱 동아일보 사진부 기자·북한학 석사)

김정은의 공격적인 제스처는 남측을 향한 메시지일 수도 있습니다.

이날 방문했던 233대연합부대는 연평도에 포격을 가했던 인민군 4군단 사령부.

황해도와 서해 북방한계선을 담당하는 중요 부댑니다.

이처럼 북한은 주민과 주변국을 상대로 정교한 미디어 정치를 펴고 있습니다.

내일 오전 8시 방송되는 채널A 북한 전문 프로그램 '신석호의 통일시계'에서는 김정은의 미디어정치를 집중 분석합니다.

김정은 체제의 안정성을 놓고 두 명의 전문가가 속 시원한 끝장토론을 벌이고 백두산 꽃제비 이야기를 단독 취재한 윤영탁 기자가 출연해 취재 후기를 전합니다.

채널A 뉴스 신석호입니다.

북한 영상 전문기자 변영욱의 김정은 영상 감상기

채널A가 2012년 2월부터 9월까지 33주일 동안 북한 전문 프로그램인 '신석호의 통일시계'를 주 1회 방송할 수 있도록 기회를 준 것은 북한학 박사 기자로서의 전문성을 발휘할 수 있는 좋은 마당이었다. 수십 명의 전문가와 현장 활동가들이 스튜디오에서 통일과 북한을 이야기하며 프로그램을 빛내 주었다. 동아미디어그룹 전문기자들도 재능을 발휘해 십시일반으로 프로그램에 기여했다. 특히 북한 김일성 김정일 사진 분석으로 북한학 석사학위를 받고 박사과정에 재학하고 있는 후배 변영욱은 두 차례나 출연해 조선중앙TV에 비친 김정은 체제의 비밀을 이야기해 전해줬다. 그가 영상을 통해 북한 내부의 상황을 읽어 내는 방식을 소개한다.

● 신석호의 통일시계 1회: 북한X파일(2012년 2월 11일)

신석호: 북한의 김정은이 상당히 활발하게 현지지도 하면서 그 내용을 언론을 통해서 홍보하고 있죠?

변영욱: 네 그렇습니다. 북한은 김정일 사망 후 후계자 김정은의 사진과 동영상을 파격적인 방법으로 공개하고 홍보하고 있습니다. 김정은을 둘러싼 북한 이미지 정치의 은밀한 진실을 취재했습니다. 제가 준비한 VCR을 함께 보시겠습니다.

김정은이 군부대를 방문해 여자 군인들과 양쪽으로 팔짱을 낍니다. 군인들과 귓속말을 하기도 하고 손을 꽉 잡기도 합니다.

스카이다이빙 부부도 그와 팔짱을 끼고 사랑의 기념사진을 찍었습니다.

너무 황송한 나머지 늙은 군인 남편은 눈물을 참지 못합니다.

김정은 미디어 정치의 가장 큰 특징은 인민들과의 적극적인 신체접촉입니다.

이를 스킨십 정치로 표현하기도 합니다.

인민들에게 친근함을 주는 다양한 스킨십은 권위적이고 무뚝뚝했던 아버지 김정일과 완전히 다릅니다.

김 위원장의 스킨십은 외국 정상을 만나 악수를 하는 경우가 거의 전부였습니다.

그는 인민이나 군인들과 신체접촉을 많이 하지 않았고 매체들도 그런 장면을 거의 보여주지 않았습니다.

김정은 이미지 정치의 두 번째 특징은 환한 웃음입니다.

김 위원장이 사망한 후 북한 매체들은 그의 죽음을 애도하며 통곡하며 인민들의 모습을 반복적으로 내보냈습니다.

하지만 김정은은 장례절차 내내 비교적 차분한 모습을 연출했습니다.

간혹 눈물을 닦는 모습을 보이기도 했지만 비교적 담담한 표정이었습니다.

아버지의 영결식 당일 김정은은 슬퍼하기 보다는 비교적 단호한 표정을 주민들에게 나타냈습니다.

중요한 건 그 다음입니다.

영결식 직후 본격적으로 등장한 김정은은 늠름하고 환하게 웃는 모습을 의도적으로 연출하고 있습니다.

아버지 김정일이 근엄한 표정 일색이었다면 김정은은 웃는 모습이 더 많습니다.

심지어 어린아이처럼 놀이기구를 타며 즐거워합니다.

아버지의 사십구제도 지나지 않은 시점인데 상주인 아들이 웃음을 보인다는 것은 동양의 유교문화에서 평범한 일이 아닙니다.
어렵지만 희망을 갖자, 새로운 젊은 지도자가 나타났으니 뭔가
달라질 것이라고 강조하기 위한 연출로 보입니다.

마지막 세 번째는 빠른 속도입니다.

김정일 사망 후 채 보름이 지나지 않은 새해부터 북한 노동신문에
서는 김정일의 모습이 사실상 사라졌습니다.

김정일과 함께 등장하는 사진 이외에 김정일이 혼자 있는 사진이
거의 없습니다.

지난 1994년 김일성 사망 당시에는 약 40일 동안 매일 열장 이상
의 김일성 사진이 노동신문에 등장했습니다.

물론 조선중앙티비에는 지금도 김일성 김정일 부자의 기록영화
가 계속 나옵니다.

죽은 김정일의 얼굴이 계속 등장하는 겁니다.

하지만 이 화면들은 최근 3년 동안 이뤄졌던 김정일의 현지지도
장면들인데요.

자세히 보면 주인공은 김정일이 아니라 바로 김정은입니다.

김정일의 역사를 보여주는 것이 아니라 김정은의 지도자수업과
정을 다큐멘터리로 만들어 주민들에게 선전하는 겁니다.

쉽게 말해 김정은이 주연이고 김정일이 조연입니다.

김정은의 모습은 주민들에게 측은함과 향수를 불러일으킵니다.

주민들이 아들인 김정은에 대한 충성을 다짐하기 위해 김정일은
지금도 등장하고 있는 겁니다.

신석호: 김정은이 아버지 없이 혼자 돌아다니다 보니까 흥분 된

것 같기도 하구요 또 김정은을 맞이하는 주민들과 군인들도 상당히 어려워하는 어색한 모습이 역력하군요.

변영욱: 김정은은 아버지 김정일에 비해 훨씬 젊습니다. 따라서 화면 속에 나타는 김정은의 모습은 젊고 역동적입니다. 다만 아직까지 어리기 때문에 감정을 추스르지 못하는 가끔씩 눈에 띕니다. 최근에 만경대 혁명학원을 방문했을 때 박수치는 보면서 울컥하는 김정은의 모습이 그대로 화면에 노출 된 적이 있습니다. 또 하나 그 옆에서 사진을 같이 찍고 있는 사람들의 모습인데요. 이들 역시 김정은을 최고 지도자로 모시는 데는 어색함이 있는 것 같습니다. 얼마 전 노동 신문에 나왔던 사진 중에 옆에 있는 군인이 기형적인 방식으로 기대어 서있는 모습이 있었습니다. 처음에 그것이 사진을 조작한 것이 아닐까 생각했는데 동영상을 보니까 그 사람이 김정은 쪽으로 기대야하는데 어렵고 어색했기 때문에 포즈나 행동이 부자연스럽게 나타난 걸로 보입니다.

신석호: 그렇군요 어쨌든 김정은을 보면 손뼉을 치는 모습이라든지 걸음걸이, 살찐 배 이런 게 다 할아버지 김일성과 쏙 빼닮았습니다. 그래서 일각에서는 성형수술을 했다는 이야기도 나왔죠?

변영욱: 네 그렇습니다. 성형수술을 받았을 것이라는 추측이 나온 적이 있습니다. 저도 그 보도를 봤습니다. 하지만 제가 볼 때는 손자가 할아버지를 닮는 것을 자연스러운 일인 것 같구요. 그것보다는 김정은은 할아버지가 썼던 걸음걸이, 헤어스타일, 복장을 이런 것을 똑같이 함으로 할아버지의 카리스마를 이어 받으려는 것이 아니냐는 생각이 듭니다. 특히 김정은이 사람들을 만나서

이야기를 할 때 보면 평소에는 주머니에 손을 넣고 있다가 이야기를 할 때는 손을 꺼냅니다. 다시 말이 끝나자마자 손을 넣거든요? 이런 것은 할아버지인 김일성 시대와 아주 유사합니다.

신석호: 할아버지를 닮은 손자 그래서 김정은을 김일성의 아바타라고 이야기 하는데요. 앞으로 어떤 모습이 연출될지 변기자와 함께 하겠습니다.

● 신석호의 통일시계 17회: 북한X파일(2012년 6월 2일)

신석호: 지난달이죠, 5월 24일과 26일 이틀 동안 김정은이 네 곳의 경제현장에 방문하고 바로 다음날 동영상을 조선중앙TV로 주민들에게 보도했습니다. 김정일 시대하고는 차이가 큰 거죠?

변영욱: 그렇습니다. 김정일 국방위원장 생전에는 현지지도 한 내용들을 짧게는 일주일 길면 한 달, 그리고 심지어 세 달 이후에 기록영화의 형태로 보여 주었습니다. 그리고 일반적인 뉴스에서는 동영상이 아닌 스틸사진으로 보도했었죠. 하지만 김정은의 최근 동영상은 바로바로 공개되고 있습니다. 이것은 김정일 시대와는 차이가 있습니다. 하지만 할아버지인 김일성의 현지지도도 곧바로 편집되어 동영상 형태로 보도됐다는 것을 주목할 필요가 있습니다.

신석호 : 김정은의 현지지도 영상을 바로바로 공개하는 것도 김일성 시대와 같은 거군요.

변영욱: 네 그렇습니다. 김일성 시대에도 현지지도 내용을 그 다음날이나 다음날 바로 공개 했었습니다. 하지만 김정일 시대에

는 빠르면 일주일 늦으면 한 달에서 세달 이후에 편집해서 내보냈습니다. 이것은 김정일의 성격 문제인지 보안 때문인지 알 수 없지만 김정은의 동영상이 공개되는 빈도나 속도는 할아버지 김일성시대와 비슷하다고 할 수 있을 것 같습니다.

신석호: 김정일 시대가 예외적인 것이고 손자인 김정은이 자신의 동영상을 통해 이미지 정치를 펴는 방법도 김일성 주석을 따라한다고 일반화할 수 있겠네요.

변영욱: 맞습니다.

신석호: 이번에 방문한 곳도 특이한데요. 인민들이 먹고 놀고 즐기고 하는 곳 아니겠어요? 태양절 축제가 끝나고 모내기 끝나는 시점에 최고지도자가 이런 곳에 방문한 이유는 뭔가요?

변영욱: 이번 해를 강성대국의 원년으로 약속한 상태이고 여러 가지 처리해야할 문제가 많은데 공개된 놀이시설과 유희시설은 이런 것들은 빠른 시간 내에 성과를 보여줄 수 있다는 장점이

변영욱 기자와 함께한 북한 영상 분석 보도 화면

있습니다. 김정은이 현지 지도하는 형식을 통해 건설된 현장을 곧바로 보여주는 형식을 취하고 있습니다.

신석호: 2012년 강성대국의 원년을 맞아 '우리가 이렇게 좋은 것을 건설하고 있다'는 것을 보여줌으로 지도부가 지상낙원 건설에 노력하는 모습을 보여주는 것이겠죠. 영상학적으로 보면 어떤 특징들이 있나요.

변영욱: 우선 김정은 사진과 동영상의 편집 상태를 보면 컷이 짧습니다. 앵글이 고정된 상태가 아닌 들고 찍는 상태입니다. 보는 사람으로 하여금 속도를 느끼게 합니다. 빠르게 움직이는 김정은의 모습과 사회주의 건설현장의 모습을 교차편집해서 보여줘 김정은과 사회주의 건설현장이 연관이 되어있다는 암시를 보여주고 있습니다. 김정은의 음성 없이 배경음악과 화면을 편집해서 보여줍니다. 우리가 익숙한 뮤직비디오를 보는 듯한 느낌을 주고 있죠.

신석호: 보는 주민들이 영상과 음악의 즐거움을 준다는 뜻이죠?

변영욱: 그렇습니다.

신석호: 동영상 속에 숨겨진 정치적 코드, 전달하려는 메시지가 있을 것 같은데요.

변영욱: 북한에서 최고지도자의 영상은 정치사회화의 목적에 철저히 이바지하고 있습니다. 최근 김정은 동영상에 드러나는 코드는 네 가지입니다. 희망, 대중성, 자신감, 전문성이라 할 수 있습니다.

신석호: 첫 번째인 희망코드는 어디서 찾으셨는지.

변영욱: 김정은 동영상에는 사회주의 부귀영화라는 표현이 등장합

니다. 김정은을 비롯해 인민들이 계속 웃음 짓는 모습이 비칩니다.

신석호: 다음이 대중성 코드인데요.

변영욱: 아주 최근 김정은이 독특한 모자를 쓰고 나옵니다. 어떻게 보면 밀짚모자 같기도 하고요. 북한 사람들이 한여름에 쓰는 모자인 것 같습니다. 일반적인 북한 젊은이들이 쓰기에는 시대에 맞지 않는 패션인 것 같습니다. 나이가 든 사람에게는 친숙한, 그래서 쓰고 나오는 것이 아닌 가 생각합니다. 김정은이 동물원에 가서 바닥에 거의 앉듯이 쪼그린 모습이 나옵니다. 김정은이 특별한 사람이 아니라 일반 인민과 비슷한 사람이라는 연출입니다.

신석호: 자신감 코드는 보통사람 같지만 나라를 일으켜 세우겠다는 자신감에 충만한 지도자라는 것을 보여주는 것인가요.

변영욱: 김정은의 발걸음 보폭을 보면 힘이 넘칩니다. 김정은이 권력을 유지할 수 있는 정도의 힘, 카리스마가 있다는 것을 보여주는 장치인 것 같고요. 바지에 두 손을 넣고 이야기하는 모습이 많이 나옵니다. 나이 많은 사람들 앞에서 대중들 앞에서 손을 넣고 이야기 하는 것이 금기시하는 행위입니다. 거리낌 없는 모습을 보여주고 있고요. 할아버지와는 아버지와는 또 다른 카리스마를 가지고 있는 사람이라는 것을 보여주는 장치입니다.

신석호: 창전거리에 가서는 엘리트를 세워놓고 이야기 하면서 한 다리를 인도위에 올려놓고, 빙상장에 가서는 다리를 벌리고 이야기 합니다. 역시 자신감의 표현인 것 같은데요. 마지막 전문성 코드는 어떤 것인가요?

변영욱: 김정은이 현장을 방문을 해서 난간이 제대로 되어있는지

아닌지 만져봅니다. 옆 사람들에게 이렇게 하라는 지시를 합니다. 창전거리에는 상점 안내 광고 도안을 보면서 자신의 생각은 이렇다고 아이디어를 내죠. 창전거리에 가서 상점끼리 경쟁을 해야 사회주의에서도 경쟁이 있어야 경제가 발전하고 더 많은 서비스를 인민에게 할 수 있다고 하죠. 젊은 후계자가 아니라 국가를 경영할 수 있는 전문성있는 디테일한 준비된 전문가라는 보여주기 위한 장치인 것으로 해석됩니다.

신석호: 동물원에 가서는 엘리트들 앞에서 표지판을 제대로 만들어라 하면서 엘리트들이 받아 적는 모습이 나오는데요. 지도자가 세세한 부분까지 신경을 쓰는 것도 좋지만, 무릇 최고지도자는 큰 것을 걱정해야하는데 표지판 하나까지 간섭하는 것을 보니 북한 체제가 변하려면 아직 멀었구나 하는 생각도 했습니다. 어쨌거나 동영상이 북한 전체를 말하는 것은 아니고 이면에 숨은 의미를 찾아내는 것이 중요하다고 생각합니다.

하여튼 과거 김정일 시대에는 지도자 옆에 누군가 마이크를 들고 있고 엘리트들이 이어폰을 끼고 있었는데, 최근에는 그런 장치들이 없어졌죠?

변영욱: 마이크와 이어폰이 등장한 것은 김정은이 등장한 이후 김정일의 현지지도에서입니다. 현장에서 김정일이 듣는 이야기를 김정은이 들을 필요가 있는 것이고요 혹시 김정은이 현지지도를 같이 가지 못했을 때 녹음파일 형태로라도 들을 필요가 있는 것이죠. 지금은 김정은이 혼자 다니기 때문에 이어폰을 사용할 이유는 없는 것이고요.

신석호: 김정은이 식당 종업원들과 사랑의 기념사진을 찍었는데 김정은이 중앙에서 약간 한쪽으로 서있고요 같은 거리 반대쪽엔 장성택이 있습니다. 김정은과 장성택의 권력이 비슷한 정도라는 의미를 부여해도 되나요?

변영욱: 흥미로운 지적이라고 생각합니다. 사진에 등장하는 사람들은 북한의 권력의 크기를 반영합니다. 김일성, 김정일 시대에 모두 그랬고 최근에 김정은이 장성택을 비롯한 일부와 함께 권력을 분점하는 상태가 아니냐는 관심이 있습니다. 영상 분석을 통해 권력분포를 어느 정도 예측을 할 수 있다고 생각합니다. 그러나 TV화면에 드러난 몇 가지 증거만으로 김정은과 장성택의 권력이 동등한 상황이라고 말하기에는 조금 부족합니다. 그러나 관심 있게 보아야 할 부분이라고 생각합니다.

신석호: 남북이 긴장된 상태로 대치한 상태이지만 새 최고지도자가 쇠락한 경제를 살리겠다는 것은 나쁘지 않아 보입니다. 하지만 북한 최고지도부도 잘 알고 있습니다. 진정으로 경제를 일으켜 세우려면 김정은이 이야기처럼 경제 주체들이 서로 경쟁하게 해서 잘 일한 사람들이 더 많이 분배 받을 수 있는 시장메커니즘을 받아들이는 것이겠죠. 북한 지도부의 경제회생 노력이 북한의 개혁과 개방을 추동하는 시발점이 되길 기도합니다. 변 기자 바쁘신데 나와 주셔서 감사합니다.

변영욱 : 고맙습니다.

신문과 방송, 다르지만 같다

2012년 7월 1일자 인사로 동아일보 편집국 국제부에 복귀할 때까지 7개월은 방송을 한다는 것이 신문에 기사와 칼럼을 쓰는 것과 얼마나 많이 다른지 새삼 깨닫는 기간이었다. 기사와 칼럼에서는 글솜씨가 중요하지만 방송에서는 말솜씨와 영상이 최우선이라는 점이 가장 큰 차이점이다.

우선 방송에서는 아무리 좋은 리포트를 썼다고 해도 이를 전달력 있는 목소리로 표현하지 못하면 소용이 없다. 필자도 '신석호의 통일시계' 앵커를 맡은 이후 외부기관에서 앵커 교육을 받다가 'ㅅ' 발음을 할 때마다 이와 이 사이로 혀를 내미는 '치명적인' 버릇이 있다는 사실을 알게 됐다. 충격을 받은 필자는 이후 '사소한' '사시미' '사사기' '사사로운' '상상' '상습' 등 교정용 단어를 매일 중얼거리며 교정 훈련을 했다.

영상의 중요성은 더 말할 나위가 없다. 지난해 종편으로 발령을 받았을 때 같이 외교통상부를 출입하던 KBS 송현정 기자가 "선배, 내가 표현하고 싶은 대목에 알맞은 영상이 없을 때 얼마나 답답한지 모르실 거예요."라고 할 때 까지만 해도 그 의미를 잘 몰랐다. 하지만 지금은 안다. 방송에서는 영상이 없으면 리포트 아이템을 아예 포기하기도 한다. 리포트 아이템을 결정하기 전에 영상이 있는지부터 따진다.

신문이 세세한 글감을 챙겨 아이템별로 보통 200자 원고지 10매 안팎의 장문을 써야 한다면 방송 리포트 글은 위의 사례처럼 짧아서 좋다. 전형적인 1분 30초짜리 리포트는 700자 안팎, 원고지 3.5매에 불과하다. 군더더기나 기자의 관측, 장황한 분석 등은 기피 대상이며, 전달 내용을 인터뷰와 그래픽을 붙여 핵심적으로 드라이하게 다룬다는 점도 방송 기사의 특징이다.

신문기자는 익명의 취재원을 인용하며 내밀한 이야기를 전달할 수 있고 방송기자는 가급적 취재원을 인터뷰해 영상을 보여줘야 한다는 점도 다르다. 다양한 취재원의 속 깊은 이야기와 미묘한 뉘앙스 전달, 깊이 있는 분석이 어려운 것은 방송의 단점이다.

반면 긴급한 상황에서의 생방송 특별보도는 방송만이 가진 매력이다. 북한이 '광명성 3호' 장거리 로켓 발사를 예고한 3월 16일, 정오에 북한TV를 통해 이 사실을 안 필자는 채널A 오후 2시 뉴스에 출연을 자청해 약 7분 동안 생방송으로 중요 팩트와 분석, 전망 등을 전달하고 손을 털었다. 신문기자들이 그때부터 취재를 시작해 밤 12시까지 판을 갈아가며 장문의 기사를 쓰고 또 고치고 하는 것과 비교하면 이제는 생방송이 훨씬 편하다.

신문기자로 돌아온 7월 18일에도 북한이 정오에 '중대 보도'를 한다고 해 점심약속을 깨고 부랴부랴 동아미디어센터로 돌아와 21층 채널A 메인뉴스 스튜디오에 앉았다. 2011년 앵커 역할을 맡은 윤경민 채널A 국제부장과 마주앉으니 12월 19일 김정일 사망 당시 첫 호흡을 맞췄던 때가 생각이 났다. 한편으로는 필자가 교수님들 앞에서 구술시험을 보기 직전의 대학원생 같다는 생각이 들었다. '아 또 오늘은 무슨 일일까. 발표 이후 내 인생은 또 어떻게 되는 것일까.' 하지만 조금 싱겁게도 북한은 김정은이 '공화국원수'

칭호를 받았다고 보도했다. 시청자들에게 짧은 설명을 하고 웃으며 스튜디오를 내려왔다.

많은 차이가 있지만 신문기자나 방송기자나 다양한 소스를 통해 기사의 재료를 모으고 이를 객관성과 공정성 등 저널리즘의 원칙에 맞게 가공해 보도한다는 점에서는 기본적으로 같다. 열심히 취재를 해야 멋지게 보도할 수 있다는 진리는 똑같다는 뜻이다. 오히려 방송이 신문보다 저널리즘 원칙에 더 엄격하다. 방송이 가진 대중적 파급력 때문이다.

흔히 방송기자가 신문기자보다 해당 분야의 전문성이 덜 필요하다고들 하지만 나는 채널A 7개월의 경험을 통해 정반대의 생각을 갖게 됐다. 신문기자는 급한 일이 터지면 마감 시간까지 전문가와 통화하고 책을 뒤지고 과거 기사를 찾아볼 시간이 있다. 하지만 방송기자는 특보 상황에서 그럴 여유가 없다. 바로 속보 자막을 넣고 스튜디오에 올라가 한 시간이고 두 시간이고 떠들어야 한다. 미리 원고를 쓸 시간도 없다. 누구도 나에게 원고를 대신 써 주지 않는다. 오로지 자신의 지식과 경험에 의존할 뿐이다.

이쯤에서 이 글의 서두에 김정일 사망 당시 필자의 경험을 장황하게 쓴 이유를 밝혀야겠다. 많은 사람이 언론계가 사양산업이요 기자가 기피직종이라고 말한다. 신문기자는 정파적이고 방송기자는 겉멋만 부린다고 잘 모르는 대중은 쉽게 폄훼한다. 그다지 좋지 않은 외부의 평가를 극복하고 언론과 언론인이 스스로 우리 업계와 직업의 사회적 필요와 위상을 지켜내는 유일한 길은 전문성을 키우는 것이라고 필자는 믿는다.

나이 40이 넘어 신문기자에서 방송기자로 그럭저럭 변신할 수 있었던 가장 큰 비결은 '그냥 기자' 말고 '공부하는 기자'를 추구했기 때문이다. 이전에는 나도 글 잘 쓰는 기자 따로 있고, 말 잘하는 기자 따로 있는 줄 알았다. 하지만 이제는 후배에게 감히 말해줄 수 있겠다. 한 분야를 깊이 공부하고 경험해 제대로 알면 잘 쓸 수도 있고 잘 말할 수도 있다고.

◆관련 칼럼◆

김정은 '사랑의 기념사진'만으론 안 된다

초록색 군인 코트를 입고 원통형 털모자를 썼지만 어린아이들이 분명했다. 계단에 빼곡히 줄을 맞춰 서 박수를 치는 '어린 군인'들의 앳된 얼굴에는 호기심이 가득했다. 곧이어 나타나 이들과 포옹한 북한 3대 세습 후계자 김정은의 얼굴에도 만족함이 흘러넘쳤다. 북한 매체들이 지난달 25일부터 보도한 김정은 만경대혁명학원 방문의 한 장면이다.

북한 스카이다이빙 선수인 전철구 김성심, 김형준 강혜심 부부는 새 최고지도자 앞에서 고공낙하 실력을 뽐낸 뒤 그의 팔짱을 끼고 사진을 찍는 '영광'을 누렸다. 조선중앙TV는 29일 김정은이 항공체육단체인 '서부지부 항공구락부'를 방문했다고 전하면서 "경애하는 김정은 동지께서 부부들과 사랑의 기념사진을 찍으시었습니다"라고 찬양했다.

아버지 김정일 국방위원장 사망 후 두 달이 채 안 된 상중이지만 아들 김정은은 '현지지도 정치'에 다걸기(올인)를 하고 있다. 1월 한 달 동안 매체들이 보도한 것만 14건으로 이틀에 한 번꼴이다. 군부대 방문이 10건으로 가장 많지만 모형항공기 비행과 스카이다이빙 시범 공연을 즐기는 '놀이형 현지지도'도 적지 않다. 아버지가 1994년 7월 할아버지인 김일성 주석 사망 이후 꼭 100일 동안 은둔생활을 한 것과는 전혀 판판이다.

김정은은 현지지도를 다니며 '뭐 정치 참 쉽네'라고 생각할 것 같다. 군부대, 공장, 학교, 공연장 등 자신이 나타나는 곳마다 당국자와 인민들이 나와 환호한다. 20대 후반인 자신을 최고지도자로 떠받들고 심지어 '어버이'라 부르며 눈물까지 흘린다. 자신이 그저 존재하는 것만으로, 자신의 말 한마디로 모든 국사가 술술 풀릴 듯 착각할 수 있다.

전문가들은 북한 최고지도부와 주민들의 집단 흥분 상태가 올해 4월까지는 갈 것이라고 전망한다. 2월 16일에는 김 위원장 70회 생일, 4월 15일에는 김 주석 100회 생일 등 정치행사가 잇따른다. 이미지 조작을 위한 '미디어 정치'는 쉽다. 중국이 대규모 지원을 한다니 평양의 핵심 지지 계층에는 고깃국과 쌀밥을 배급할 수 있을지 모른다. 생전 아버지가 초를 잡아둔 계획에 따라 미국과 대화를 시작하며 인민들에게 희망을 줄 수도 있다.

하지만 그 다음이 문제다. 김씨 왕조를 찬양하는 무대의 불이 꺼지고 새 지도자에 대한 인민들의 호기심이 사라지는 순간이 곧 온다. 여느 독재자와 마찬가지로 김정은도 정책 성과를 내 자신의 정당성을 쌓아가야 한다. 평양의 외교공관들에 전기와 물도 제대로 공급하지 못하는 북한에 가장 절실한 것은 역시 경제 회복이다.

북한 체제에 아직 희망을 가진 이들은 이런 객관적인 환경 때문에 김정은이 개혁과 개방에 나설 것이라고 전망한다. 미국과의 대화를 통해 우라늄 농축을 중단하고 국제원자력기구(IAEA) 감시단을 다시 받아들이는 등 '비핵화 사전조치'를 이행할 거라고 내다본다. 6자회담을 열어 대화에 나서는 척할 거라는 기대도 나온다.

하지만 경험이 없는 김정은의 정책 수행 능력에 고개를 내젓는 사람이 더 많다. 기득권 유지를 바라는 군부 등 '북한 수구 세력'의 반대를 누르고 '전환의 계곡'을 건널 능력이 과연 그에게 있을까. 대화 제의와 도발을 번갈아 하며 강대국 미국을 상대했던 아버지의 '선군 외교'를 흉내라도 낼 수 있을까. 오늘 또다시 현지지도 길에 오를 김정은도 이런 고민을 하고 있을 것 같다는 생각이 문득 든다.

_ 동아일보/'광화문에서'/2012.02.01.

9장

경험으로 설득하기

천안함 폭침 사건으로 남북 인적 교류가 끊어진 2010년 5월 24일 전까지 수십만 명의 한국인이 북한에 다녀왔다. 개성공단과 금강산 관광 외에도 인도적 지원과 내륙 경협사업을 위해 평양과 북한의 깊숙한 곳을 다녀온 사람들이 많다. 이들이 북한에서 보고 듣고 경험한 것들을 잘 모아보면 더 입체적인 북한 그림이 그려지지 않을까. 자기 고백을 위한 용기를 낸다면, 직접 경험한 북한을 놓고 털어놓는 진솔한 이야기가 더 설득력이 있다. 아직 다양한 이유로 북한에서의 경험을 공개하지 않은 취재원들이 수두룩하다. 나의 이야기보따리를 먼저 풀고, 그들도 설득해 보자.

이명박 정부 출범 첫 해, 2008년 7월 11일 발생한 금강산 관광객 피격 사망사건은 안 그래도 추락하던 남북관계는 지표면에 충돌시켰다고 해도 과언이 아니다. 50대 여성 관광객인 박왕자 씨가 북한 군인이 쏜 총에 맞은 당시 사건은 북한이 한국인의 생명과 안전에 얼마나 위험한 존재인지를 한국인 모두에게 각인시켰다.

사건이 터지자 북한의 의도가 있었다고 보는 분석들이 터져 나왔다. 한 대북 정보 관계자는 "북한 당국은 1, 2개월 전부터 금강산 등 '남북의 접촉면'에서 일하는 당국자들을 상대로 '규정대로 엄격하게' 사무를 처리하라는 지침을 내린 것으로 안다"며 "이번 사건도 큰 틀에서 '접촉면에서의 긴장 유발'이라는 전술의 연장선 위에 있다"고 해석했다.

보수 성향의 한 정보 관계자는 "북한이 남북관계의 긴장을 유발하기 위해 의도적으로 사건을 일으킨 것"이라며 "서해 북방한계선(NLL)을 침범하려 했으나 올림픽을 앞둔 중국의 눈치가 보여 동해를 택했다"고 해석했다. 서재진 통일연구원장은 "북한은 2007년 10·3합의로 6자회담 프로세스 진전 및 북미관계 개선이 예상되자 체제 유지에 위험이 되는 남북관계의 속도를 조절하려고 했다"며 "이 대통령이 국회 시정연설을 통해 '전면적인 대화재개'를 천명하기로 한 날 새벽에 사건을 일으킨 것도 이와 무관하지 않을 수 있다"고 말했다.

하지만 모든 사건사고가 그렇듯이 당시 사건도 사전 징후가 있었고 우연적인 요인이 겹겹이 쌓여 있었다. 이명박 정부 출범 이후 대남 비방을 계속하던 북한은 2008년 6월 22일 남북군사회담 북측 대변인 명의의 담화를 발표하고 한국 정부가 지난해 10월 남북정상회담에서 합의한 '3통(통행 통신 통관) 합의'를 이행하지 않아 금강산 관광사업과 개성공단사업에 위기가 조성되고 있다고 주장했다. 이른바 '금강산·개성 위기론'의 시작이었다. 북한은 이틀 뒤인 6월 24일부터 오전 시간엔 개성공단 입주기업 등이 남측으로 인력과 물자를 이동하지 못하도록 막는 등 압박하기 시작했다.

이 책을 통해 처음 밝히는 팩트이지만, 사건이 터지기 전 탈북자 몇 명이 금강산 관광지구를 통해 탈북을 하는 사건이 발생했다. 이후 관광지구 인근 북한 군 경계병들이 상부로부터 호된 질책을 당하고 경계를 강화한 것으로 알려졌다. 북한 측은 탈북을 받아준 남측 당국에 강력하게 항의한 것으로 전해졌다. 남북관계가 악화되는 과정에서 남북한 접촉면인 금강산을 통한 탈북 사건이 터지자 북측 군인들의 신경이 곤두선 상황이었던 것이다.

이런 상황을 파악하고 있던 고위 정보 당국자는 사건 직전인 6월 25일 "북한이 이명박 정부를 압박하고 대북정책을 바꾸기 위해 개성공단이나 금강산 등 남북의 접촉면에서 긴장을 고조시킬 가능성을 경계해야 한다"고 경고했다.

당시 사건이 의도적인 것인지 우발적인 것인지는 아직 단정하기 힘들다. 그러나 분명한 것은 북한이 무장을 하지 않은 50대 여성 한국인 관광객을 식별 가능한 상태에서 사살했다는 사실이다. 이는 서해 NLL에서 교전으로 군인이 사망하는 것과는 차원이 다른 사건이다. 사건이 알려진 7월 12일 통일부가 있는 정부 중앙청사 별관 앞을 지나던 50대 여성들은 "저런 나라에 왜 돈을 주고 가는

지 모르겠다. 그 돈 다 김정일 호주머니로 들어간다는데 돈 주고 목숨도 잃은 꼴 아니냐"며 분통을 터뜨렸다.

당시 사건으로 햇볕정책 10년 동안 정부가 쉬쉬하던 방북 한국인의 허술한 신변안전 문제도 여실히 드러났다. 햇볕정책을 펼친 10년 동안 정부는 같은 민족으로서 북한의 긍정적인 면을 강조하는데 치중했다. '적'으로서 북한의 부정적인 모습은 상대적으로 덜 부각됐고, 북한이 주는 위험은 무시되거나 평가절하됐던 것이다.

신변안전 문제에 대해 책임 있는 당국 간 합의서는 2004년 체결된 금강산 및 개성공단 지구에 대한 것이 유일했다. 개성 관광에 대해서는 사업자들 사이의 합의서가 위 당국 간 합의서를 준용하기로 했을 뿐이다. 나머지 평양과 묘향산, 백두산 등 북한 일반 지역을 방문하는 인도적 지원단체 등의 경우 이런 합의서도 없이 북한이 보내는 초청장만 믿고 현지를 방문한 것으로 드러났다.

북한은 그 해 8월부터 초청장이라는 표현을 사용하지 않고 방북 요청에 대한 '동의서'를 보내기 시작했다. 한 대북 인도적 지원 단체 관계자는 "금강산 관광객 피격 사망 사건으로 국내에서 방북자 신변안전 문제가 커지자 북측이 '우리가 언제 당신들에게 오라고 애원했느냐, 당신들이 오겠다고 희망해서 동의해준 것일 뿐'이라는 점을 강조하고 있다"고 말했다.

나와 우리의 경험 모으기

그렇다면 햇볕정책 10년 동안 방북자들은 개인 신변안전 문제에서 자유로웠을까. 전혀 그렇지 않다. 신변안전에 대한 위험이 있었지만 정부와 민간이 스스로의 이해관계 때문에 쉬쉬하는 바람에 잘 알려지지 않았을 뿐이다. 현재도 국가정보원이나 군 기무사 등이 보관하고 있는 'X파일'에는 방북 한국인이 당한 신변안전 위험과 실제 사건사고 등이 고스란히 기록돼 있다. 2000년부터 2008년까지 북한을 아홉 번 방문했던 나는 다른 방북자들과의 소통을 통해 경험을 공유하고 있었다. 문제의식을 품은 나는 나와 동료들의 경험을 종합했고, 2008년 10월 호 〈신동아〉에 기고했다. 우선 개인에게 닥치는 다섯 가지의 위험 유형을 정리했다. 오늘 당신이 북한을 방문하는 순간 아래 다섯 가지 위험에 빠지게 된다는 이야기다.

첫째, 금강산 사건으로 확인된 '군사적 위험'이다. 민간인이 허술한 군 경계선을 넘어섰다는 이유로 당장 총에 맞을 수 있다는 것은 일반적인 한국인은 이해하기 힘든 현실이다. 그러나 북한은 '선군정치'를 강조하는 '병영국가'다. 북한 당국의 의도 여부를 떠나 고(故) 박왕자 씨를 사살한 군인은 언제든지 '명령준수'의 정당성을 강조할 수 있는 나라다. 비단 박씨뿐만 아니라 많은 한국인이 '사선'인 군 경계선을 넘었음이 드러나고 있다. 한 대북사업가는 "노무현 정부 시절 금강산을 자가용으로 방문했다가 길을 잘못 들어 군부대 안으로 들어가 초병의 제재를 받고 다시 나온 적이 있다. 올해 그랬다면 목숨을 잃을 수도 있었을 것"이라며 가슴을 쓸어내렸다.

둘째, 정치적 위험이다. 1990년대 이후 북한 당국의 최대 국가목표는 체제의 유지다. 따라서 한국의 정권에 관계없이 자신들의 체제 유지에 위험이 되는 행동을 하는 방북 한국인은 언제나 공격의 대상이 된다. 금강산 관광 초기인 1999년 여성 관광객 민영미 씨가 안내원에게 "귀순자들이 한국에서 잘산다"고 발언했다가 11일 동안 억류됐던 사례가 대표적이다. 한 걸음 더 나아가 북한에서 함부로 내뱉은 말은 대부분 '안내원'을 위장한 대남 요원에 의해 기록돼 언젠가는 세상에 알려질 수 있다는 사실을 아는 사람이 많지 않다. 말실수를 하거나 아니면 북한의 '미인계'에 넘어가 약점을 잡힌 뒤 한국에 돌아와 북한 당국의 요구대로 간첩 행위를 하는 '점잖은' 한국 남성이 적지 않다는 소문이 파다하다.

셋째, 안전사고의 위험이다. 지난해 10월 금강산 구룡폭포 인근 무룡교의 철제 다리가 끊어져 관광객 24명이 추락하고 이 중 3명이 중상을 입는 등 금강산에서 일어난 사고는 익히 알려져 있다. 그러나 북한이 외부에 보여주기 위해 잘 관리하고 있는 수도 평양 시내 한복판에서도 한국인들이 사고로 피해를 본 사실은 잘 알려지지 않는다. 정보 당국자는 "몇 해 전 한 단체가 대규모 방북단을 이끌고 평양을 관광하다가 시내 한복판 건물에서 대형 안전사고를 당하는 등 말하기 힘든 비밀이 적지 않다"고 말했다. 경제난 때문에 제대로 수리를 받지 못한 북한의 모든 건물과 기계류 등은 위험 덩어리다. 북한은 국적기인 고려항공이 한 번도 추락 사고를 내지 않았다고 선전하지만, 대부분 1950~60년대에 만들어진 소련제 비행기를 운항하는 고려항공을 타고 북한을 들고 나는 일은 언제나 위험하다. 한 변호사의 경험담이다.

"몇 해 전 난생처음으로 북한을 방문하고 돌아왔다. 아무리 잘 가꾸어놓은 평양 시내도 우리의 1960년대 수준이라는 사실을 깨닫고 무척 우울하고 슬펐다. 중국에서 낡은 고려항공을 탄 순간부터 마음이 조마조마해서 늘 조심하고 다녀야 했다. 그런데 북한을 나오는 고려항공 여객기가 중국 베이징 공항을 얼마 안 남긴 상공에서 기류에 휩쓸려 수십 미터를 직활강하는 거다. '이렇게 죽는구나' 생각하니 너무 억울하고 후회스러웠다. 다행히 별일 없었지만, 나는 이 일로 다시는 북한에 가지 않겠다고 마음을 굳게 먹었고 지금도 그 다짐을 지키고 있다."

넷째, 이유 없이 경제적 손해를 볼 위험이다. 북한을 방문한 한국인 애주가들은 달러 창고로서 이른바 '봉' 취급을 당한다. 북한의 양각도호텔 등에서는 2000년대 들어 한국인들의 방문이 잦아지

2002년 방북 때 평양역을 방문한 필자 일행

자 이들을 노린 술집이 성업 중이다. 애주가 3~4명이 우리식 단란주점에서 맥주 몇 병에 접대원 노래 몇 곡 들으면 500달러는 기본이다. 환율을 1,000원으로 계산해도 50만원이면 서비스가 좋은 한국 단란주점과 비교할 때 비싼 편이다. 하물며 달러 부족에 시달리는 북한에서 일반 노동자의 한 달 월급이 1달러가량인 점을 감안하면 엄청난 바가지인 셈이다. 한국인을 접대하는 북한 술집들은 대부분 조선노동당이나 조선인민군 등 권력기관이 운영하는 곳이다. 이들은 수중에 가진 돈이 없다고 하면 차용증을 받아 아침에 돈을 받으러 오기도 한다. 이렇게 악착같이 모은 달러는 대부분 김정일 국방위원장의 호주머니로 들어가 그가 당과 군의 권력자들을 '당근'으로 다스리는 데 사용된다.

마지막 다섯째, 선량한 북한 주민을 다치게 할 위험이다. 북한에 가면 '안내원'이라는 사람들이 전체 일정을 따라다닌다. 명분은 안내지만 일종의 보호이기도 하고 한편으로는 감시와 정탐도 한다. 한국인이 접촉할 수 있는 북한인은 이들과 식당 및 상점의 종업원뿐이다. 가끔 평양 지하철에서 주민들과 이야기할 수 있지만 이 역시 연출이라는 것이 정설이다. '진짜' 북한 사람을 접촉하고 싶은 욕심 많은 한국인들은 안내원을 따돌리고 몰래 길거리의 북한 주민을 접촉하려고 시도한다. 2000년대 초반 평양을 방문한 한 인사의 경험담은 그가 얼마나 북한 주민에게 몹쓸 짓을 했는지 보여준다.

"일행 10여 명이 안내원을 졸라 밤에 불이 밝혀진 평양역 광장에 나갔다. 일행이 안내원을 따라 역 구내를 둘러본 뒤 다시 숙소인 고려호텔로 돌아가는 틈을 타 나는 동료 한 명과 뒤로 처져 한

건장한 청년에게 접근해서 사진 한 장을 함께 찍자고 부탁했다. '진짜' 북한 사람과 내가 나란히 서고 동료가 사진을 찍는 동안 '요즘 살림살이가 어떠냐'고 한마디 물어보았다. '그럭저럭 살 만하다'는 답이 돌아왔다. 그 순간 두 사람이 사라진 것을 알아챈 안내원이 허겁지겁 뛰어왔다. 그러더니 북한 주민을 죽일 듯 노려보며 '이 동무에게 무슨 말을 했나?'라고 소리를 질렀다. 주민은 순간 겁에 질린 듯 자리에 주저앉았다. 그러고는 벌벌 떠는 것이었다. 황급히 안내원을 잡고 호텔로 돌아와야 했다."

이 인사는 아직도 그 주민에게 별탈이 없을 것이라고 생각하고 있다. 하지만 탈북자들의 증언에 따르면 그렇지 않다. 한 고위직 출신 탈북자는 "그 주민은 주변에 포진해 있던 감시원들에게 끌려가 간첩이 아닌지 조사를 받았을 것"이라고 단언했다. 그는 "안내원이 저녁에 평양역을 방문하도록 했다면 이는 분명히 연출이며, 역 주변에는 주민으로 위장한 감시 요원들이 쫙 깔린 상태였음이 분명하다"며 "만일 주민에게 다른 수상한 점이 발견됐다면 간첩으로 몰려 심한 경우 죽을 수도 있다"고 말했다.

어딘가 적어두면 반드시 활용할 날이 온다

금강산과 평양 곳곳을 두루 방문했던 필자에게 박왕자 씨의 죽음은 남의 문제처럼 느껴지지 않았다.[8] 내가 금강산을 방문한 것

---

8) 이후 금강산 관광 재개 문제를 둘러싼 남북의 실랑이는 금강산뿐만 아니라 북한 전체에 대한 필자의 인식을 크게 바꿔놓았다. 필자는 답답한 마음을 〈민족화해〉 2010년 2월호에 '나의 금강산 관광 변심기'라는 제목의 글로

은 2000년 가을이었다. 분단된 한반도에 태어난 지 30년 만에 북한 땅을 처음 밟은, 개인사의 큰 사변이었다. 그해 제1차 남북 정상회담에서 김대중 당시 대통령과 김정일 국방위원장이 손을 맞잡고 6·15공동선언을 발표한 뒤 정부와 현대그룹은 우리 사회의 다양한 사람들이 금강산을 방문해 '좋아진' 남북관계를 확인하도록 했던 것 같다. 당시 동아일보 법조팀 기자였던 나는 현직 검사 10여 명 및 타사 법조기자들과 함께 배를 타고 3박 4일 동안 금강산 관광을 즐겼다.

기자가 된 뒤 법조팀에서만 일했던 당시의 나는 민족문제를 깊이 고민해보지 못한 상태였다. 다만 남북의 정상이 평양에서 6·15공동선언을 하고 김대중 대통령이 귀환해 대 국민 보고 연설을 하는 장면을 TV를 통해 지켜보면서 '분단이라는 거대한 구조가 두 정치 지도자라는 개인의 결단에 따라 흔들리는구나'라는 정도의 다소 이론적이고 감상적인 시대인식을 하고 있을 때였다.

10년 전의 일이지만 산행 중 북한 안내원들과의 만남과 가을 금강산의 아름다움, 온천 목욕, 함께 간 일행들과의 즐거운 저녁 술자리 등이 아직도 기억에 남는다. 특히 관광을 마치고 귀환하는 밤배에서 검사들과 술자리를 함께 하며 이야기를 나누는 동안 북한에 대한 남한 사람들의 시각이 정말 다양하다는 사실을 깨달을 수 있었다. 같은 금강산을 3일 동안 관광한 검사들의 소회가 이념적 성향에 따라 크게 엇갈렸기 때문이다. 당시 검사들 몰래 노란 포스트잇에 적어 놓은 대화 내용은 이렇다.

실었다. 이하는 그 글을 수정 보완한 것이다.

보수적인 A검사는 "안내원들의 눈빛을 보니 잘 훈련받은 요원 같았다"고 말했다. B검사는 "화장실도 제대로 사용할 수 없고 변을 싸서 내려와야 하고 통행과 통관 과정이 너무 엄격하고 당국자들이 너무 불친절했다"고 불만을 토로했다.

그러나 진보 진영의 C검사는 "북측 안내원들이 미국 올브라이

2000년 가을 금강산 첫 방문 당시 기념 사진

트 국무장관에 대해 좀 알려달라고 묻는 등 외부세계에 대해 궁금해 하는 것을 보니 북한이 바뀌고 있다는 생각이 들었다"고 했다. D검사도 "개인이 산에서 본 변을 봉지에 넣고 내려오게 할 정도로 국가가 강제적으로 자연을 보호하는 것은 좋은 일"이라고 말했다.

중도적인 검사들은 북측 사람들을 설득했던 경험을 말했다. E검사는 "한 여성 안내원이 국가보안법이 잘못됐다고 하자 우리 법체계를 설명해 줬다"며 "특히 한국에서는 권력자도 법아래 있다고 말해줬다"고 말했다. F검사는 "어쨌거나 남북이 사랑하고 서로 합칠 마음을 키워야 한다"며 "그러기 위해서는 대화가 중요하다"고 말했다.

나는 2년 뒤인 2002년 7월 평양을 처음 방문해 북한이 '7·1 경제관리 개선조치'라는 이름으로 제한적이나마 경제 개혁과 개방을 추구하고 있는 사실을 목도했다. 그해 9월부터 북한의 경제 개혁을 주제로 북한학 석사 과정을 시작한 뒤 금강산 관광 등 남북 교류협력에 대해 더 적극적인 생각을 가지게 됐다.

당시의 나는 남북 교류협력이 활성화되면 상호 의존도가 높아지고 한반도의 긴장 완화는 물론 통일기반이 조성될 수 있다는 이론을 별 비판 없이 받아들였다. 남북교류협력의 상징인 금강산관광은 단순히 현대그룹의 돈벌이가 아니라 한반도 긴장 완화라는 긍정의 외부효과를 나타내고 있다고 믿었다. 특히 북한이 남한과의 경제협력을 통해 벌어들인 돈을 '마중물' 삼아 피폐한 경제를 회복시킬 수 있기를 기대했다.

당시의 금강산 관광은 대립과 긴장, 화해와 협력이 교차하는 한반도에서 화해와 협력의 바로미터였다. 김대중 노무현 정권은 북한이 1999년과 2002년 연평해전을 도발했을 때에도, 2006년 첫 핵실험을 했을 때에도 금강산 관광은 중단되지 않았음을 선전했다. 이렇게 금강산관광 등 남북 교류협력이 지속되는 것은 한반도에 화해와 협력의 메커니즘이 계속 작동하고 있다는 신호로서 국제사회가 평가하는 한국의 국가 위험도를 낮은 수준으로 유지하는데 중요하다고 홍보했다. 나도 그들의 논리에 크게 반대하지 않았다.

그러나 이런 순진한 생각은 2005년 박사학위 과정을 시작하면서 바뀌기 시작했다. 나는 북한과 쿠바를 비교하면서, 또 북한이 다시 보수적인 정치 경제정책을 회귀하는 과정을 목도하면서 북한 체제가 스스로 변화하기 힘든, 정치 경제적으로 매우 왜곡된 상태라는 점을 깨달았고 금강산 관광에 대해서도 의문을 가지게 됐다. 매년 3,000만 달러에 이르는 금강산 관광 대가는 어디로 흘러가는 것일까. 김정일 국방위원장이 주무르는 '수령 경제'에 흘러 들어가 남한을 위협하는 군사비로 전용되는 것이 아닐까. 남북이 어떤 이유로든 군사적으로 대치할 경우 금강산과 개성공단은 '전략적 취약성'에 노출되는 것이 아닐까.

이런 가운데 2008년 이명박 정부가 출범했지만 대부분의 전문가들은 "약간의 정치적 갈등은 있겠지만 남북이 10년 동안 진행했던 교류협력의 물줄기는 그대로 이어질 것"이라고 전망했다. 새로 출범한 정부도 금강산과 개성공단을 유지하겠다고 밝혔다. 북한도 남한 당국과는 거리를 뒀지만 민간 교류협력은 지속하는 '통민봉관'의 자세를 유지했다. 그렇게 금강산 관광은 계속 남북 화해와 협력의 바로미터 자리를 유지하는가 싶었다.

2008년 7월 11일 금요일, 모든 것이 바뀌었다. 당시 통일부 기자들은 한가롭게 휴일을 준비하거나 이른 여름휴가를 떠난 상태였다. 남아있던 기자들이 대통령의 국회 연설을 듣기 위해 TV를 보던 중 긴급 뉴스가 자막으로 흘러나왔다. '금강산에서 관광객 1명 총에 맞아 사망.' 통일부 대변인은 오후 4시 경 비통한 표정으로 여성 관광객인 고 박왕자 씨가 당일 새벽 금강산 관광지구 내 북한 군 경계지역에서 초병의 총에 맞아 사망했다고 공식 브리핑을 했다. 관광 시작 10년 만에 처음 일어난 비극이었다.

박 씨의 원통한 죽음은 통일부 기자들의 삶은 물론, 금강산 관광과 남북관계를 한 치의 앞을 내다볼 수 없는 역사의 수렁 속에 빠뜨렸다. 통일부 기자들의 고달픈 야근은 이후 한 달 이상 계속됐다. 당일 중단된 금강산 관광은 지금까지 재개되지 못하고 있다. 남북관계는 악화돼 그해 11월에는 금강산과 개성공단을 오가는 육로 통행에 대한 제한 및 차단 조치가 단행됐다. 북한은 2009년 상반기 내내 남한에 대한 무력 위협을 중단하지 않았다.

나는 당시 사건을 취재하면서 애써 끓어오르는 감정을 단속해야 했다. 2000년 가을 풍경 좋았던 금강산이 떠올랐다가 북한군 초병을 피해 달아나다 총에 맞고 쓰러지는 박 씨의 모습이 연상됐다. 당시 53세였던 박 씨가 내 어머니요 고모였다면 얼마나 마음이 아팠을까 생각됐다. 당시 많은 한국인들이 그랬다. 특히 금강산을 다녀온 적이 있는 어르신들은 자신도 희생자가 될 수 있었다는 생각에 가슴을 쓸어내렸다.

현인택 통일부 장관은 2월 18일 동아일보와의 인터뷰에서 "북한이 과연 금강산 관광객 피격 사망 사건에 대해 우리 국민이 느끼고 있는 심각성을 이해하고 있는 것인지 의문이 간다"고 말한 것은 이 사건 때문에 집단적인 '트라우마'를 얻은 우리 국민들의 정서를 적절히 반영한 것이다. 그날 북한 군 초병이 쏜 것은 단순히 군사 경계구역에 들어온 남한 관광객이 아니라 남북 화해와 협력의 상징이던 금강산 관광이요, 남북이 힘들게 일궈 온 남북관계 그 자체였다.

잡다한 개인사를 늘어놓은 이유는 북한 당국자들에게 조금이라도 참고가 됐으면 하기 때문이다. 북한 당국은 8일 회담에서 "이미 사과할 것은 했고 진상은 규명됐으며 김 위원장의 한 마디로 재발 방지 약속도 했다"며 빨리 관광을 재개하자고 재촉했다고 한다. 그러나 북측이 생각하는 것처럼 남측의 상황은 쉽지 않다.

지금 남측 사람들에게 금강산 관광은 2000년 가을 그 좋던 시절의 그것이 아니다. 당시 감상적인 민족의식에 충만했던 남측의 보통 사람들은 이제는 북한의 실체에 대해 너무 많이 알아버렸다. 박 씨의 죽음은 남북이 화해하고 협력해야 하지만 아직 군사적으로 대치하고 있는 적대적인 두 정치체제라는 사실을 다시 한번 각인시켰다. 과거 정권 사람들의 주장과는 달리 금강산 관광이 중단돼도 남북관계가 악화돼도 대한민국의 국가 신인도에는 큰 영향이 없다는 사실도 드러났다. 무엇보다 북한이 스스로 변화해 국제사회의 책임있는 일원이 될 것이라는 기대감도 사라져가고 있다. 결국 금강산 관광이 재개되려면 북한 당국의 본질적인 변화가 있어야 하는데 북한은 아직 이런 기대를 거부하고 있는 것 같아 안타깝다.

이처럼 필자의 경험에 기초를 둔 글은 설득력이 있다. 솔직한 자기고백이 담긴 글은 분단 저널리즘의 영역에서도 더더욱 힘을 발휘한다. 특히 자기만의 강한 주장을 담기 위한 자기고백이 백미다. 필자는 〈민족화해〉 2009년 4월호에 '진정한 남남대화는 자기고백에서부터'라는 제하에 북한을 처음 접하고 공부하면서부터 글을 쓴 현재까지 북한에 대한 마음의 행보를 고백한 적이 있다. 북한의 바람직한 변화를 위해 우리 사회의 남남갈등부터 극복하자는 주장을 하기 위해서였다.

자기고백이 가장 설득적이다

내가 태어나 처음 평양 땅을 밟은 것은 2002년 6월 29일이었다. 만 33세, 1995년에 시작한 기자 생활이 만 7년째로 접어들 때의 일이었다. 초청자인 북측 민족화해협의회(민화협)는 3박 4일의 체류 기간 동안 나를 융숭하게 대접했다. 당시 나는 세 번 울었다. 아리랑 축전의 카드섹션 뒤에서 바쁘게 손을 놀리고 있을 북한의 어린 학생들을 상상하면서, 북녘 땅에서 생을 마친 아버지를 위해 한 늙은 아들이 북쪽 백두산 정상에서 기도하는 모습을 보면서, 그리고 평양 시내 봉수교회에서 북한 성가대의 찬양을 들으면서 나도 모르게 눈에서 차가운 눈물이 흘러내렸다.

북한은 내가 평양에 머물던 7월 1일부터 '7·1경제관리 개선조치(7·1조치)'라는 제한적이지만 당시로서는 과감한 경제 개혁 및 개방조치를 단행했다. 나는 서울에 돌아온 뒤 외국 언론을 통해서 사실을 알았다. 눈앞에서 '대 특종'을 놓친 나는 '모르면 까막눈'이라는 진리를 절감하고 북한을 공부하기 시작했다. 그해 9월 경남대학교 북한대학원 석사과정에 입학해 2004년 8월 졸업할 때까지 북한 경제, 특히 한창이던 개혁 개방을 탐구했다. 당시의 나는 남북 '화해 협력'의 가능성과 가치를 믿었다. 북한이 스스로 평화롭게 더 나은 모습으로 변화하려고 하고 또 변화할 수 있다고 생각했다.

북한에 대한 내 생각이 근본적으로 바뀐 것은 2005년 3월부터 2008년 2월까지 북한대학원대학교에서 박사학위 과정을 밟는 동안이었다. 2003년 종합시장 도입으로 정점에 이르는 듯했던 북한의 경제 개혁은 2005년 하반기를 고비로 후퇴했다. 북한의 정치와 경제가 다시 보수 노선으로 회귀하는 것을 보면서 북한이 스스로 평화롭게 변화할 의지와 능력이 있는지 비판적으로 보게 됐다. 박사논문 작성을 위해 2007년 한 해 동안 회사 일을 멈추고 북한과 쿠바를 비교했다. 두 나라가 1990년대 동유럽 사회주의권 붕괴에 따른 경제위기에 어떻게 대응했는지를 비교하면서 북한 체제의 본질적인 문제점을 깨달았다. 핵심은 정치적 소통과 평등이었다.

쿠바 지도부는 위기를 맞아 인민대중과 원활하게 소통하고 경제적 고통을 분담하면서 조기에 과감한 개혁 개방 정책을 단행해 위기를 이겨냈다. 반면 북한은 지도부가 인민들의 비탄한 아우성을 듣지 않았거나 들을 수 없는 '소통 부재'의 정치구조였다. 지독하게 불평등한 사회여서 최대 350만 명의 인민이 굶어 죽었지만 권력자들은 배가 고프지 않았다. 따라서 북한 지도부는 위험한 개혁 개방에 나설 필요를 느끼지 않았고 인민들을 대량 아사로 내 몰았다는 것이 나의 결론이다. 그 구조는 2009년 현재까지 근본적으로 바뀌지 않았다.

'자기고백'으로 이 글을 시작한 이유는 '남남갈등'을 극복하기 위해 북한 문제를 놓고 공개적으로 발언을 하는 모든 이들이 '자기고백'을 필요가 있다고 생각하기 때문이다. 6년 동안의 북한 공부를 끝낸 결과 나는 스스로에 대해 충격을 받았다. 한반도에 태어나 정규 교육을 받고 언론사 기자로 10여년을 일한 내가 박사학위 논문을 쓸 때까지 북한에 대해 제대로 알지 못했다는 점을 깨달은 것이다. 이전까지 내가 북한에 대해 가지고 있던 것은 지식이나 정보가 아니라 그저 몇 가지 '이미지'였다는 자성을 했다. 이후

2005년 방북 때 북한 당국자를 취재하고 있는 모습

나는 남남갈등의 극복의 핵심은 한국인들이 저마다 가지고 있는 북한에 대한 '이미지'를 버리고 정보와 지식에 근거한 북한 관을 갖는 것이라고 확신하게 됐다.

그렇다면 평생을 북한만 공부한 학자들이 공개적인 토론회에 가서 치열할 설전을 벌이며 남남갈등을 연출하는 이유는 무얼까. 그들도 북한을 잘 모른 채 잘못된 '이미지'를 가지고 있는 것일까? 그렇지 않다. 나는 각자가 가진 사적 '이해관계' 때문이라고 생각한다. 남북관계에 관한 토론회에 가면 늘 보수와 진보(개념과 용어에 대한 논란이 있지만 편의상 이 용어를 사용) 진영의 대표자들이 나와 설전을 벌인다. 대북 '햇볕주의자'인 A박사와 '강경주의자'인 B박사는 사실해석과 논리에서 한 치의 양보도 없다. 그러다가 토론회가 끝나면 토론비로 함께 술을 마시며 속내를 털어놓고 대화를 한다. 그러나 다음날 다른 토론회에서 만나면 또 싸운다. 이들은 공개 석상에서는 자신이 위치한 진영의 이해관계를 대변한다고 나는 생각한다. 개인이 아니라 진보 진영의 A박사와 보수 진영의 B박사로 초대된 것이므로 '역할'에 충실해야 한다. 그렇게 돈과 지위를 누리는 두 사람은 '적대적 공존관계'인 셈이다.

일단 북한을 보는 눈에 자신의 정치, 사회, 경제적 이해관계라는 렌즈를 끼우는 순간 북한에 대한 어떤 측면은 크게 보이고 어떤 부분은 보이지 않는다. 진보 진영은 북한의 불쌍한 경제 현실은 크게 보이고 그 아래서 자행되는 1인 독재 정치와 경제적 불평등, 권력자가 비 권력자에게 가하는 인권유린은 잘 보이지 않는 것 같다. 보수 진영은 북한도 어쩔 수 없는 하나의 국가이며 그 지도부는 마키아벨리가 말한 '국가 이성'을 추구할 수밖에 없다는 것을 종종 무시하는 것 같다. 우리의 입장에서 좋고 싫고를 떠나 북한 지도부가 체제유지를 위해 몸부림치고 있다는 점을 인정하면 북한의 더 많은 행동이 이해된다.

그럼 어떻게 하자는 것인가. 진단이 나오면 처방이 가능한 법이다. 나는 남남갈등을 치유하기 위해 우선 모두가 북한에 대해 가진 잘못되고 불충분한 이미지를 제대로 된, 충분한 정보와 지식으로 바꿔야 한다고 생각한다. 이렇게 함으로써 북한에 대해 서로 이해관계가 다른 사람들이 적어도 갈등 없이 공유할 수 있는 몇 가지 중간지대를 끊임없이 만들어 나가야 한다고 생각한다.

우선 그 중간지대부터 상상해 보자. 우선 북한이 변화해야 한다는데 이견이 없어야 한다고 생각한다. 어느 한 저명한 야당 정치인이 올해 공식 석상에서 "북한이 변화를 하고 안하고는 북한 스스로 결정할 문제이지 우리가 이래라 저래라 할 문제가 아니다"고 말하는 것을 보고 분노한 적이 있다. 386 운동권 출신인 그는 전두환 노태우 군사 권위주의 정부 시절 미국이 한국의 독재정권을 비호하고 방임한다며 시위를 벌였을 것이 분명한 사람이다. 그렇다면 그는 이중적인 잣대를 가진 것이 아닌가. 남한의 독재에 대해 미국이 개입해야 정의롭고 북한의 독재에 대해 남한이 말하면 정의롭지 않다는 말인가.

북한이 변화해야 한다면 그 경우의 수는 X축(스스로의 변화와 타의에 의한 변화)과 Y축(평화적인 변화와 폭력적인 변화)을 기준으로 네 가지 경우가 있다. 필자의 기준에 따르면 ① 북한 스스로 평화롭게 변하는 경우(최선) ② 타의에 의해 평화롭게 변하는 경우(차선) ③ 스스로(내부의 힘에 의해) 폭력적으로 변하는 경우(차악) ④ 외부에 의해 폭력적으로 변하는 경우(최악)이다. 물론 북한이 스스로 평화롭게 변할 수 있는지는 별개의 문제이지만 북한이 국제사회의 책임 있는 구성원이 되어 평화롭게 공존하는 것은 북한과 국제사회 모두에 가장 바람직한 최선의 가능성이다.

나는 북한의 변화라는 목적이 분명하다면 정부는 유연한 대북정책을 펴도 된다고 생각한다. 김대중 정부 초기의 햇볕정책은 그 전도사인 임동원 전 국가정보원장이 강조한 것처럼 최고지도자와 인민대중을 변화시켜 종국에는 북한을 변화시키겠다는 목표가 분명했다는 점에서 양 진영의 중간지대였다고 볼 수 있다. 문제는 김대중 노무현 두 정부가 북한의 변화라는 원래의 목적을 상실하고 최고지도자 개인과 정부의 성과, 내지는 정치적 반대세력 자극하기라는 지극히 잘못된 목적에 대북정책을 활용했다는 것이다.

북한이 국제사회의 책임 있는 구성원이 된다면 '민족 통일'이라는 비전은 좀 뒤로 미뤄도 된다는 것 역시 중간지대일 것이다. 북한은 잃어버린 땅이며 그 땅을 찾는 것은 후손들의 책임이자 권리라는 식의 보수 진영의 강박관념은 이제 좀 낡은 것이 아닐까. 아시아 일대에서 다양한 민족들이 한반도 남쪽에 모여 사는 '다문화 시대'가 된 마당이다. 물론 민족통일의 비전을 무시하는 것은 전혀 아니다. 다만 하나의 차선적인 중간지대로서 우선 북한을 '열린사회'로 만드는 목표에 다 함께 동의할 수는 없을까.

다음 중간지대는 북한 문제를 '위험 관리'의 관점에서 보자는 것이다. 한국과 국제사회가 아무 영향을 미치지 않아도 북한은 현재 변화의 기로에 서 있다. 올해 67세가 된 김정일 국방위원장은 늙어가고 세 아들은 아직 후계자가 될 준비를 하지 못했다. 북한 체제 그 자체라고 할 수 있는 김 위원장의 건강 및 수명에 따라 북한은 우리가 예상하지 못한 경우의 수로 향할 가능성이 크다. 북한을 둘러싼 거대한 불확실성에 대비할 때다. 대비는 많으면 많을수록 좋다. 그래야 위기를 기회로 전환시킬 수 있기 때문이다.

마지막으로 현실정치의 관점에서 북한 문제를 보자는 것이다. 남북한 문제는 근본적으로 적대적인 두 정치체제의 국내정치와 국제정치의 문제다. 북한과 남한의 국내정치, 그리고 남북간 정치, 주변국들을 둘러싼 강대국 정치를 제대로 이해하고 활용해야 겨우 원하는 것의 반이라도 이룰 수 있는 어려운 문제다. 이 문제를 풀기 위해서는 철저하게 전략적인 접근이 필요하다. 평양 땅을 밟고 눈물을 흘리는 막연한 민족주의적 낭만으로는 해결되지 않는다. 잃어버린 땅을 되찾아야 한다는 붉은 머리띠와 슬로건으로도 해결되지 않는다. 마키아벨리가 적절히 지적한 것처럼 사자의 용맹과 여우의 간지가 필요하다. 칼 폰 클라우제비츠의 지혜를 활용해 목표를 명확하게 정하고 모든 유효한 수단을 집중시키는 전략적인 사고와 행동이 모든 국민에게 필요하다.

이런 중간지대를 만들어가고 확장하는 데에 어른들의 솔직한 토론과 어린이들에 대한 교육이 가장 시급하다. 가능한 많은 어른들이 북한에 대한 막연한 이미지를 버리고 지식과 정보를 섭취하도록 하자. 이미 지식과 정보를 가진 어른들은 자신의 사적인 이해관계를 버리고 솔직한 대화와 토론의 장에서 머리를 맞대고 고민하도록 하자. 자라나는 어린 세대에 대한 교육 프로그램은 철저하게 그들의 눈높이와 그들의 언어, 그들이 원하는 방식을 활용해 다시 짜여야 한다.

이런 과정을 통해 온 국민이 북한 문제에 대한 갈등을 극복하고 한 목소리를 낼 때 정부가 자유자재로 대북정책을 펴며 북한을 변화시킬 수 있다고 생각한다. 국민 합의가 이뤄진 뒤에는 정부는 북한 변화라는 목적에 따라 어느 국면에서는 엄청난 '퍼주기'를 할 수도 있고 어느 시기에는 심한 압박을 가할 수도 있다. 무엇보다도 남한 구성원들이 하나의 목소리로 북한의 변화를 진정으로 원할 때, 북한은 그리 하는 것 외에 달리 방법이 없다는 사실을 깨닫게 될 것이다. 그리고 누구보다 먼저 우리에게 도움의 손을 내밀 것이다.

통일교육, 손놓은 정부 … 쉬러 온 선생님

2005년 10월 기자는 서울시교육위원회가 주최하는 초등학교 통일교육 연수에 강사로 초청받았다. 취재차 북한을 다섯 차례 다녀오고 북한학 박사과정을 공부하면서 보고 듣고 느낀 북한 경제 이야기를 들려 달라는 부탁이었다.

교사 60명은 2시간 동안 진행된 강의를 진지하게 경청했다. 강의 내내 '이런 선생님들에게서 통일교육을 받는 학생들은 북한과 남북관계에 대해 일찍부터 제대로 된 인식을 하겠구나'라는 생각에 뿌듯했다.

그러나 즐거움도 잠시였다. 강의를 마치고 교사들과 대화를 나누는 동안 기자는 과거와 별반 달라진 것이 없는 현실을 알고 씁쓸했다. 한 교사는 "나는 북한과 남북관계에 큰 관심이 없는데 학교에서 좀 쉬고 오라고 배려해서 왔다"고 말했다. 다른 교사는 "정부가 체계적인 통일교육 교재를 내놓지 않아 전국교직원노동조합이 만든 이념적으로 편향된 교재를 쓸 수밖에 없다"고 털어놓았다.

강의를 진행하는 동안 통일교육에 관한 좋지 않은 추억들이 떠오르며 통일교육의 중요성을 다시 한 번 절감했다. 고교 2학년 때 사회 시험에서 '남북통일을 위해서 남과 북이 무엇을 해야 하느냐'라는 주관식 문제를 받고 당황했다. 북한과 통일에 대해 한 번이라도 제대로 배우거나 고민한 적이 없다는 사실을 처음으로 깨달은 순간이었다.

기자는 "먼저 남과 북이 서로를 알아야 한다"고 주장했다가 "국력을 기르고 간첩을 잡아야 한다"는 '정답'을 기대했던 교사에게서 혼이 났다.

1997년에는 검찰이 '나는야 통일 1세대'라는 어린이용 통일교재를 쓴 한 대학교수를 구속하려 한 사건을 취재하며 분노했다. 제대로 된 통일교육 교재조차 만들지 않은 정부의 행태가 실망스러웠기 때문이다.

민주화 이후 20년 동안 통일교육에 이렇다 할 진전이 없다. 정부가 손을 놓고 있는 동안 좌편향 인사들이 학생과 군인 등에게 이념으로 채색된 잘못된 인식을 갖도록 하고 있다.

분단국인 한국이 제대로 된 대북정책을 수립하고 집행하는 것은 국가와 민족의 명운을 건 중대한 과제다. 대통령직인수위원회가 좌편향 통일안보교육 전면 재검토 방침을 세운 것은 정확한 현실인식을 바탕으로 한 것이라는 점에서 반가운 일이다. 국민이 북한과 남북관계의 현실과 본질을 제대로 이해할 때 대북정책에 힘이 실리고 남북관계도 올바른 방향으로 진전될 수 있을 것이다.

_ 동아일보/'기자의 눈'/2008.01.15.

10장

한국사회에 고함

기자가 단순한 사실의 관찰자요 전달자일 뿐이라고? 아니다. 기자는 해설자이면서 동시에 처방자이기도 하다. 논문을 쓰는 학자와 마찬가지로 사실을 수집하고 해설하고 처방하기 위해서는 기자 나름의 시각과 가설이 필요하다. 자기 주관이 없이 취재 현장에 뛰어든다는 것은 사막에서 모래를 찾는 것과 같다. 주관으로 세상을 보면 할 말이 많다. 분단 저널리즘의 현장도 마찬가지다. 크게는 대북정책에서부터 작게는 이산가족 상봉 방법론까지 현장에서 체득한 아이디어를 적극적으로 주장할 수 있다. 처방자로서의 기자. 이것이 분단 저널리즘을 뛰어넘기 위한 마지막이자 가장 수준 높은 지혜다.

2008년 7월 금강산 관광객 피격 사망 사건 이후 북한을 일종의 리스크로 보는 필자의 생각은 더욱 발전했다. 앞장에서 논한 개인적 리스크뿐만이 아니라 남한 사회에 주는 리스크, 한반도와 동북아 국제체제에 주는 리스크로 생각을 확장할 수 있었다. 비단 김대중 노무현 정부 시절뿐만 아니라 이명박 정부 출범 이후 한국인은 북한이 주는 3차원의 위험을 체험할 수 있었다. 〈신동아〉 2008년 10월 호 후반부에는 북한과 리스크에 대한 나름의 생각을 더 발전시켜 봤다. 이 책을 위해 그 후의 일들을 넣어 설명해 보면 이렇다.

학제간 '통섭'으로 새 주장 찾기

첫째, 북한은 여전히 한국인 개개인의 생명과 안전을 위협하는 위험한 존재다. 개성공단 직원이던 유성진 씨가 2009년 3월 억류됐다가 8월에야 풀려났다. 북한은 2009년 3월에는 키리졸브 훈련 등을 이유로 개성공단과 금강산 육로 통행을 제한 및 차단해 한국인들을 사실상 개성공단과 금강산에 억류한 적이 있다. 북한은 2012년 7월에는 '동까모'라는 사건을 들고 나와 북한민주화운동가인 김영환 씨와 탈북자 출신인 조명철 새누리당 국회의원, 김성민 박상학 씨를 실명으로 거론하며 처단하겠다고 했다. 북한의 공격을 받아 2010년 3월 26일 천안함 46용사가 수장되고 같은 해 11월 23일에는 연평도 포격 도발로 군인 2명과 민간인 2명이 사망했다.

둘째, 국가 차원에서도 북한은 부단히 한국 내부를 분열시키고, 국제사회에서 한국을 고립시키는 한편 경제적으로 한국의 신용도를 떨어뜨릴 수 있는 위험이다. 북한은 2008년 촛불시위 사건 이후 다양한 국내 정치에 개입하며 한국 내부를 분열시키고 남남갈등을 조장하려고 시도했다. 천안함 사건 이후 북한 발 내부 갈등은 극에 달했다. 북한은 국제사회에서 한국을 고립시키려는 고전적인 노력도 계속했다.

북한은 노동신문 등 각종 선전물을 통해 "남북관계를 잘 하지 않고 남한의 경제 살리기가 마음대로 되는지 두고 보자"는 식으로 한국 정부를 협박했다. 북한의 존재가 국제경제 무대에서 한국의 국가위험(country risk)을 높이고 결과적으로 국가 신용도를 떨어뜨린다는 점을 북한 역시 잘 알고 있기 때문이다. 실제로 과거 북한이 핵 실험이나 미사일 발사 등 무력도발을 할 때마다 외국자본의 이탈과 한국 경제의 가치 저하 우려가 금융시장 등을 강타했다.

셋째, 북한이 갑작스럽게 붕괴할 위험도 어느 때보다 커졌다. 김정일의 건강이상설이 나온 2008년 8월을 기점으로 다시 고개를 들어 그의 사망과 김정은 새 지도자의 등장 이후에도 계속되고 있다. 북한이 어느 날 갑자기 붕괴할 위험은, 앞서 제시한 개인이나 국가 차원을 뛰어넘는 한반도 및 동북아 지역 체제 차원의 리스크라고 할 수 있다. 북한의 급변사태란 북한 최고지도자의 유고와 군부 쿠데타 등 내파(內破)와 외국과의 전쟁 등 외파(外破)에 의해 북한에 큰 변화가 오는 상황을 말한다. 북한의 붕괴는 이로 인해 최고지도자나 정권이 교체되는 상황을 넘어 일당독재와 국가소유제 등을 기반으로 하는 사회주의 체제의 변화 및 북한이라는 국가 자체의 소멸을 의미한다.

2008년 이후 다시 고개를 든 북한 붕괴론은 북한이 자체적인 변화를 통해 일어서기 힘든 '실패한 체제'라는 공통된 인식과 김정일에서 김정은으로의 권력 이동에 근거를 두고 있다. 2002년의 경제개혁에도 불구하고 북한 경제는 활력을 찾지 못하고 있다. 김정일에서 김정은으로 3대 세습이 이뤄졌지만 경직된 1인 독재체제는 여전해 국가 위기를 극복할 창의적이고 생산적인 아이디어가 나오기 힘든 상황이다. 북한이 두 번이나 핵실험을 하고 우라늄 농축 기술을 개발하는 상황에서 한국 정부는 김대중 노무현 정부 10년처럼 북한에 무조건적인 경제지원을 할 수 없는 상황이다. 2008년까지 진전을 보이던 북미 핵 협상도 2009년 미국 오바마 행정부 출범 이후 동력을 급격히 상실했다.

그럼 북한이 우리에게 위험인 우리에게 무조건 나쁜 것인가? 꼭 그렇지는 않다는 생각이다. 오히려 북한을 위험으로 보는 시각은 북한을 적 또는 동지의 이분법으로 보는 고전적인 시각을 뛰어넘는 실용적인 해법을 낳을 수 있다는 생각이다.

경제학이나 경영학에서 말하는 위험(risk)은 "투자자가 특정한 투자를 했을 때 이익을 볼지 손해를 볼지 모르는 불확실성"이다. 일반적으로 위험에 대한 투자자의 태도는 세 가지가 있다. 첫째는 위험 자체를 회피하는 것이고, 둘째는 관리하는 것, 마지막으로 위험 요인을 제거하는 것이다.

첫째 방법은 감당할 수 없는 위험을 피하고 대신 수익의 기회도 버리는 방법이다. 둘째 방법은 위험을 관리하며 수익의 기회를 극대화하는 가장 일반적인 방법이다. 다행히 리스크는 합리적으로 관리 또는 통제가 가능한 대상이다. 리스크는 우선 계산이나 파악이 가능하다. 따라서 대비할 수 있다. 외환 거래를 하는 기업들은 환차손에 대비해 거래금액만큼 환 헤지(hedge)를 하는 것이 일반적이다. 환 헤지는 비용이 들지만 기업이 손실을 당해 정상적인 경영이 마비될 위험을 제거해준다. 셋째 방법은 위험이 없이 이익을 낼 수 있는 투자기법, 즉 '아비트리지(arbitrage)'를 찾는 것이다.

이런 리스크의 개념을 남북관계에 적용해 생각해보자. 남북관계를 통해 수익이 기대되는가? 그렇다. 지금처럼 절반으로 나눠진 비정상적인 상태로 한국은 세계 1등 국가가 될 수 없다. 분단은 정치 경제 사회 문화 등 모든 영역에서 한국의 도약을 저해하고 있다. 이명박 대통령도 2008년 8월 15일 경축사에서 "남과 북 8,000만 겨레가 하나가 돼 세계로 뻗어나가는 꿈"이라는 화두를 통해 통일의 '그랜드 비전'을 제시한 이후 통일준비를 강조했다. 이 대통령은 '유라시아—태평양 시대'가 다가오고 있다고 전제하고 통일한국은 동북아 지역에서 해양과 대륙을 잇는 세계 중심국가로 도약할 것이라는 기대를 밝혔다. 분단이 초래한 '닫힌 공간'이 '열린 공간'으로 바뀐다는 것이다.

그런데 북한이라는 위험은 회피할 수 없는 성격의 것이다. 북한이 위험하고 장차 부담이 될 것 같다는 이유로 그 운명을 중국이나 미국의 손에 맡기는 것은 분단국의 통일을 염원하는 한국이 정치적으로 선택할 수 있는 방법이 아니다. 또 북한의 존재 및 남북관계가 주는 위험을 없애는 방법은 우리 힘만으로는 현실적으로 가능하지 않다. 한국이 북한을 선제공격하거나 봉쇄하는 것은 주변

강대국들의 이해관계에 어긋날 뿐 아니라 그럴 힘도 없다.

따라서 한국 입장에서는 남북관계를 계속하며 북한이 주는 리스크를 파악하고 관리하는 것만이 유일한 대안이다. 즉 앞서 제시한 바와 같이 개인 차원, 국가 차원, 한반도 및 동북아체제 차원에서 북한이 한국에 주는 리스크 요인은 어떤 것이 있으며(얼마나 위험한가), (위험이 발생하지 않도록) 어떻게 적절하게 관리하고 통제할 것인지, (위험이 발생했을 경우) 손실을 최소화하기 위해 어떻게 대비할 것인지를 고민하는 것이 지혜롭다는 것이다.

이렇게 북한을 '리스크'로 인식하기 시작하면 북한이 적이냐 동족이냐는 낡은 시대의 이념적 구분에서 벗어날 수 있게 된다. 또 북한이 '나쁘고(bad)' '미친(mad)' 존재라는 패러다임과 '애처롭고(sad)' '합리적인(rational)' 행위자라는 패러다임의 이분법, 역시나 낡고 오류가 검증된 접근방식에서 벗어날 수 있다. 리스크는 그 자체로 '나쁘고(bad)' '합리적인(rational)' 어떤 것이며 북한 정권의 역사적 궤적도 이와 다르지 않다는 판단이다.

논란의 여지가 있지만, 과거 10년 동안의 대북 햇볕정책도 북한 위험을 관리하기 위한 하나의 방법론이라고 볼 수 있다. 김대중 정부 햇볕정책의 전도사인 임동원 전 국가정보원장은 2003년 11월 한 대학원에 특강을 나온 자리에서 햇볕정책의 목표에 대해 "접촉을 통해 최고지도자의 사고방식을 변화시키고 아래로부터 인민들을 변화시켜서 북한의 대남 의존도를 높이고 긴장을 완화하는 것"이라고 말했다. 이후 10년 동안 정부 당국자들은 '남북관계의 안정적인 관리'를 무엇보다 중요하게 생각했다.

그러나 햇볕정책은 김대중 정부의 정치적 이해관계에 따라 본래의 취지를 잃어갔고, 노무현 정부 시절에 이르러 본격적으로 왜곡되기 시작했다. 북한을 변화시킨다는 애초의 목적은 희미해지고 남북관계는 외교와 경제 등 제반 분야에서 벌어진 정부의 실정(失政)을 가리기 위해 허겁지겁 맹목적으로 추진됐다. 이를 위해 때로는 한미동맹을 위험스러운 지경으로 몰고 가기도 했다. 대선에서 정권을 재창출하기 위해 북한에 비현실적인 '퍼주기' 약속을 한 2007년 10·4 정상선언은 그 결정판이었다 해도 과언이 아니다. 이명박 대통령이 2008년 9월 1일 "따뜻하면 옷을 벗어야 하는데 옷을 벗지는 않고, 옷을 벗기려는 사람이 옷을 벗었다"고 햇볕정책을 비난한 것은 이런 대목을 지적한 것이다.

그러나 이런 비판적 사고에서 등장한 이명박 정부도 북한이라는 리스크 관리에 성공했다고는 볼 수 없다. 앞에서도 언급한 것처럼, 이명박 정부는 개성공단 근로자의 억류에서부터 천안함 연평도 사건까지 국민의 다양한 신체적 위협을 막지 못했다. 북한은 여전히 대화를 제의하고 도발하는 이중전술로 남한 사회를 교란했다. 북한 붕괴의 위협에 대해 제대로 국론을 모으고 준비하고 있는지 알 수 없다. 이명박 정부가 '비핵·개방3000'이라는 대북정책의 바람직한 목표를 제시하고도 임기 말에 박수를 받지 못하는 이유는 이를 현실에 구현할 전략과 전술의 부재였다고 할 수 있다.

그렇다면 이제 어떻게 할 것인가. 이명박 정부 이후 출범할 새 정부는 우선 남북관계의 미래에 어떤 위험이 도사리고 있는지 더욱 정밀하고 구체적으로 파악해야 한다. 이 글이 제시한 개인 차원-국가차원-체제 차원의 구분은 위험을 종합적으로 평가하기 위한 개념틀이 될 것이다. 학자들의 탁상공론에 그칠 것이 아니라, 과거 북한을 경험한 많은 사람이 이제는 침묵과 금기를 깨고 이 문제의 논의에 동참할 것을 제안한다.

정부가 천안함 사건에 대한 대응조치로 내놓은 5·24조치는 개인차원의 위험을 현저하게 감소시켰다. 하지만 남북간 인적 물적 교류를 전면 제한하는 것 자체가 해답은 아니다. 남북간 상호 교류를 통해서 우리가 얻을 수 있는 것도 적지 않기 때문이다. 따라서 새 정부는 인적 물적 교류를 조금씩 확대하는 가운데 개인 차원의 위험 방지를 위한 제도화에 노력해야 할 것이다. 김대중·노무현 정부는 해마다 방북자가 늘어나고 있다는 점을 홍보하는 데 급급했지만 정작 방북자 신변안전 및 사후처리 문제에 대한 제도화에는 관심을 기울이지 않았다. 이명박 정부는 제도화를 시도했지만 북한을 대화의 장으로 끌어내지 조차 못했다.

국가 차원의 위험 가운데 내부 분열의 위험을 극복하기 위해서는 북한의 대남 분열 전략전술 등에 대한 통일안보교육이 전 국민적으로 더 확대되어야 한다. 북한을 더 공부하고 이해할수록 맹목적이거나 감상적으로 북한을 찬양하고 동경하는 세력들이 사라질 것이기 때문이다. 북한의 '통미봉남(通美封南)' 전술 등 한국을 국제사회에서 고립시키려는 기도를 저지하기 위해 한미동맹 강화는 물론 중국 러시아 일본 등 주변국들과의 외교관계를 더욱 강화해야 할 것이다.

북한 때문에 국가 신용등급이 하락하지 않도록 하기 위해 북한 비핵화 노력을 꾸준히 추진되어야 한다. 남북경제공동체라는 비전하에 북한을 개방시키고 경제력을 향상시키려는 노력이 계속되어야 한다.

김정은 정권이 공고화 단계에 들어선 것처럼 보이지만 내부의 동학을 잘 알 수 없는 상태에서 속단하기는 이르다. 따라서 이명박 정부 시절 활성화된 북한 붕괴위험에 대한 논의를 더 확대하고 공론화해야 한다. 북한 붕괴가 초래할 수 있는 정치 경제 사회적 위험을 밝히고 이 위험을 최소화할 수 있는 방안을 만들어 국민에게 교육해야 한다. 이 과정에는 독일 통일 등 해외 사례에 대한 정밀한 분석과 활용이 필수적이다.

통일부와 국가정보원 등 유관기관은 많은 전문가들을 동원해 북한 붕괴의 다양한 시나리오에 대비한 '컨틴전시 플랜(contingency plan)'을 마련하는 작업을 계속해야 한다. 최고지도자와 외교부는 북한 급변사태나 붕괴 시에 작동하게 될 동북아 국제정치를 최대한 통일 한국의 국익에 맞도록 유도하기 위한 국제적 공조와 협의를 계속해 나가야 한다.

물론 한반도 통일과 민족통합이라는 먼 미래의 목표가 달성될 때까지 민족 동질성을 회복하기 위한 노력은 계속되어야 한다. 남북관계의 주도권을 유지하면서 인도적 지원사업과 사회 문화 교류사업도 이어져야 한다. 이를 위해 북한과 최소한의 대화는 이어가야 한다는 점에 이의를 제기할 사람은 많지 않을 것이다. 박정희 대통령은 1972년 이후락 중앙정보부장을 평양에 보내 7·4

남북공동성명을 발표할 때 "한쪽 손이라도 잡고 있어야 적이 공격해 올 것인지 아닌지를 알 수 있다"고 말했다.

이 모든 것은 이명박 정부가 추진했던 '비핵·개방 3000정책'과 '상생·공영' 대북정책에 모두 들어있는 것들이다. 이명박 정부는 남한의 대북정책이 반드시 달성해 내야 할 목표, 지향하지 않을 수 없는 목표를 에두르지 않고 명확하게 제시했다는 점에서 기여한 바가 크다. 다만 그 정책을 수행한 결과 북한의 무력 도발과 남북대화 단절이라는 비싼 대가를 치렀고 그래서 하고 싶은 일을 제대로 하지 못한 채 정권을 끝내게 됐다. 이명박 정부는 남북관계의 주도권을 잡고 싶었지만 북한은 그 주도권을 내주지 않았다. 남한에게 주도권을 빼앗긴다는 것은 북한에게는 생존의 문제일 수 있기 때문이다. 북한에 싫은 소리를 하면서 동시에 관계를 유지하고 주도하는 것은 앞으로도 쉽지 않을 것이다. 그래서 원하는 목표를 정하고 가장 효율적인 방법으로 그것을 얻는 '전략(Strategy)'이 요구되는 것이다.

가능한 여러 사람의 목소리를 모아라

그럼 어떻게 '전략적인' 대북정책과 통일정책을 마련하고 실행할 것인가. 동아일보 2010년 8월 3일자에 게재한 전면 기사는 그 잠정적인 해답으로 내놓아 본 것이다. 연중 기획으로 진행하고 있던 '공존 시리즈' 4회로 기획, 보도된 이 기사는 북한을 한국사회에서 분열과 갈등의 가장 큰 원인 제공자로 규정하고 북한발(發)

남남 갈등을 극복하고 공존의 영역을 넓혀 나갈 지혜를 찾아본 것이다. 전문가들의 조언과 취재팀 내부 논의를 바탕으로 한 8가지 제안은 2012년 현재 다시 읽어도 필자의 생각과 다름이 없다.

① 北 권력이양, 변화의 시작으로 봐야

'Dear Leader is not immortal.' 영국의 경제잡지 〈이코노미스트〉가 최근 김정일 국방위원장에 대해 쓴 표현으로 '위대한 지도자도 언젠가 죽는다'는 뜻이다. 뻔한 얘기를 왜 했을까. 리더십 교체는 필연적으로 엘리트층과 정책에서의 변화를 수반하기 때문이다.

동아일보 2010년 '대한민국, 공존을 향해' 시리즈 4회 지면

북한은 김 위원장의 건강 악화 이후 3남 김정은으로 권력 이양을 진행하고 있다. 일각에선 9월 열리는 노동당 대표자회에서 변화가 나타날 것이라는 관측도 내놓는다.

서재진 통일연구원장은 "보수도 진보도 진행 중인 북한의 권력 이양이 정책 변화를 수반할 것이라는 데는 이견이 없다"며 "북한의 3대 세습에는 절대 찬성할 수 없지만 이것이 북한 체제 변화의 시작일 수 있다는 기대는 걸어본다"고 말했다. 그는 "차세대 리더십을 계기로 북한이 국제사회의 정상적인 일원으로 참여하도록 유도하는 '전략적인 인내'가 필요하다"고 덧붙였다.

② 北변화 이끌 '전략'의 다양성 인정해야

김대중 노무현 정부의 '햇볕정책'이나 이명박 정부의 '비핵·개방 3000' 정책은 북한의 변화(개혁·개방)와 평화통일이라는 같은 목적을 표방했다. 수단이 다를 뿐이다. 전자는 먼저 북한을 보듬고 선물도 줘야 한다고 주장한 반면 후자는 인센티브와 함께 '회초리'도 들어야 한다는 입장이다.

그러나 김대중 노무현 정부가 대화와 교류협력에 집착해 수단을 목적인 양 혼동하고, 여기에 보수진영이 대응하는 과정에 '보수진영 + 한나라당 = 회초리, 진보진영 + 민주당 정부 = 선물'이라는 프레임이 고착됐다. 그 결과 두 진영 모두 집권 시 대북정책에 관한 운신의 폭을 좁히게 됐다.

한기홍 북한민주화네트워크 대표는 "대한민국 정부는 한반도 평화와 공존, 통일에 필요하다면 북한에 선물을 줄 수도, 회초리를 들 수도 있어야 한다"며 "어떤 이념을 가진 정부든 다양하고도 실용적인 수단을 활용하려는 자세로 임해야 한다"고 말했다.

조만간 북한에 큰 변화가 예상되는 시점이다. 이런 때일수록 우리에게 필요한 대북정책 입안 및 실행자는 이념과 논리에 충실한 '사상가'보다는 사자의 용기와 여우의 간교함을 가진 '전략가'라는 지적이 많다.

③ '큰 그림' 욕심 말고 한걸음씩 나아가자

역대 정권은 예외 없이 5년 이내에 '새로운 북한'으로 거듭나게 하겠다며 '큰 그림'을 그렸다. 무리한 욕심을 부리면 지구상에서 가장 폐쇄적인 북한은 우리 의도와는 반대쪽으로 움직일 가능성이 크다.

과거 정부의 햇볕정책은 북한의 '햇볕정책 활용전략'에 이용당한 채 좌초했다. 현 정부 역시 '비핵·개방 3000'과 '그랜드바겐' 정책을 내걸었지만 천안함 폭침을 막지 못했다.

'작고 실현 가능한' 문제부터 해결한 과거 서독의 지혜를 배우면 어떨까. 서독은 1972년 동독과 기본조약을 체결한 이후 동독의 국제법적 승인 문제 등 당장 해결할 수 없는 문제들을 미해결 과제로 분류해 제쳐둠으로써 갈등과 분열을 최소화했다.

그 대신 서독 지도자들은 동서독 주민의 통행, 경제사회 교류협력 등 쉬운 문제들에 집중하면서 미해결 과제의 수를 조금씩 줄여갔다. 초기 브란트와 아데나워 서독 총리의 미해결 과제 보따리는 컸지만 콜 총리는 작은 보따리를 물려받았고, 국제정치적으로 탈

냉전 상황이 조성되자 독일은 생각하지도 않은 시점에 통일이라는 거대한 선물을 받을 수 있었다.

④ '북한 리스크' 앞에 우리는 공동운명체

북한을 '리스크(위험) 요소'로 인식하고 남한 내 보수와 진보 모두가 북한발 불확실성의 잠재적 피해자가 될 수 있는 공동운명체라고 인식하는 것도 공존을 위한 지혜다.

올해 3월 26일 꽃다운 나이의 장병 46명의 목숨을 앗아간 북한의 천안함 폭침은 군사적 위험의 현실화였다. 이 밖에도 북한이 남한에 주는 정치, 경제, 사회, 국제정치적 위험은 굳이 사례를 들 필요조차 없을 만큼 분명하고 현저하다.

북한을 위험으로 인식하면 관리의 지혜를 발휘할 수 있다. 북한에 대한 소모적인 이념 논쟁을 중단하는 대신 체제 붕괴를 포함한 다양한 북한 리스크를 미리 파악하고 어떻게 적절히 관리 통제해 국민의 재산과 생명을 보호할 것인지에 지혜를 모아야 할 때라는 지적이다.

⑤ 敬而遠之… 北 인정하되 편드는 건 금물

황장엽 전 북한 조선노동당 비서는 "북한이 핵무기를 개발해 국제 사회에 파장을 일으키고 주민들의 기본 인권마저 짓밟고 있지만 표면적으로는 존중해 줄 필요가 있다"고 말한다. 어쨌거나 국제무대에서 주권을 인정받고 있고, 한반도 북쪽 절반을 통치하는 '현실적인 국가'이기 때문이다. 그러나 수령 절대주의 독재체제는 자체

교정이 거의 불가능하기 때문에 가급적 거리를 두고 정치적, 사상적, 경제적으로 고립시키는 것이 이기는 길이라는 것이다.

그의 제안을 기준으로 보면 북한을 따르고 편드는 소수 '종북(從北)주의자'들은 물론이고, 북한이 하나의 국가임을 부정하는 강경 보수진영도 그리 전략적이지 못하다. 북한을 대화로 변화시킬 수 있다고 믿는 것이나 북한과의 대화 자체를 무조건 차단하는 것 모두 그다지 지혜롭지 못하다. 대화에 응하되 큰 기대를 걸 필요는 없다. 경이원지(敬而遠之), 즉 인정은 하지만 가까이 하지 않을 필요가 있다는 것이다.

⑥ 실리 생각하는 '실용적 민족주의' 절실

김연수 국방대 교수는 새로운 민족주의가 필요하다고 제안했다. 그는 "주변국을 설득해 통일을 이루기 위해서는 '같은 민족끼리 함께 살겠다'는 민족주의가 필요하다"며 "서구에선 낡은 것으로 간주되는 민족주의를 지금의 한반도에 적용할 수 있도록 진화된 철학과 논리를 개발해야 한다"고 조언했다.

새로운 민족주의는 남남 공존을 위해서도 필요하다. 한쪽은 북한의 '우리 민족끼리'를 그대로 따라 외치고, 다른 한쪽은 "마주하기도 싫다. 차라리 남한만 따로 살자"라고 주장하는 상태에서는 통일은커녕 남남 공존조차 쉽지 않기 때문이다.

특히 북한을 '같은 말을 쓰기는 하지만 부담스러운 다른 나라'쯤으로 생각하는 젊은 세대에게 통일의 필요성을 가르치기 위해서는 통일이 가져올 실리를 강조하는 '실용 민족주의'가 필요하다.

서 원장은 "통일이 단기적으로는 막대한 비용을 요구하겠지만 △통일 과정에 새로운 일자리가 창출되고 △분단에 따른 막대한 군사비 지출을 한국의 미래를 위한 투자로 전환할 수 있으며 △통일된 한반도가 세계무대에서 훨씬 많은 기회를 확보하게 될 것이라는 실용적 비전을 젊은이들에게 심어줘야 한다"고 말했다.

⑦ '있는 그대로의 북한'부터 가르쳐야

그동안 진보진영은 젊은이들에게 '한민족 북한'의 좋은 면과 불쌍한 면을, 보수진영은 '불법집단 북한'의 부정적인 면과 위협을 각각 부각해 왔다. 남남 공존이 가능하려면 북한에 대해 인식을 공유하는 것이 지름길이다. 따라서 '있는 그대로의 북한'을 가르치는 통일 교육이 필요하다는 것이 전문가들의 조언이다. 교육 내용도 북한의 실상과 통일의 필요성 수준에서 나아가 분단과 남북한 내부정치, 분단과 주변국 국제정치로 확대되어야 한다는 것.

윤여상 북한인권기록보존소장은 "권력을 핵심으로 하는 현실주의 정치학과 국익을 최고 가치로 하는 국제정치학의 언어로 분단—통일 문제를 논의해야 실용적인 대안이 나온다"고 지적했다. 현실주의 정치학은 북한 문제가 왜 '고차 방정식'인지를 보여준다. 다양한 접근으로 고차 방정식을 풀 수 있어야 올바른 답을 구하게 되는 것이다.

⑧ 편갈린 전문가들 '억지논리 만들기' 그만

2000년 6·15남북공동선언 이후 10년 동안 좌우로 갈려 싸운 북한 전문가들 역시 남남갈등을 조장했다는 비판에서 자유롭지 못하다. 일부 학자들은 특정 정권 내에서 자리를 차지하고 연구프로젝트 수주 등 경제적 이익을 얻기 위해 '내 편' 논리를 강화했다. 심한 경우 정권교체에 따라 논리가 바뀌기도 했다.

조동호 이화여대 교수는 "전문가란 자신이 공부해 깨달은 것을 바탕으로 객관성과 일관성을 유지할 수 있어야 한다"며 "사적 이해를 공론에 반영하는 순간 전문가 자격을 잃고 마는 것"이라고 지적했다.

역대 정부가 자신의 입맛에 맞는 말을 하는 전문가를 선택적으로 중용하고, 반대 의견은 제대로 말할 수 없는 분위기를 조성해온 관행도 고쳐야 한다. 다양한 생각을 가진 전문가로 풀을 짜고 장기적인 대안을 마련해도 북한 문제라는 고차 방정식을 풀 수 있을지 불투명한 현실이기 때문이다.

정책제안은 구체적일수록 좋다

이처럼 다소 추상적이고 포괄적인 제안 외에 아주 구체적인 각론도 제안할 수 있다. 2010년 10~11월에 진행된 이명박 정부 마지막 이산가족 상봉행사를 지켜보면서 답답함을 느낀 필자가 〈주간동아〉 2010년 11월 15일자에 '이산가족 상봉의 해법'이라는 제목으로 기고한 글이다. 남북한 당국이 '국가의 이름으로' 이산가족들을 볼모로 줄다리기를 하고 있는 사이 80이 넘은 고령 이산가족들이 세상을 떠나고 있으니, 이 문제를 풀 능력이 없는 남북한 당국은 돈으로

라도 이 문제를 풀 제도에 잠정 합의하고 뒤로 빠지라는 충고다.

11월 5일 남북 이산가족 2차 상봉 행사가 끝났다. 올해도 북측 가족과의 만남을 학수고대하던 남측 가족 중 6명이 상봉 직전 금강산행을 포기했다. 남측 이애경(94) 할머니는 북에 있는 남동생을 만날 예정이었다. 그러나 지병인 당뇨와 고혈압 등이 악화돼 탈진 상태에 빠져 상봉을 이틀 앞두고 꿈을 접어야 했다. 아들 손흥영 씨는 기자와의 전화 통화에서 "무리해서라도 모시고 가려 했지만 도저히 안 되겠다고 판단했다"고 했다. 고대한(85) 할아버지는 북측의 아내와 여동생, 딸 등을 만날 희망을 품었지만 이들이 모두 사망하고 조카 2명만 만날 수 있다는 소식에 상심한 나머지 상봉을 포기했다.

결국 당초 100명이던 남측 상봉자가 94명으로 줄고 북측 상봉자도 100명에서 97명으로 준 채 1, 2차 상봉이 진행됐다. 2000년 이산가족 상봉 초기 상봉자로 선정되는 것이 로또복권에 당첨되는 것처럼 어려웠는데, 10년이 지난 현재도 크게 달라진 게 없다. 오히려 선정되고도 건강이 허락하지 않거나, 만날 날만 기다리다 세상을 뜬 사람이 속출해 신청자의 상봉 성사 비율은 더욱 낮아졌다.

그나마 여건이 허락돼 상봉을 한 가족들의 비극도 계속되고 있다. 60년을 떨어져 산 가족이 3일의 일정 중 단 하룻밤도 편히 같이 지내지 못하고 다시 기약 없는 이별을 해야 하기 때문이다. 간절히 기다렸던, 짧고 강렬한 만남에 따른 충격과 살아서는 다시 만날 수 없다는 허망이 다수의 노령 상봉자에게 큰 스트레스를 줘 정신질환을 일으키거나 심한 경우 죽음을 불러온다.

이런 소식을 들을 때마다 화가 치밀어 오른다. 남북으로 갈라진 가족들은 얼굴이라도 한 번 보기를 고대하다 희망을 접은 채 하나 둘 세상을 떠나는데, 남북한 정부는 여전히 '이산가족 상봉'이라는 카드를 놓고 정치적 실랑이나 하고 있기 때문이다. 주민들의 기본적인 인권조차 생각하지 않는 북한 당국에 분노가 솟구침은 말할 것도 없고, 남한 정부에도 '이산가족 문제조차 해결하지 못하면서 무슨 통일이냐'고 묻고 싶다.

지금이야말로 획기적인 방안이 필요한 때인데, 남북한 정부는 10년 전이나 지금이나 똑같은 타령을 하며 이산가족의 아픔을 외면하고 있다. 이산가족 문제 해결이 대북정책의 최우선 과제라고 입만 열면 외치는 남한 정부는 올해 10월 적십자회담에서도 "일단 이산가족 상봉을 정례화하라"며 북한을 일거에 굴복시키겠다는 자세를 굽히지 않았다. 북한 또한 "매년 3, 4회 상봉을 개최해줄 테니 연간 쌀 50만t, 비료 30만t을 내놓으라"며 황당하고 뻔뻔스러운 흥정을 시작했다.

정부가 실패하면 시장밖에 대안이 없다. 이산가족 문제도, 당국이 나서서 전체 이산가족의 문제를 한 번에 해결하겠다는 '국가주의적' 방식에서 벗어나 민간과 개인을 내세워 '시장주의적' 방식으로 푸는 지혜가 필요하다. 남한 정부가 1,000만 이산가족의 문제를 단번에 풀어 대통령의 정치적 성과로 홍보하려는 얕은 계산을 포기하고, 북한 당국도 이산가족을 팔아서 대가를 챙기고 이것으로 지배 엘리트들의 배를 불려 체제를 유지하겠다는 품위 없는 욕망을 버린다면 해결 방법이 없는 것도 아니다.

남북한 정부가 이산가족 1가구 생사 확인과 서신 왕래, 대북 송금, 수시 상봉과 고향 방문 등 다양한 소통의 방식을 정하고 건마다 적절한 대가에 대해 합의하면 된다. 대가는 쌀 같은 식량일 수도 있고 공산품일 수도 있다. 무기 구입에 사용할 우려가 있는 달러만 아니라면 뭐든 상관없다. 그리고 소통의 방식을 실행할 수 있는 구체적인 제도를 마련하면 된다.

이 제도에 따라 우선 형편이 되는 남측 이산가족부터 북측에 대가를 지급하고 그쪽 가족과 소통한다. 국민적 합의가 이뤄진다면 정부가 남북협력기금 등을 활용해 매칭펀드 형식으로 비용의 일부를 지원할 수도 있다. 이 방식을 통해 북한 정부는 한꺼번에는 아니지만 건별로 조금씩이라도 경제적 대가를 얻고, 우리 정부도 이산가족 상봉의 대가로 대북 퍼주기를 했다는 비난을 면할 수 있다.

그러나 이 방식만 고집한다면, 돈 없는 남측 이산가족은 어떻게 하느냐는 불만이 나올 수 있다. 이때 시민단체와 국민의 성금이 필요하다. 최근 활발한 자선과 기부 문화를 키워가고 있는 남측 시민사회는 그 대가를 모아낼 의지와 능력이 충분하다. 5,000만 국민 중 능력이 되는 이들이 '이산가족 상봉 지원 펀드'에 매달 얼마씩 기부하는 방식도 있다.

북한도 이 방법을 외면하지는 않을 것이다. 물론 과거 김대중, 노무현 정부가 형식적인 이산가족 상봉과 남북대화의 대가로 연간 쌀 50만t, 비료 30만t 등을 퍼줬던 것과 비교하면 만족스럽지는 않겠지만 그럭저럭 통치자금을 챙길 수 있을 것이다. 이런 경로로 북한에 가는 쌀은 인도적 지원이 아니라 정치적 대가이고, 외견상 정부 지원이 아니라 민간 수익자의 비용이기 때문에 남측의 분배 투명성 요구를 피해갈 수 있다.

이산가족들도 찬성할 것이다. 북에 가족을 둔 이들과 그 자녀들은 이미 중국 등에서 활동하는 대북 브로커에게 상당히 많은 비용을 지불하고 돈을 전하거나 편지를 보내고 있다. 남북한 정부가 새로운 소통 제도를 도입하면, 시장은 이미 형성됐으나 마땅한 제도가 없는 틈을 타 부당이득을 챙겨온 브로커들이 설 자리를 잃는다. 그리고 그들이 떼어가는 돈이 온전히 북측 가족에게 전달될 수 있을 것이다.

이런 방식이 전혀 새로운 것은 아니다. 통일이 되기 전 서독 정부와 민간은 바로 이런 방식을 활용해 1963년부터 1989년까지 모두 3만 3,755명의 동독 정치범을 서독으로 데리고 왔고 그 대가로 약 35억 마르크 상당의 물품을 동독에 제공했다. 대부분의 돈을 서독 정부가 댔지만 형식적으로는 교회 등 민간이 나섰다. 서독의 자유 언론도 이 비밀스러운 거래를 알고도 모른 척해줬다. 특종보다는 인도적 문제의 해결과 통일이 중요했기 때문이다.

정부는 2011년에 남북협력기금에서 38억 원을 할당해 남북 간 공동체를 디자인하는 '남북공동체 기반조성 사업'을 실시하기로 했다. 통일 대비를 위해 정책 연구에 15억 7,000만 원, 홍보사업에 21억 3,000만 원을 쓰기로 했다. 사업이 잘되면 역사는 이명박 정부를 '통일을 준비한 정부'였다고 기록할지 모른다. 그러나 이산가족 문제 해결을 위한 스마트한 정책을 마련하지 못한다면 '통일만 외치다 스스로 내세운 대북정책의 최우선 과제도 달성하지 못한 정부'라는 비난을 면하기 어려울 것이다.

◆관련 칼럼◆

통일 위해 돈 낼 준비 되어 있나요

18일 낮 서울 종로구 세종로 정부중앙청사 인근 식당에 삼삼오오 마주앉은 손님들의 화제는 단연 이명박 대통령이 광복절 경축사에서 제안한 '통일세'였다. 기자 일행도 마찬가지였다. 돌이켜보니 전날도 전전날도 통일세는 기자를 포함한 온 국민의 밥자리, 술자리를 휩쓴 주요 화제였던 것 같다.

문득 생전의 노무현 대통령이 떠올랐다. 재임 중 노 대통령은 사상 초유의 현직 대통령 탄핵(2004년)에 이어 대(大)연정과 동북아균형자론(2005년), 좌파 신자유주의(2006년) 등 다양한 화제와 화두를 만들어내며 온 국민의 밥자리, 술자리를 정치적 공론의 장으로 만드는 능력이 탁월했다. 노 대통령이 깔아놓은 공론의 장에서 많은 국민이 자신의 정치적 지향성에 따라 갑론을박했다.

이 대통령의 통일세 징수 제안도 그렇다. 통일세 징수에 찬성하는 사람도 반대하는 사람도 북한과 한반도 분단, 통일에 대한 자신의 철학과 희망을 드러내는 끝장 토론에 빠지는 것 같다. 정치 9단인 노 대통령에 비해 정치적 감각이 부족하다는 평가를 받고 있는 기업인 출신 이 대통령으로서는 '한 건' 한 셈이다.

이 대통령의 제안에 말들이 많지만 기자는 분단국가의 최고통치자로서 시대가 요구하는 국민적 화두를 던진 통치행위라고 평가하고 싶다. 이 화두의 폭발성은 언제 올지, 과연 나에게 이익이 될지 알 수 없는 통일이라는 추상적인 가치 목표를 '나와 내 가족'의 돈주머니가 줄어드는 구체적인 수단(세금)과 연결시킨 데서 나온다.

이 대통령은 '당신은 통일을 원합니까? 그것을 위해 생명과도 같은 재산을 내놓을 의사가 있습니까?'라는 질문을 온 국민에게 던진 셈이다.

우리가 지금 통일을 이야기해야 하는 이유는 자명하다. 한국 현대 사는 60여 년의 분단이 한민족의 삶을 어떻게 제약하고 왜곡했는지를 보여주는 기록이기도 하다. 분단의 불행을 언제까지나 대물림할 수는 없다. 김정일 북한 국방위원장의 건강 악화와 3대 세습 등 북한 내부의 불안은 커지고 있어 갑작스러운 통일의 기회가 올 수도 있다.

하지만 중국 등 주변국은 한반도 통일보다 남북이 나뉘어 싸우는 상태가 계속되는 것이 자신들의 국익에 맞는다고 생각하는 것 같다. 북한을 비핵화와 개혁개방의 길로 이끌면서 국제사회를 설득하고 우리가 주도하는 통일을 이루기 위해서는 온 국민이 '나는 통일을 원한다. 이를 위해 돈도 기꺼이 내놓을 수 있다'는 마음을 가져야 할 때다. 공짜 통일은 없다.

_ 동아일보/'기자의 눈'/2010.08.19.

'반북 좌파'의 커밍아웃을 환영한다

북한이 9월 28일 노동당 대표자회를 통해 시대착오적인 3대 세습을 공식화한 '역사적 사건'은 뜻하지 않은 '남한 진보 좌파 진영'의 자중지란을 초래했다. 친북을 넘어 종북(從北)이라 지탄받아 온 민주노동당이 다음 날 "북한의 문제는 북한이 결정하는 것"이라는 논평을 내놓자 진보 좌파 진영을 대변해 온 경향신문이 10월 1일자 사설에서 "민노당은 3대 세습을 인정하겠다는 것인가"라며 반박하고 나선 것이 발단이었다.

한 달이 흘렀지만 이른바 '반북좌파'와 '친북 좌파'의 갈등은 수그러들지 않고 있다. 북한의 3대 세습 시도를 비판해온 한겨레신문과 진보신당, 일부 민주당 의원이 가세하자 '친북 좌파' 진영은 이를 배신이나 변절인 양 거세게 항의하고 있다. 사이버 공간에서도 보수와 진보, 우파와 좌파, 반북과 친북의 함수관계를 놓고 다양한 논쟁이 이어지고 있다.

이 논쟁은 진보 좌파 진영만의 것일 수 없다. 그것은 1945년 민족분단과 1950년 6·25전쟁 후의 남북 냉전구도가 고착화시킨 남한 내 정치 지형의 근본적인 변화를 가져올 수 있기 때문이다. '2×2 매트릭스'로 단순화해 x축을 친북이냐 반북이냐(북한에 대한 인식과 태도), y축을 보수 우파냐 진보 좌파냐(경제사회 이슈에서 시장과 국가의 비중에 대한 의견)로 나눌 때 한국의 정치판은 그동안 '반북 우파'와 '친북 좌파'의 이분법이 지배했다.

자본주의 세계 정치경제사에서 시장우선주의와 국가우선주의를 핵심으로 하는 우파와 좌파의 대립은 보편적인 것이다. 만인 대 만인의 무한경쟁으로 시장의 폐단이 극에 달할 때 국가를 우선시하는 좌파의 목소리가 커졌고 이것이 도덕적 해이(모럴해저드)를 불러 국가의 비효율성이 커지면 다시 우파에 힘이 실렸다. 현재의 패러다임인 우파 신자유주의도 강자 독식의 무한경쟁과 함께 약자를 배려한 사회안전망을 강조하는 절충의 한 형태다.

하지만 좌파의 이념을 독식한 북한이 동족상잔의 전쟁을 일으키자 남한은 강고한 반북 우파 진영을 짜 대응할 수밖에 없었다. 이후 남한 군부 권위주의 독재정권들이 경제성장을 위해 민주화 세력을 억압하면서 '386세대'를 중심으로 좌파의 이념이 들불처럼 번졌고 이들이 대안 체제로 북한을 실제보다 미화하면서 '친북 좌파'의 대오가 형성됐다. 이후 이들은 북한 사회주의 체제가 김일성 김정일 1인 독재라는 가장 극우적인 퇴행체제로 변질돼 가는 것을 보면서도 애써 외면했다.

최근 반북좌파의 모태는 1980년대 민주화운동 과정에서 자주를 앞세운 친북적 민족해방(NL)진영과 경쟁하면서 노동자 계급투쟁에 무게를 둬 온 민중민주(PD)진영이라고 할 수 있다. 그러나 남한 주류 사회 비판을 위해 반북의 목소리를 숨겼던 이들이 북한의 3대 세습을 계기로 전면에 등장한 것은 가히 정치적 '커밍아웃'이라고 평가할 만하다.

반북 논쟁은 진보 좌파의 분화를 촉진하고 결국 진보 좌파의 진화로 귀결될 수 있다. 그래서 이 논쟁이 찻잔 속의 태풍으로 끝나지 않기를 바란다. 건전한 반북좌파들이 합리적인 반북 우파들과 생산적인 논의를 하며 우선 한국사회의 기형적이고 협소한 이념적 정치적 공간을 넓히길 기대한다.

이는 남한이 주도하는 바람직한 통일에도 기여할 것이다. 아직도 북한을 두둔하는 종북주의자들의 입지가 줄어들면 3대를 이어 낡은 수령 절대주의 독재국가를 유지하려는 북한의 우군도 세가 약화되기 때문이다.

_ 동아일보/'광화문에서'/2010.11.02.

5년 뒤에도 '김정은 체제'가 존속한다면

동아일보 워싱턴 특파원으로 부임하기 전 집필을 마무리하기 위해 몸과 마음이 바빴던 2012년 8월 초. 통일연구원 박형중 박사와 이화여대 통일학연구원 이승열 박사로 구성된 통일연구원 협동연구팀이 글을 요청해왔다. 남한 새 정부가 재임할 5년(2013~2017년) 동안 북한의 정치 변화를 A4용지 5매 이상으로 예상해 달라는 주문이었다. 하루 앞도 내다보기 힘든 북한의 미래. 그것도 '남한의 새 정부가 등장한 뒤' '5년 동안'이라는 엄청난 조건이 붙은 주문을 처음에는 거부하고 싶었다.

하지만 필자의 본업은 기자가 아닌가. 그 특권을 활용하면 될 것도 같았다. 사회과학 분야의 박사들이 종종 활용하는 '학문적 추측(academic guessing)'을 기본적으로 깔고 조금 덜 엄밀한 기준을 요구하는 '저널리즘적인 추측(journalistic guessing)'을 가미한다면 해 볼만 하다는 생각이 들었다. 마침 이 책의 에필로그를 어떤 내용으로 할지 고민하고 있던 중이어서, 하늘이 마땅한 에필로그 주제를 내린 것이라고 합리화하면서 글을 쓰기 시작했다.

북한 미래, 일곱 가지 관전 포인트

에필로그의 제목 "5년 뒤에도 '김정은 체제'가 존속한다면"은 그런 고민의 결과물이다. 만일(if)을 가정하고 좀 자유롭게 상상의 나래를 펴보았다. '학문적 추측'에 '저널리즘적 추측'을 더한 새로운 기법으로 '학문−저널리즘적 추측(acadenalistic guessing)'이라는 말도 만들어 봤다. 비록 본문에는 넣을 수 없었지만 에필로그를 통해 독자들에게 선을 보일 수 있을 정도로 아직 덜 여문, 마지막 분단 저널리즘 뛰어넘기 기법이라고나 할까.

우선 글의 목표가 되는 북한의 특정한 미래, 즉 김정은이 5년 뒤에도 건재하다는 것은 북한 3대 세습체제의 공고화(consolidation)가 이뤄졌다는 뜻이라고 규정해 봤다. 엄밀한 과학적 연구에서는 '건재'와 '공고화'에 대한 정의가 필요하지만 이 글에서는 김정일에서 김정은으로의 권력교체가 완료되고 제도적, 실질적으로 김정은 체제가 정상적으로 활동하고 있는 상태라는 정도로 잠정적인 정의를 해봤다. 아주 잘 나갈 필요는 없지만 아버지 김정일 체제가 그랬던 것처럼 조선민주주의인민공화국이라는 국가의 정체성과 김정은의 유일지도체제가 존속한다는 것이다.

북한의 정치, 그리고 그 변화를 주제로 이야기할 때 취할 수 있는 다양한 접근법(perspective) 가운데 여기서는 본문 4장에서 소개했던 레슬리 홈스 박사의 '3Ps+X' 이론과 행위자 분석(actor analysis) 기법을 활용했다. 2017년 현재 북한 '김정은 체제'가 건재하기 위해서 가장 중요한 행위자인 김정은은 어떤 능력을 입증해야 하는지, 그리고 그 대상이 되는 엘리트와 주민들은 최고지도자와 어떻게 상호작용을 해야 하는지를 상상해 본 것이다.

이 이론을 글의 주제에 적용하면 2017년 현재 김정은 체제가 건재하다는 것은 아버지 김정일이 사망한 2011년 12월 17일 이후 약 6년 동안 최고지도자로서의 인격적 자질(personal qualification)과 정책능력(policy making ability)을 보여주고 권력기반(power base)을 어느 정도 보여줬다는 것이다. 만일, 김정은이 위 세 능력을 보여주지 못했다면, 형인 김정남이나 정철, 고모부 장성택이나 다른 군부 지도자 등 3P를 겸비한 다른 권력자에게 자리를 내줬거나 자리를 위협당하고 있을 것이다.

이하에서는 3P의 범주 가운데 특히 향후 5년 동안 북한의 미래를 전망하는데 중요한 기준으로 작용할 것으로 보이는 일곱 가지 관전 포인트를 뽑은 뒤 각 포인트별로 북한학 동료 선후배들이 만든 다른 이론적 자원을 활용해 나름의 전망을 해 보기로 한다.

① 권력기반-엘리트의 충원과 인사 스타일

김정은이 2012년 7월 18일 '공화국 원수' 칭호를 수여받으면서 중요 국가 최고기관의 최고위직을 승계하는 작업은 대체로 마무리됐다. 이후 2017년까지는 김정은의 측근들이 당·정·군의 요직을 장악해 나가는 과정이 우려곡절을 겪으며 마무리된 상태일 것으로 보인다. 엘리트의 교체 과정은 다양한 측면을 포함하고 있다. 우선 김정은이 자신의 시대를 이끌어 갈 엘리트들을 발굴(recruit)하는 작업이 필요하다. 다음으로는 측근들이 보직경험을 쌓을 수 있도록 단계별 요직을 부여하는 인사가 필요하다.

일반적으로 독재국가나 개인기업의 권력을 물려받은 후계자가 겪는 가장 큰 고민은 전임자가 만들어 둔 엘리트 집단을 잘 모르거나 마음에 들어 하지 않는다는 것이다. 전임자의 어깨 너머로 배우고 전수받기는 했겠지만 그들만의 경험, 그들만의 논리, 그들만의 게임의 룰에 익숙하지 않은 것이다. 세습 지도자들이 취할 수 있는 가장 쉬운 방법은 사람과 그들의 네트워킹을 바꾸는 것이다.

2017년 김정은은 자신과 새로운 경험과 논리와 게임의 룰을 공유할 새로운 인재들을 충원하는 데 어느 정도 성공했다고 볼 수 있다. 2012년 7월 이영호 총참모장을 전격 경질하면서 8군단장 출신 현영철 차수를 총참모장에 기용한 것이 그 시발점이 됐을 것이다.

그런데 측근의 등용은 필연적으로 엘리트 내부의 갈등을 수반한다. 자리를 차지하는 사람이 있으면 내놓는 사람이 있기 마련이기 때문이다. 특히 김정은 새 인물을 발굴해 요직에 앉히는 과정에 중요 측근들의 도움을 받을 수밖에 없고 측근들은 또 자신의 후배를 중요한 자리에 앉히는 권력자원을 놓고 경쟁하고 때로는 갈등을 빚을 수밖에 없다. 장성택과 최용해가 이영호를 숙청하고 현영철을 앉히는 일련의 과정은 대표적인 사례다. 따라서 2017년 김정은 체제가 건재하다는 것은 엘리트 충원 과정을 장악한 일부 측근 엘리트 그룹이 형성됐거나, 아니면 두루 인재를 등용하는 나름의 민주적 제도와 시스템을 구축했을 것이라고 추측할 수 있다.

전자를 보수적, 후자를 혁신적 방법이라고 했을 때 전자가 더 쉽고 현실적인 방법이다. 김일성 주석의 항일 무력투쟁과 이후 계층분화가 뚜렷해 진 북한에서 '배경'이 없이 핵심 엘리트 그룹에 진출하기 어려운 현실을 감안하면 북한의 엘리트 교체 작업은 일부 기득권 세력을 매개로 한 기득권의 세습과정일 것으로 볼 수 있다. 쉽게 말해 김정일에서 김정은으로 최고지도자의 권력이 교체되는 과정에 맞춰 과거 김정일의 측근들이 자신의 아들과 후배에게 자신이 누렸던 특권을 대물림하는 과정이 이어질 것이다.

　관심의 초점은 엘리트 교체의 권력을 쥔 측근그룹의 향배다. 최고지도자에게 엘리트를 천거하고 등용시킬 권한은 막대한 정치적 자원이 된다. 동시에 이들은 엘리트 교체과정에서 손해를 봤다고 생각하는 특권집단의 비난 대상이 되기 쉽다. 어떤 인사도 대상자의 80%는 불만이라는 상식은 북한도 예외는 아니다. 따라서 장성택 등 인사에 관여하고 있다고 추정되는 최측근 그룹들이 처신을 잘못할 경우 오히려 개인의 정치적 생명에 지장이 올 수도 있다. 만일 2017년 내에 장성택이 조카에 의해 제2의 철직을 당한다면, 정책 실패가 아니라 인사 실패 때문일 가능성이 높다.

② 권력기반-통치자금을 어떻게 조달할 것인가

　권력기반 장악에서 중요한 다른 요소는 통치 자금 수혈 루트의 확보다. 북한에서 당·군·정의 제도적 권력은 그 자체로 경제적 권력을 의미한다. 김정일이 구축한 수령경제 하에서 북한 경제의 핵심부분은 당과 군이 '당경제'와 '군경제'라는 이름으로 장악하고 있기 때문이다. 그러나 김정은이 당과 군의 제도적 권력을 장악했다는 것이 곧 수령경제의 자름 흐름까지 파악, 장악했다는 것을 의미하지 않는다. 아버지 시절의 엘리트들을 알기 어려운 것처럼 아버지가 구축한 수령경제의 자금흐름도 잘 파악하기 어려운 것임에 틀림이 없기 때문이다.

김정은에게는 세 가지 옵션이 있다. 첫째, 아버지 시절 고착화된 수령경제를 배우고 익혀 활용하는 방법 둘째, 구시대적인 수령경제를 해체하고 내각이 계획, 집행하는 국가경제의 정상화를 이루는 방법 셋째, 통치자금을 수혈할 제3의 통로를 구축하는 방법이 그것이다. 젊은 김정은은 우선 두 번째 옵션을 희망하거나 시도했다가 물러설 가능성이 크다. 당과 군의 기득권이 반발할 것이 분명한데다 당과 군만이 경제활동으로 이윤을 창출할 수 있는 경영 능력과 자원을 보유하고 있다는 현실을 깨닫게 될 것이기 때문이다.

따라서 김정은은 2017년까지 표면적으로는 내각의 경제 역할을 강조하면서, 실질적인 통치자금의 수혈은 당과 군 경제에 의지하는 아버지의 패턴을 따라갈 가능성이 높다. 이와 동시에 김정은이 대대로 당과 군을 장악한 엘리트 집안의 3, 4세들 가운데 아버지와 할아버지의 특권을 배경으로 시장에서 돈을 모은 '젊은 권력형 재력가'들과 정경유착의 관계를 형성해 통치자금 조달을 모색할 수도 있다. 만일 김정은이 이들에게 초기 자본 축적과 해외 시장 진출 등을 시도한다면 '북한판 재벌'이 형성되는 단초가 될 수도 있다.

③ 인격적 자질—김정은 판 현지지도 리더십?

김정은 역시 할아버지와 아버지가 그랬던 것처럼 현지지도를 통해 국가 중요 비전과 시책을 제시하고 자신의 리더십을 엘리트와 대중에게 현시화하는 현지지도의 정치를 이어갈 것으로 보인다 (이관세, 2009). 노동신문과 조선중앙TV를 통한 이미지 정치는 내부적 자원이 빈곤한 상황을 극복할 수 있는 효과적인 리더십 강화

수단이다. 특히 할아버지를 모방한 연설정치와 부인 이설주 공개 등에 나타난 '젊고 개방적인' 지도자의 이미지를 구축하는데 노력할 것으로 전망된다.

다만 김정은이 권력엘리트들을 장악해 가면서 또 나이가 들고 경험이 축적되면서 그의 리더십의 성격도 변해갈 것이다. 아버지 사망 이후 초기 리더십이 젊음을 충분히 드러내며 엘리트와 주민의 감성에 호소하는 리더십이라고 한다면 차츰 권위적이고 이성적인 리더십 쪽으로 선회할 가능성이 높다.

④ 정책능력-김정은의 정책결정 스타일은?

북한 최고지도자의 정책능력과 관련해 가장 중요한 것은 우선 정책결정 스타일이다. 김정일의 경우 정책결정 과정과 관련해 두 가지 이미지가 대립한다. 하나는 측근그룹의 비공식적인 자문을 받아가며 아래에서 올라오는 모든 국정 보고를 직접 챙기고 모든 것을 결정한다는 '측근정치·제의서 정치' 모델(현성일, 2007)이고 다른 하나는 그가 서로 다른 이해관계를 추구하는 권력기관의 손을 번갈아 들어주며 권력을 유지한다는 '관료정치' 모델(한기범, 2009)이 그것이다. 두 모델은 서로 상반된 것 같지만 전자가 '젊은 김정일'의 것이고 후자는 '늙은 김정일'의 것이라고 볼 수 있다.

84년생 김정은은 2013년 29세, 2017년에도 33세에 불과한 젊은 나이다. 김정은 역시 상당한 기간 동안 장성택 김경희 최룡해 등 최측근그룹의 자문을 받아가면서 국정을 직접 챙기는 '젊은 김정일'의 모델을 따를 가능성이 매우 높은 것으로 보인다. 하지만 나이가 어리고 후계 승계 기간이 짧았던 김정은은 자신이 정책결정을 해야 할 국정 분야를 파악하는데 시간이 많이 걸릴 가능성이 높고 자신의 결정이 국정에 어떻게 반영되는지에 대한 감을 익히는 기간도 필요하다. 따라서 '유훈정치'를 표방한 그는 과거 아버지가 추진했던 정책들을 1차적인 교과서로 삼아 모방하면서 점차 자신만의 정책을 구상해 나가게 될 것이다.

그런데 문제는 아래에서 살펴보는 △경제정책 △대남정책 △대미정책 등에 대한 아버지 김정일의 정책은 좌우의 스팩트럼이 상당히 넓은 상태이기 때문에 김정은은 당시 당시의 정치적 상황 판단에 따라 좌와 우를 자유롭게 오갈 것으로 보인다. 결국 젊은 지도자의 의욕과잉에 분야별 정책 선택지가 높은 환경은 필연적으로 정책의 가변성과 불안정성을 높일 가능성이 크고 정책을 둘러싼 엘리트 간 권력투쟁과 정책이 주는 제도적 이해관계가 다른 권력기관간의 의견충돌을 자주 불러올 수 있다.

그럼에도 2017년까지 김정은 체제가 건재하다면, 김정은은 '아버지의 유훈'을 명분으로 다양한 스팩트럼의 정책을 구사하되 성공의 수훈은 자신이 취하고 실패의 책임은 엘리트와 권력집단에 전가하면서 자신의 정치적 리더십을 강화해 나가는 전략적인 태도를 취한 결과라고 상상해 볼 수 있다. 어찌 보면 최고지도자에 힘이 쏠린 '젊은 김정일'의 정책결정 스타일과 권력기관에 방점이 주어진 '늙은 김정일'의 스타일이 혼재되어 나타날 가능성이 크다는 것을 의미한다.

⑤ 정책능력-김정은 판 경제정책의 시계추

유훈통치를 선언한 김정은은 생전 아버지의 전례를 따라 경제실적 증대를 위한 좌우 양극단의 정책을 모두 실험해 볼 수 있는 공간을 확보하고 있다. 생전 아버지가 실험해 본 가장 진보적인 경제정책은 2002년 7·1경제관리 개선조치와 2003년 종합시장 도입이었으며 가장 보수적인 정책은 2009년 11월 화폐개혁과 2010년 1월 외환통제 정책이라는데 전문가들의 이견이 없다. 2012년 현재 진행되고 있는 노두철 내각 부총리 중심의 경제관리 개선 소조의 가동이나 6·28조치 등은 우선 10년 전 전 2012년 정책 패키지의 재가동이라고 볼 수 있다.

일부에는 2012년의 시도가 중국과 베트남 식 개혁 개방으로 갈 것이라는 '희망적 사고'를 제기하고 있지만, 북한의 열악한 경제상황과 아래에서 말하는 대외관계의 구조적인 제한 등을 감안할 때, 어떤 경제적 변화 시도도 근본적일 수 없는 상황이다. 북한 엘리트들은 개혁을 감당해 낼만한 의지와 능력이 부족한 상태이고, 개혁에 필요한 자금의 외부 유입은 남한과 미국과의 관계 악화, 중국의 미온적인 지원 등으로 만족스러운 상황이기 어렵다. 이런 상황에서의 개혁과 개방의 시도는 불평등의 심화, 시장메커니즘의 확산, 사회정치적 불안정을 낳을 수밖에 없고 이를 주장하는 엘리트 그룹이 득세할 경우 김정은 표 경제정책은 다시 보수화 할 수밖에 없다. 이 경우 화폐개혁이 추구했던 '내부 자원의 수탈'을 위한 보수적인 정책이 등장하겠지만 '정책에는 대책을 가진' 엘리트와 주민들의 저항으로 이 역시 의도된 결과를 낳지 못하고 북한 경제는 어정쩡한 이중경제의 상태를 유지할 가능성이 크다.

김정은이 아버지 김정일보다 정치적 소통이 원활하다는 점은 정책변화 과정에서 더 유연할 수 있다는 점을 암시한다. 쿠바의 피델 카스트로가 그랬던 것처럼, 김정은은 엘리트와 대중을 향한 다양한 소통을 통해 어떤 정책을 추진할 것인지, 왜 해야 되는지 등을 설명할 것으로 보이며 이는 경제정책 변화에 대한 아래로부터의 지지를 보강할 것이다(신석호, 2008). 하지만 소통 그 자체로는 구조적인 문제를 넘어설 수 없다는 점에서 중국·베트남 식의 개혁개방 성공 가능성에 대해서는 일단 부정적이다.

⑥ 정책능력-북한 신 집권세력의 대남 인식

2017년까지 북한 대남정책의 방향을 결정할 핵심적인 요인은 김정은을 포함한 북한의 새 집권엘리트 세력의 대남인식이다. 남한에 대해 김정은과 신 집권세력은 김일성, 김정일 세대 보다 남한을 두려운 존재, 더 이상 따라잡기 불가능한 존재로 느낄 가능성이 크다.

이들은 1990년대 이후 북한 경제의 몰락과 반비례하는 남한 국력의 신장을 목격했고 북한 사회를 파고드는 '한류'의 힘을 잘 알고 있을 것이기 때문이다. 따라서 3대 세습 체제 공고화에 주력해야 할 2017년까지 북한은 남한과의 관계 개선이 '샅바를 잡히는' 위험한 일이라고 판단할 가능성이 크다.

특히 이명박 정부 5년 동안의 남북관계는 북한의 인식을 강화하는 경험적 판단근거로 작용할 것이다. 이 기간 동안 북한 새 지도부는 남한 시민사회 내 반북·보수진영은 여전히 건재하며 이들이 북한에 대해 △비핵화 △개혁과 개방 △1인당 3,000달러의 국민소득을 가진 정도의 경제발전 △아래로부터의 붕괴와 흡수통일을 기대한다는 사실을 학습하게 됐을 것이기 때문이다.

북한의 입장에서 더더욱 비관적인 것은 이명박 정부 하 남북관계의 단절이 남한 정치와 사회에 큰 부작용을 끼치지 않고 있다는 사실이다. 제도 야당과 일부 진보운동권조차 3대 세습과 핵 개발에 등을 돌린 상황이고 남한의 젊은 층은 북한과 통일에 대해 무관심한 상황이 원인이라는 점을 북한도 깨닫게 됐을 것이다.

이런 상황에서 남한과의 급진적 관계 개선이라는 현상 타파를 추구하는 비용보다는 남한과의 긴장관계를 내부 정치 안정에 활용하는 것이 이득이라는 기존의 판단을 고수할 가능성이 크다. 이 과정에 남한의 도발을 핑계로 한 국지적인 군사적 도발과 테러 시도가 있을 가능성이 있다.

물론 김정은 정권이 남한 새 정부의 인도적 지원이나 정치적 거래 제의에 제한적으로 응할 가능성을 배제할 수는 없다. 그러나 김대중 노무현 정부 시절과 같은 전향적인 남북관계 개선에 나서거나 응할 가능성은 크지 않다. 요컨대, 2008년 이명박 정부 출범과 함께 시작된 '남한과의 거리두기' 정책이 계속될 가능성이 높은 것이다.

⑦ 정책능력-미중 패권경쟁과 대미 선군외교의 유용성

대외 분야에서는 중국과의 관계를 더욱 강화하면서 핵 개발을 놓고 미국과 신경전을 벌이는 정책기조를 유지할 것으로 전망된다. 중국이 미국과 경쟁하는 새로운 패권국가로 부상하는 것이 명확해진 이상 1990년대 초와 같이 세계 유일 초강대국인 미국을 상대해야 살아남을 수 있다는 논리 위에 세워진 선군외교(서훈, 2008)의 유용성은 크게 줄어든 상황이다.

특히 2006년 1차, 2009년 2차 핵실험, 그리고 2010년 우라늄 농축 프로그램 시인 등의 과정을 통해 핵 개발의 전략적 모호성을 전제로 한 미국과의 '대화와 공세' 사이클은 현재 크게 동력이 떨어진 상태로, 북한의 입장에서도 이를 다시 기동하는데 드는 비용이 커진 상황이다. 중국의 부상은 '수용능력의 문제'가 해결되지 않은 상황에서 핵 포기를 대가로 미국과의 관계 개선을 협상할 근본적인 원인이 희미해지고 있음을 의미한다.

따라서 2017년 현재 북한의 대외정책은 패권국가로 부상하는 중국의 영역 내에서 일정한 지분을 유지하는데 초점이 두어질 것으로 보인다. 미국 또는 한국과의 대화와 도발은 중국의 관심과 지원이 충분하지 않을 경우 사용하는 '동맹 강화용'의 성격을 띨 가능성이 높은 것으로 예상할 수 있다.

전망은 보수적으로… 변할 것 같지 않은 북한

이상과 같은 논의는 다분히 보수적인 결론에 이른다. 남한에 새 정부가 재임하는 5년 동안 김정은 치하의 북한이 존재한다면 그곳에서는 이전과 다른 획기적인 변화를 기대하기 어렵다는 것이다. 솔직히 말하면 전망은 좀 보수적으로 하는 것이 안전하다. 비관했다 좋은 일이 생기면 모두 좋지만 좋은 일이 있을 것이라고 했는데 그렇지 않으면 욕을 먹는다. 꼭 그런 사심을 부린 것은 아니었고, 북한 체제를 10년 정도 보아온 짧은 소견으로는 김정은 체제도 변화 친화적이지 않기 때문에 생존할 수 있을 것이라는 역설적이지만 비관적인 결론에 이르게 된 것이다. 20대 후반의 김정은은 집권 초기 흥분 상태에서 '이상적인 것'을 추구하지만 30대를 넘고 2017년으로 갈수록 '현실적인 것'의 불가피함을 알게 되는 학습과 사회화 과정을 겪을 것으로 보인다.

김정은은 자신이 권력을 세습 받은 것처럼 아버지 측근들의 자제들에게 특권을 이양하고 이들 속에서 자신의 통치자금과 권력기반을 마련하는 과정을 겪게 될 것이다. 1956년 12월 김일성의 강선제강소 방문으로 시작된 김 씨 일가의 현지지도 정치는 최고지도자의 리더십 현시 기제로 계속 활용될 것이다. 유일지도자가 정책결정권을 독점하고 엘리트와 권력기관들이 그의 관심사기 경쟁을 벌이는 정책결정구조가 유지되는 가운데, 경제는 근본적인 개혁과 개방 없이 유사 개혁과 보수화의 시계추를 반복하고 대남 거리두기 정책이 계속될 것 같다. 오로지 대외정책의 중국 의존도 상승만이 유일하게 예측되는 변화다. 이런 정책기조는 필연적으로 '북한 보수'의 권력 강화를 의미한다. 대남 대화 세력의 입지는 여전히 약화되고 군부와 당 내의 중국 파 세력이 강화될 것으로 보인다.

차기 정부, 독재정권 '라이프 사이클' 공부해야

그러면 5년 동안 청와대를 책임 질 차기 정부는 어떤 상태에 놓이는 것이고 어떻게 해야 하는 것일까. 이 책의 본문을 주의 깊이 읽은 독자라면 필자가 이미 이에 대한 답을 했다는 사실을 알고 있을 것이다. 특히 9장 경험으로 설득하기와 10장 한국 사회에 고함에서 두서없지만 이명박 정부 북한과 남북관계 5년을 지켜본 필자의 생각을 적어 두었다. 아까운 이 자리에 똑같은 이야기를 반복할 생각은 없다. 다만 이 책을 마무리하는 과정에 든 몇 가지 생각만 간단히 적어보려고 한다.

첫 번째는 북한 독재정권의 '라이프 사이클'에 맞춘 대북정책을 만들어 보라고 권하고 싶다. 이 생각은 모교인 경남대 극동문제연구소가 2012년 5월 30일 연구소 개소 40주년을 기념해 개최한 제50회 통일전략포럼에 토론자로 나가 발언한 내용이다. 이명박 대북정책 형성과 실행에 깊이 관여한 한 참모는 천안함 사건을 당한 뒤 기자에게 이렇게 탄식했다. "김정일이 아들에게 권좌를 물려주려고 하는 독재 체제의 가장 민감한 시기라는 점을 이명박 정부가 간파하고 접근했다면 천안함 사건을 없었을 텐데…."라고. 애초 김정일이 2008년 8월 쓰러지고 2009년 1월 김정은이 후계자로 지명되는 상황은 이명박 정권이 예측할 수 없었던 상황이었기 때문에, 새로운 상황에 맞춰 대북정책을 과감히 선회했어야 한다는 '만시지탄'이었다.

이야기인 즉, 3대 세습 과정에 북한의 강경파인 군부와 상대적인 협상파인 외교부와 통전부 등이 한 건 해서 존재를 인정받으려고 각각 핵 실험과 미사일 발사, 미국 및 남한과의 전격적인 대화를 시도했던 것인데, 남한 정부는 이 과정에 협상파의 입지가 넓어질 수 있도록 북한의 대화를 제의해 왔을 때, 손을 내밀어 포용하고 북한의 3대 세습 과정에 최대한 개입해 지분을 얻었어야 한다는 것이다.

물론 이 주장에 동의하지 않은 사람들도 많을 것이다. 어차피 김정일은 군부 강경파의 지원을 받아 3대 세습을 이뤄야 했던 측면이 강하다. 이 과정에 남한 정부가 손을 내밀고 경제적 지원을 했다가 나중에 군부의 뒤통수를 맞았다면, 한미FTA 협상을 타결한 뒤의 노무현 정부처럼 이명박 정부도 스스로의 정체성을 잃고 조기 레임덕에 빠졌을 것이다. "실용, 실용 하더니 결국 북한 독재정권의 3대 세습에 국민 혈세를 갖다 바치고 놀아난 정부"라는 비난을 들으면서.

가정을 전제로 한 주장이므로 여기서는 더 논쟁을 진행시키지 않는다. 다만, '북한 독재정권의 라이프 사이클'에 맞춘 대북정책이 필요하다는 지적만 취하자. 그럼 어떻게 해야 할까. 새 정부는 필자가 위에서 해 본 것보다 더 정교하고 치밀한 북한 김정은 정권 5년의 '시나리오'를 가지고 출발해야 한다. 그러기 위해 차기 정부 하에서 통일외교안보 정책을 담당하려는 분들은 지금부터 부단히 북한을 들여다보고 공부해야 할 것이다. 나중에 틀려도 좋고 실패 해도 좋으니, '5년 동안 북한이 이렇게 갈 것이니 남한 정부는 이렇 게 해보는 것이 좋겠다'는 나름의 가설과 액션 플랜을 가지고 출발 하시라.

김일성 주석에서 김정일로 북한의 2대 세습이 이뤄지고 초기 역사는 훌륭한 교범이 될 것이다. 또 세계 각국에 존재했던 많은 세습독재체제의 첫 5년의 사례를 찾아 활용하는 비교정치학, 나아 가 '비교독재학'의 지혜를 발휘했으면 좋겠다. 3대 세습 독재정권 초기 5, 6년의 권력기반 공고화(엘리트 충원과 인사 스타일), 통치 자금의 조달 경로, 인격적 자질의 현시 방안, 정책결정 스타일, 경제정책과 대외정책 등은 필자가 제시한 사고 기준들이다. 이것 이 아니라도 다른 기준들을 세워 부단히 공부들을 해야할 듯 하다.

이왕에 분단국의 대통령과 통일외교안보정책 담당자가 되려면 분단의 상대방인 북한을 하나라도 더 알아야 한다. 이명박 정부의 서슬이 퍼랬던 2008년 12월 한 대북정책 핵심참모는 북한 전문가들이 모인 비공개 세미나에서 듣는 사람들이 좀 민망한 이야기를 했다. '이명박 정부의 대북정책'을 주제로 한 세미나였는데 그는 "나는 대북정책만 이야기하는 이런 세미나에 문제가 있다고 본다. 세계 일류국가를 지향하는 대한민국의 대북정책은 대미정책과 대일정책, 대중정책 등과 같은 보통 외교관계의 하나로 봐야 한다"며 분단국가 대한민국에서 불가피한 대북정책의 우선성, 특수성을 인정하지 않았다.

5년을 뒤돌아보면 그도 북한의 생리를 잘 몰랐던 것 같다. 험난한 역사의 한 고비에서 그는 북한 사람들에게 큰 낭패를 당했다. 2009년 가을 북한의 정상회담 제의가 성사되지 않고 다음해 천안함 폭침을 겪는 과정을 지켜 본 한 전문가는 "북한은 대하기 어려운 특별한 상대이고 보통의 다른 나라와 외교를 하듯 북한을 다루면 안 된다"며 "이 대통령과 참모들이 북한을 너무 쉽게 생각한 것 같다"고 지적했다. 다른 전문가는 "북한과의 대화는 위험하다. 반드시 그들의 생리를 잘 아는 전문가들이 주도해야 한다"며 "그래야 협상 과정에서 생기게 마련인 다양한 혼란을 피할 수 있다"고 말했다.

북한 자유자재로 다루는 영리한 전략가 필요

그런데 공부는 하면 되지만 공부를 하는 것과 실제로 북한을 상대하고 다루는 일은 성격이 완전히 다르다. 미국의 전략적 현실주의 사상가인 헨리 키신저가 저서 〈외교(Diplomacy)〉의 서문에서 절절하게 밝힌 것처럼 지식인(intellectualls)과 정치인(stateman)은 처한

331

상황과 행동 양식이 다르다. 이명박 정부의 대북정책 구상에 참여하고 직접 실행한 학자와 관료 출신 당국자들이 어떤 고민과 고생을 하는지 곁에서 잘 지켜봤지만 키신저의 명언을 패러디해 설명하면 이렇게 말할 수 있을 것이다.

'북한 연구자는 북한과 남북관계를 분석하지만 대통령과 대북정책 참모는 북한과 남북관계를 만든다. 북한 연구자는 그가 공부하고 싶은 주제를 선택할 수 있지만 대통령과 대북정책 참모에게는 풀어야 할 문제가 제시된다. 북한 연구자는 시간이 넉넉하지만 대통령과 대북정책 참모는 촌각을 다투는 짧은 시간에 결정을 내려야 한다. 북한 연구자는 위험이 없다. 결론이 틀리면 다른 논문을 쓰면 된다. 대통령과 대북정책 참모는 단 하나의 가설만 허용되고 실수는 되돌릴 수가 없다. 북한 연구자는 가능한 모든 정보를 수집할 수 있고 자신의 지적인 힘으로 평가를 받는다. 대통령과 대북정책 참모는 당시에는 판명이 어렵고 스스로 만들어가는 평가와 판단들(assessments)에 근거해 행동해야 한다. 그는 불가피한 변화를 얼마나 현명하게 잘 관리했는지, 그리고 얼마나 잘 평화를 유지하고 통일에 기여했는지에 따라 역사의 평가를 받는다.'

그래서 말하고 싶은 것은 앞으로 남한의 대북정책도 북한의 그것처럼 좀 영리해야겠다는 생각이다. 현실주의 정치학의 대표적인 사상가인 라인홀드 니버가 '도덕적 인간과 비도덕적 사회'를 갈파한 것처럼, 이명박 정부 5년의 북한과 남북관계를 지켜보면서 남한의 대북정책 담당자들은 점잖고 도덕적이더라고 그들이 구사하는 대북정책은 사자의 용맹과 여우의 간교함을 겸비한, 비도덕적은 아니지만 도덕의 잣대를 뛰어넘는 어떤 것이었으면 좋겠다고 생각했다. 북한을 상대로 사기를 치고 우롱하라는 것이 아니다. 북한의 변화와 바람직한 통일이라는 국가와 민족의 최종 목표를 향해 다소 논리적으로 모순이 되는 대화와 공세의 정책들을 현란하게 때로는 뻔뻔스럽게 사용할 수 있어야 한다는 뜻이다.

김대중 노무현 이명박 정부 시절의 많은 노력에도 대북정책의 주도권은 여전히 북한에 있다. 북한은 때로는 대화를 애걸하고 때로는 무력 도발을 하면서 남한을 흔들고 자신의 존재감을 과시한다. 바로 북한 특유의 대남 이중전술이다. 남한의 착한 정부와 선한 당국자들은 그들이 손을 내밀면 고민하고 그들의 도발을 받으면 분노한다. 남한은 이렇게 늘 수동적이어야 할까? 우리도 먼저 북한이 손을 벌리기 전에 과감한 대화와 지원 제의를 하고 언제 그랬냐는 듯 북한 영토 코앞에서 대범한 무력시위를 하며 북한을 흔들어보면 안 되는 것일까? 이른바 남한 판 '이중전술'을 뻔뻔하게 구현해 나가기 위해서는 '점잖은 지식인'보다 '사악한 전략가'가 필요한 것이 아닐까?

북한의 미래 기록할 언론도 체계적 대비해야

다음 정부에 대한 오지랖 넓은 걱정은 여기까지 끝내기로 한다. 마지막으로 그런 북한과 남북관계의 현장을 역사의 기록으로 남겨야 할 기자와 언론사는 또 어떻게 해야 할까. 물론 책의 본문 자체가 그런 질문에 대한 답이긴 하지만 더 할 말은 있다. 김정은 새 체제가 공고화되는 과정에서 각 분야별로 불확실성은 더욱 더 커질 것이다. 북한은 지금까지 그랬던 것보다 더 좌우로 흔들리며 언론과 언론인이 더 많은 기사를 쓰도록 만들 것이다. 후배 기자들이 불쌍한 분단 저널리스트가 되지 않기 위해선? 불쌍한 선배가 제안한 열 가지 노하우를 활용해 보길 바란다.

그런데 기자 혼자의 노력과 힘만으로는 부족하다. 회사 차원의 철저한 준비가 필요하다.9) 동아일보의 경우 2008년 8월 김정일 건강 이상 이후 김정일이 갑작스럽게 사망할 경우에 대비해 1면부터 15면까지를 미리 제작해 두었다. 그 당시 만들어 둔 기사와 모아 둔 자료들은 2011년 12월 19일 김정일 사망 발표 당시 신문 호외와 본판 제작 발행과 채널A의 특별 방송 제작에 큰 도움이 됐다.

현재 동아일보와 채널A에는 필자의 뒤를 이어 북한 관련 박사학위 과정을 밟는 기자가 3명 더 있다. 두 명의 탈북자와 10여 명의 북한학 석사학위 소지자가 다양한 부서에서 기자로 일하고 있다. 모두 2000년대 들어서 자발적으로 또는 회사의 지원을 받아서 공부를 한 기자들이다. 무엇보다 회사 차원에서 인적 자원을 미리 개발해 두는 것이 중요하다. 사내 학습 조직이나 연구소 등을 통해 이들의 협업을 이끌어 내는 것이 중요하다. 이런 부분에서 기자 개개인은 물론이고 경영진의 이해와 혜안이 있어야 한다.

언론과 민간 학자, 정부 당국의 공동 고민도 필요하다. 3자는 미래 어느 시점에 북한이 크게 변화하는 상황, 개혁과 개방을 향한 평화로운 변화이건 독재 체제의 몰락이라는 폭력적인 변화이건 북한 문제가 대한민국이라는 공동체 구성원 전체에 영향을 미치는

---

9) 이하 제언은 필자가 2012년 1월 16일 한국언론진흥재단이 마련한 토론회 '김정은 시대, 북한 취재 어떻게 할 것인가'에서 발표한 내용을 요약한 것이다. 당시 토론내용은 〈신문과 방송〉 2012년 2월호에 게재됐다.

상황을 지금부터 준비해야 한다. 이때에 정부도 언론도 민간 전문가들도 모두 한반도와 대한민국의 이익을 극대화하는 방향으로 혼연일체가 돼 움직여야 한다는 생각이다.

그러기 위해서는 레짐(regime)이랄까 거버넌스(governance)랄까 무엇이 됐건 3자 협력 시스템이 필요할 것이다. 문제는 그것이 그냥 만들어지는 것이 아니라 지금부터 만들어 나갈 필요가 있다는 것이다. 과연 누가 이니셔티브를 쥐고 그런 협력 시스템을 구축해 나갈 것인지는 현 시점에서는 굉장히 어려운 문제다. 하지만 무엇이 됐건 지금부터 만들고 연습하고 상호 신뢰를 쌓아 나가고 공식·비공식 제도로 확대시켜 나가야 한다는 것이다. 지금 상태로는 정부는 정부대로, 언론은 언론대로, 전문가는 전문가대로 따로 움직일 가능성이 대단히 높다. 이 부분에 대한 사회적 고민이 있어야 한다.

분단 저널리즘 뛰어넘기

초판1쇄 발행일 • 2012년 10월 15일

지은이 • 신석호
펴낸이 • 이재호
펴낸곳 • 리북
등 록 • 1995년 12월 21일 제13-663호
주 소 • 서울시 마포구 서교동 395-68 서연빌딩 2층
전 화 • 02-322-6435
팩 스 • 02-322-6752
홈페이지 • www.leebook.com

정 가 • 15,000원

ISBN 978-89-97496-08-2